臺灣歷史與文化 研究輯刊

二五編

第 9 冊

華語、臺灣閩南語及日語身體詞研究（下）

鄧孟倫 著

花木蘭文化事業有限公司

國家圖書館出版品預行編目資料

華語、臺灣閩南語及日語身體詞研究（下）／鄧孟倫 著 --
初版 -- 新北市：花木蘭文化事業有限公司，2024〔民113〕
目 16+222 面；19×26 公分
（臺灣歷史與文化研究輯刊二五編；第 9 冊）
ISBN 978-626-344-699-1（精裝）
1.CST：詞彙 2.CST：漢語 3.CST：閩南語 4.CST：日語
5.CST：比較研究
733.08   112022559

ISBN-978-626-344-699-1

9 786263 446991

臺灣歷史與文化研究輯刊
二五編　第 九 冊　　　　　ISBN：978-626-344-699-1

華語、臺灣閩南語及日語身體詞研究（下）

作　　者　鄧孟倫
總 編 輯　杜潔祥
副總編輯　楊嘉樂
編輯主任　許郁翎
編　　輯　潘玟靜、蔡正宣　美術編輯　陳逸婷
出　　版　花木蘭文化事業有限公司
發 行 人　高小娟
聯絡地址　235 新北市中和區中安街七二號十三樓
　　　　　電話：02-2923-1455 ／傳真：02-2923-1452
網　　址　http://www.huamulan.tw 信箱 service@huamulans.com
印　　刷　普羅文化出版廣告事業
初　　版　2024 年 3 月
定　　價　二五編 12 冊（精裝）新台幣 36,000 元　　版權所有・請勿翻印

華語、臺灣閩南語及日語身體詞研究（下）

鄧孟倫　著

目
次

表　次

第六章　四肢身體詞隱喻研究

本章探討的主題為「四肢語義場」，主要所研究的身體部位為「四肢」，並將「四肢」分為「手部身體詞」（「手」、「掌」）及「足部身體詞」（「腳」、「足」），共兩大部分，以下分析「四肢語義場」的身體詞彙現象。

第一節　「手」身體詞

人體「手」指「上肢」為人的手臂從肩膀、上臂以下至手指的總稱，因篇幅及能力之關係，筆者無法將所有的部位全部逐一探討，又因較少使用的部位衍生詞彙方面相對較少，所以僅論「手、掌」二部位詞，本文的詞彙分析中必定華語最多，閩南語詞彙最少，日語慣用語也少於華語，由於「手」的詞彙量龐大，最終決定在「手部身體詞」中僅以「手」及「掌」作為本文探討的目標。

在敘述「研究範疇」時已詳細說明：「手」的隱喻詞彙有不少是以其他字詞與「手」搭配所形成的隱喻，而並非「手」本身具有隱喻現象，例如「分手」表隱喻「結束戀情或斷絕情分」，「得手」表隱喻「順利、成功」，「經手」表隱喻「親自經管、辦理」，這些「動詞＋身體詞」的述賓結構形成與「手」相關的詞語，因為也具有隱喻性，且非與此一器官搭配必有其搭配義存在，因此本文以為這些「手」部相關詞語也應納入討論之中。

本文收錄的「手」身體詞彙，除了以人「手」作隱喻外，亦有其他字詞搭

配「手」形成的隱喻性詞語，其中的「手」並不具隱喻現象，但以「手」的相關動作來隱喻，其中「手」並不具隱喻現象，但整個手部動作則暗含隱喻現象。舉例來說「性質相似喻」如華語「炙手可熱」指手一靠近就覺得很熱，是以「炙」具有燒烤、燒灼的特性作用到「手」隱喻「地位尊貴，勢燄熾盛」；又如閩南語「沐手」一詞，「沐」有沾惹、接觸某件事或某個人的性質，映射到「手」用來隱喻「沾手、插手、參與」；日語慣用語如「手の裏を返す」以「翻轉」的性質形容「手」的狀態，手背向後轉隱喻「翻臉不認人」。再來看「方位空間喻」的「維度空間喻」類型，如閩南語有「正手爿」、「倒手爿」是以「爿」隱喻「手」左邊及右邊的「空間」。

　　轉喻在「部分代部分」類型中也有不少這樣的詞語，如「原因結果轉喻」中華語彙「袖手旁觀」是以將手藏在「袖」中看戲轉喻「置身事外，不予過問」的結果；日語慣用語如「手が回る」以手「放到後面」推知「被逮捕」的情形。「動作狀態轉喻」華語如「招手」以「招」表示揮動手臂的動作轉喻「打招呼、問候之意」；閩南語「握手」則是以「握」住「手」的動作轉喻「親近或信任」「情感轉喻」類型中如華語「手足失措」以「失措」轉喻「因為驚慌而不知所措」手腳不知道該放在哪邊好。經由「手」之外的詞語作用到「手」形成轉喻，除「手」本身有轉喻情形外，也有以其他事物轉喻至「手」形成的詞彙。

一、華語「手」的隱喻探討

　　生活當中，「手」輔助我們做許多事，經過手的幫忙，可獲取物品，再將物品拿來食用、運用……等，「手」的動作經驗是我們最熟悉的，以自我身體的經驗來隱喻其他事物，不僅能讓人了解抽象事物，在教學方面，也容易讓人明白當中的意涵，在對外華語教學也能讓外國學習者能夠淺顯易懂，藉此加強學生的記憶而使教學達到事半功倍的成效。因為有「手」，才能以雙手打造、認識世界。龐曉紅指出〔註1〕：「手作為一個基本範疇，定義是：人體的上肢腕下持物的部分。用手可以作各式各樣的工作，從最艱苦的體力勞動到最精細的手工藝。」因此可以知道不論大大小小、粗活精細的工作，「手」都

〔註1〕龐曉紅：〈從認知的角度分析「手」隱喻〉，《和田師範專科學校學報（漢文綜合版）》，（2008年第58期），頁140。

能協助我們辦到，故華語中有許多以「手」組成的相關詞彙產生。

王群、齊振海提到[註1]：

> 認知語言學的「人類中心學說」認為「手」為原型，是人們認識事物的基本參照點。一方面「手」作為身體的一個部分，作為一個實體而存在，另一方面，「手」又是人體最靈活的勞工的工具而存在。

「手」作為身體的一個部份且為實體的存在，這一客觀存在又被賦予空間屬性，因此在詞彙當中有「手中、手裡、手邊」應屬「空間隱喻」而根據隱喻「相似性」理論，用「手」這一個具體、熟知的事物來認知與相似性的抽象事物，又以「手」為原型進而形成具有相關性的轉喻。

教育部《重編國語辭典修訂本》辭典中關於「手」的理解如下表：

表 6-1-1　華語「手」釋義及詞例

	釋　義	詞　例
1	人體的上肢	如：「右手」、「手腦並用」
2	從事某種事情或擅長某種技藝的人	如：「水手」、「選手」、「國手」、「高手」
3	做事的人	如：「助手」、「幫手」、「人手不足」
4	技能、本領	如：「在運動方面，他真有一手。」
5	作法	如：「眼高手低」、「心狠手辣」
6	親手寫的	如：「手諭」、「手書」、「手抄」
7	與手有關的	如：「手杖」、「手榴彈」
8	小巧的、便於攜帶的	如：「手冊」

以上列出「手」具有八個義項，樊輝、宮雪、戴衛平[註2]：

> 漢語中「手」所涉及的用法如下：（1）人體上肢前端能拿東西的部分（2）拿著，表示動作（3）做事的技巧或藝術（4）手跡（5）指位置，邊，面（6）指次序（7）擅長某種技能的人或做某事的人（8）小巧而便於拿的（9）親手（10）（～兒）量詞，用於技能，本領等

相較於辭典所列的定義，樊輝舉出十個義項並說明 1～7 項都是從本義出發，其實是在隱喻與轉喻的認知基礎上延伸而來，表如「技能」為「手」的實

[註1] 王群、齊振海：〈「手」詞語的結構化分析〉，《華北電力大學學報（社會科學版）》，（2005 年第 1 期），頁 129。

[註2] 樊輝、宮雪、戴衛平：〈「Hand 手」的轉喻、隱喻說略〉，《語文學刊（高教、外文版）》，（2008 年第 8 期），頁 42。

體隱喻；位置為方位隱喻，表示某種技能或做某事的人則「手」的為「部分代全體」轉喻。以下將華語「手」分為隱喻與轉喻兩類來探討。

（一）隱喻類型

先前提到認知語言學中的「隱喻」基本上可分「隱喻」與「轉喻」兩大類，有時難以截然二分，也可能存在兩者兼具的情形，不過也有研究者僅以「隱喻」概括解釋所有的情況，如宋玉閣提到[註3]：

> 一、中西文化認知的個性與「手」的隱喻：隱喻心情（拍手稱快）、兄弟（手足）、陰謀詭計或權勢（手黑）、經濟狀況（手頭）、控制掌握、幫助。二、中西文化認知的共性與「手」的隱喻：隱喻人（歌手）、勞動或做事（眼高手低）。

文中在指出「手」為源域以「人」為目標域的隱喻中提到，手藝高超會稱為「能手、高手」，反之為「生手」，但這邊的手實際上為人體的一部分，因此應以「手」喻指「人」應該為「轉喻」。結合諸家學者理論，以及 Lakoff & Johnson [註4] 的理論以下分析「手」的概念隱喻表現，並將所見內容分為兩類：「實體隱喻」及「空間方位隱喻」兩大類來探討。

1. 實體隱喻

嚴爽在關於由「手」所形成的實體隱喻研究中提到[註5]：

> 以「人手」原型語義為核心所衍生出的相關語義分析，指「動物的上肢末端或其他形狀、功能上類似人手的東西」。此用法源自與手形狀、結構或功能上的相似，如漢語：（章魚的）觸手、（紅燒）豬手、（機器人的）機器手、佛手（瓜）。

上述可知關於「手」的實體隱喻著重在於形狀類似於動物上肢或是人手的事物上，其中包括「形狀相似」、「性質相似」、「結構相似」及「功能相似」，如「觸手」為腔腸動物的感覺器官。多位於身體前端口的周緣，可自由伸縮，

〔註3〕宋玉閣：〈隱喻和中西文化認知異同——以「手」為例〉，《淮北煤炭師範學院學報（哲學社會科學版）》，（2009 年第 6 期），頁 177～179。

〔註4〕Lakoff & Johnson 著，周世箴譯：《我們賴以生存的譬喻》，（臺北：聯經出版社，2006年）。

〔註5〕嚴爽：〈英語 hand 和漢語「手」之一詞多義對比〉，《浙江科技學院學報》，（2006 年第 4 期），頁 38。

有些則附有吸盤，對於海中生物而言，必須藉由觸手才能感覺周圍環境及幫助捕食，這與手的「功能相似」，便屬於功能相似（能力）的實體隱喻；「機器手」一詞亦同，機器非生物，本來並無上肢及手的器官，但「機器手」是能代替人手做某些動作的機械裝置，變得與人手的作用相同，因此「機器捍」被隱喻成「機器手」。

根據 Lakoff & Johnson〔註6〕來看「手」的實體隱喻，可歸納以下幾種隱喻類型。

（1）形狀相似隱喻，因語料所見詞彙較少，其中出現的詞語有「怪手」等。其中如「怪手」隱喻挖土機其外型特徵與人手相似，具有奇特、不尋常的力量，可如「手」幫助人類開發挖掘砂土或岩石。

（2）性質相似隱喻，所見如下：

表 6-1-2　華語「手」性質相似

信手	白手	平手	覆手	洗手	手軟	放手	黑手黨	金盆洗手
死手	得手	空手	束手	反手	礙手	袖手	得心應手	赤手起家
魔手	苦手	淨手	手鬆	辣手	分手	棘手	舉手之勞	縛手縛腳
毒手	把手	沾手	手癢	赤手	搶手	燙手	手援天下	燙手山芋
狠手	手滑	手緊	伸手	手氣	插手	急手	炙手可熱	翻手為雲
扎手	滿手	素手	手風	纏手	出手	下毒手	一手遮天	出手得盧〔註7〕

龐曉紅指出〔註8〕：「屬性對手的映射，將『手』概念化為一個實體，必須具有一個實體的性質，如外型、硬度、色彩。作為移動的物體，手亦有這樣的特性，如『手快』。」上表中關於「手」的性質相似隱喻情形又可歸納出以下兩種。

a. **顏色相關**：如「白手、素手、赤手、黑手黨、金盆洗手」，將「手」顏色的特性隱喻到其他事物上，如「白手」以白而乾淨特質隱喻空著手；「黑手黨」在黑暗中不容易看見，就像在背地裡做壞事一樣，因此隱喻黑社會組織；又如

〔註6〕Lakoff & Johnson 著，周世箴譯：《我們賴以生存的譬喻》，（臺北：聯經出版社，2006年）。

〔註7〕盧，舊時賭博時最勝的頭采。出手得盧比喻一舉而獲勝。《南齊書・卷二四・張瓌傳》：「瓌以百口一擲，出手得盧矣。」

〔註8〕龐曉紅：〈從認知的角度分析「手」隱喻〉，《和田師範專科學校學報（漢文綜合版）》，（2008年第58期），頁140。

「金盆洗手」使用金盆以示被決心堅定，用此隱喻江湖人物宣布退隱的儀式，現多指改過自新。

b. 其他：如「縛手縛腳」本是綁住手腳，隱喻處處受約束；「一手遮天」先以「手」轉喻「人」，再搭配「遮天」一詞隱喻玩弄權術、瞞上欺下的行徑；「一手遮天」相似處在於手遮住天就如同隱瞞真相，隱喻玩弄權術、瞞上欺下的行徑；又如「炙手可熱」手一靠近就覺得很熱的性質，隱喻專業人物地位尊貴受到熱烈歡迎，勢燄熾盛。

2. 空間方位隱喻

從方位的角度來看「手」的隱喻類型，龐曉紅提到[註9]：「它的上下、左右、前後，以及中心邊緣方位，都能對於手的映射形成隱喻。如：手下、手上、手心、手背。」根據 Lakoff & Johnson[註10] 及蘭智高[註11]的空間方位隱喻理論來看「手」，華語「手」的詞語表現如下。

表 6-1-3　華語「手」空間方位隱喻

維度空間隱喻						時間隱喻
下手	手下	外手	留後手	手底下	後手兒	翻手之間

「手」於空間方位隱喻中，可歸納兩種類型，如下：

（1）維度空間隱喻：如「留後手」隱喻預留退步，是將退路視為直線的一維隱喻。又如「下手」隱喻下方或後面、「手底下」隱喻管轄之下，為二維空間隱喻。

（2）時間隱喻：如「翻手之間」如反手一般，隱喻極快的時間。

綜合上述華語「手」的隱喻現象可歸兩種類型、五種情形，表現如下：

1. 實體隱喻：共出現兩種隱喻情形：

（1）形狀相似隱喻：以與「手」外型相關的部分做隱喻對象。如「怪手」隱喻挖土機。

〔註9〕龐曉紅：〈從認知的角度分析「手」隱喻〉，《和田師範專科學校學報（漢文綜合版）》，（2008 年第 58 期），頁 140。

〔註10〕Lakoff & Johnson 著，周世箴譯：《我們賴以生存的譬喻》，（臺北：聯經出版社，2006 年）。

〔註11〕蘭智高、張夢捷：〈關於空間和時間的思考與探討〉，《黃岡師範學院學報》，（2009年第 6 期），頁 56～58。

（2）**性質相似隱喻**：可再分兩類。

　　a. **顏色相關**：如「白手、黑手黨、金盆洗手」，又如「白手」隱喻空
　　　著手。

　　b. **其他**：「縛手縛腳」隱喻處處受約束，「一手遮天」隱喻玩弄權術、
　　　瞞上欺下的行徑，而「炙手可熱」隱喻深受歡迎地位尊貴或勢燄
　　　熾盛。

2. **空間方位隱喻**：共出現兩種情形：

（1）**維度空間隱喻**：如「下手」隱喻下方或後面的空間，「外手」喻靠前
或外面的位置。

（2）**時間隱喻**：如「翻手之間」指如反手一般快速，用來隱喻極快的時
間。

（二）轉喻類型

關於「手」的轉喻研究當中，徐娟娟將轉喻詞彙現象分為三種〔註12〕：

　　一、部分代整體：與「手」關係最為密切的就是擁有手的人。漢語
　　　　中有很多以「手」代指「人、勞動力」的詞語。如：「歌手」，指
　　　　唱歌的人。

　　二、工具指使用者或動作：「手」最突出的功能無疑是用來做事。漢
　　　　語中也出現以手代指「勞動或行動」，如：「手下留情」，指做事
　　　　不要太嚴苛。

　　三、生產者代指產品：文字的書寫恰恰不離「手」。以「手」代指「文
　　　　字」的現象。又如「手藝」指做出的飯菜或陶藝品。

　　上述提到三種類型，其中以「手」代「人」屬於「部分代全體」的轉喻，這
類的轉喻現象在華語的詞彙當中極為常見；則其次以「手」代「動作」，屬「部
分代部分」的轉喻情形，以「手」代「生產品」則屬於「轉喻完整事物」的轉
喻類型。據謝健雄〔註13〕「手」的轉喻可分三類來探討。

〔註12〕徐娟娟：〈漢語「手」衍生的轉喻和隱喻連續體關係〉，《現代語文（語言研究版）》，
　　　　（2011 年第 1 期），頁 38。
〔註13〕謝健雄：〈當代臺灣漢語慣用轉喻：認知語言學取徑〉，《人文暨社會科學期刊》，
　　　　（2008 年第 1 期）。

1. 部分代全體轉喻

「部分代全體」的轉喻中包含兩種類型，所見如下。

（1）「手」轉喻為人，所見如下：

表 6-1-4　華語「手」轉喻為人

幫手	捕手	扒手	炮手	散手	神射手	刀牌手	棋逢敵手	好手好腳
打手	當手	獵手	敵手	腳手	喇叭手	射鵰手	頂尖好手	慢手慢腳
弓手	老手	快手	歌手	游手	吹鼓手	白手套	手足之情	大手大腳
舵手	抗手	下手	棋手	硬手	三隻手	刀斧手	高手雲集	情同手足
高手	舊手	作手	先手	槍手	打擊手	槍仗手	職業選手	胼手胝足
槍手	鎗手	妙手	手令	旗手	劊子手	把手言歡	第二把手	手不停揮
殺手	射手	易手	做手	副手	手攜手	毛手毛腳	軍牢快手	手足重繭
熟手	水手	國手	名手	接手	神槍手	業餘選手	高手如雲	束手束腳
買手	賣手	後手	能手	弩手	霹靂手	第一把手	舞林高手	縮手縮腳
對手	投手	前手	管手	換手〔註14〕	丹青手	妙手空空	妙手丹青	手不釋卷
鉤手	鼓手	助手	黑手	聯手〔註15〕	大手筆	心狠手辣	七手八腳	粗手粗腳
好手	號手	生手	聖手	御手〔註16〕	大出手	良質美手	身手矯捷	礙手礙腳
選手	牽手	借手	攜手	嫩手〔註17〕	親手足	纏手纏腳	小手小腳	攜手接武
二手	凶手	新手	手足	手下人	重炮手	辣手摧花	玉手纖纖	心靈手巧
手快	上手	吹手	連手	游擊手	左右手	聖手仁心	手不輟筆	赤手空拳
龜手	援手	慣手	交手	外野手	弓箭手	毒手尊拳	大打出手	假手他人

　　上表中出現許多詞以「手」代「人」的轉喻，如「兇手」、「幫手」、「水手」等，又可分為兩種類型。

　　a. **轉喻為人**：如「幫手、牽手、對手、生手、熟手、左右手」，此類轉喻成人，以「手」這一個部分，代替「人」這個大的整體，如以「幫手」轉喻助理；「對手」轉喻競爭的對方；「生手」轉喻技術不熟練的人。

　　b. **轉喻為擅長於某種技藝的人**：如「歌手、買手、弓箭手、妙手丹青」，此類為轉喻在特定領域有著技能的人。其中「歌手」轉喻擅於唱歌的人；「買手」轉喻專指股票市場精於買進股票的人；「妙手丹青」轉喻繪畫技藝高超的人。

〔註14〕一、從一手換到另一手。二、比喻更換人員。
〔註15〕共同合作。如：「我們應該聯手克服這個難關。」
〔註16〕一、皇帝的手。亦指皇上。二、控制車駕的人。也作「馭手」。
〔註17〕一、新手、生手。二、比喻沒擔當、不肯負責任，只希望把事情推開的人。

　　c. 轉喻具某種外貌的人：如「纖手、胼手胝足、良質美手、小手小腳、大手大腳」，是以「手」的外觀轉喻至人。「胼手胝足」，轉喻極為辛勞；「胼手胝足」轉喻人沒膽量、小器；反之「大手大腳」則轉喻動作粗魯、粗心。

　　d. 行為狀態：這類較為複雜，屬於先轉喻為人，再所進一步所隱喻投射至人所做的行為。如以「交手」一詞，先以「手」轉喻「人」，在以「人」之間相接、接觸的動作，再隱喻「交戰」、「打鬥」；「手攜手」先以「手」轉喻「人」再隱喻為「緊密團結」。

　　王群指出〔註18〕：「手的動作可以轉喻到在某種技術或工作中，居某種地位的人、又指從事某種行業、活動或做出某種行動的人。如：一把手、手下。」此外，龐曉紅也提到〔註19〕：「轉喻是想接近或相關聯的不同認知域一個突顯事物對另一個事物的替代，如部分與整體中職業領域有：打手、扒手、舵手等。」根據兩位學者所述可知道「轉喻為人」是最常出現的類型，筆者與王群分類相同，以有無技術職業與否區分，龐曉紅則將全部的情形以職業領域相關作為歸類。

　　以「手來代替全體」的類型應為「轉喻」。但龐曉紅僅以隱喻詮釋說明〔註20〕：

> 手隱喻的具體類型包含：一、實體對於手的映射。（1）液體與氣體：水風、手氣（2）移動物：分手（3）速度：手快（4）外型：手短（5）屬性：新手（6）特性：黑手。二、方向對於手的映射。（1）上下左右前後方位：手上、手下（2）中心、邊緣方位：手心、手背。三、容器概念對於手的映射。（1）容器：空手、合手（2）裡外概念：入手、手裡。四、方式對於手的映射。如手段、手法、手筆。

　　以上所列其實包括「隱喻」和「轉喻」，以「手」代替「人」的情形在「手」的轉喻類型中出現最多，上文中將「老手、新手」歸為「隱喻」，將手概念化

〔註18〕王群、齊振海：〈「手」詞語的結構化分析〉，《華北電力大學學報（社會科學版）》，（2005 年第 1 期），頁 129。

〔註19〕龐曉紅：〈從認知的角度分析「手」隱喻〉，《和田師範專科學校學報（漢文綜合版）》，（2008 年第 58 期），頁 141。

〔註20〕龐曉紅：〈從認知的角度分析「手」隱喻〉，《和田師範專科學校學報（漢文綜合版）》，（2008 年第 58 期），頁 140。

為實體，實體具有新舊、好壞……等特性，將新舊的情形分類在性質相似的隱喻，以其指人的特性。關於「手」的隱喻徐娟娟指出〔註21〕：

> 關於「手」的隱喻現象：一、隱謀詭計或權勢為目的的隱喻。手黑（辣）：做事方法毒辣凶狠。二、以控制、掌握的隱喻。逃不出某人的手心：脫離不了某人的掌控。三、關係親密的隱喻。手足：隱喻弟兄。四、經濟狀況的隱喻。手鬆：指隨便花錢或給人東西。五、心情的隱喻。握拳透掌：表示憤怒。

徐氏研究中雖有將隱喻與轉喻分開敘述，但隱喻的情形本質都是在講述實體隱喻，但對於空間方位隱喻卻無著墨，是筆者認為較為不足之處。

（2）「手」轉喻事物完整的部分，語料所見僅有一則，如「洗手間」一詞不只洗手而已，還包含上廁所、化妝……等數種不同的事情，此為以「部分」代「全體」轉喻。

2. 全體代部分轉喻

「手」的轉喻包含兩種類型，實例所見如下。

（1）「手」轉喻「手中物」

表 6-1-5　華語「手」轉喻「手中物」

伴手	摺手	入手	第一手	伸手牌	摺開手	開手錢	後手錢	標手錢
經手	手續	扶手	不去手	解手刀	搶手貨	洗手錢	手續費	二手貨

「全體代部分」轉喻中邱湘雲提到〔註22〕：「以『手』轉喻手中掌握的事物，這些都可說是全體指代部分的轉喻。如『扶手』轉喻手中所握的欄干。」上表中的詞彙，皆屬於轉喻手中事物類型，如「伴手」指拜訪親友時隨手所帶的饋贈禮物；「伸手牌」轉喻各種向他人索取到手的物品；「洗手錢」轉喻舊時驗屍後喪家所付的酬勞，以上都是轉喻為手中物，包含金錢、物品……等，取得後且又能掌握至手中的東西。

（1）**生產者轉喻生產品**，所見如下：

〔註21〕徐娟娟：〈漢語「手」衍生的轉喻和隱喻連續體關係〉，《現代語文（語言研究版）》，（2011 年第 1 期），頁 38。

〔註22〕邱湘雲：〈客家話人體詞語隱喻及轉喻研究〉，《客家委員會獎助客家學術研究計畫客家委員會獎助客家學術研究計畫》，（2012 年 11 月 30 日），頁 41。

表6-1-6 生產者轉喻生產品

手工	手技	手帖	手藝	手筆	手批	手模	手記	手跡	手工業
手板	手版	手本	手札	手稿	手抄	手澤	手印	手工藝	手工藝品

　　上表中，如徐娟娟〔註23〕所述，以生產者代替產品的轉喻當中，也是在「手」中常見的一個現象。以「人」藉由「手」所做出的物品、產品，如「筆跡」是由「手」所寫而成為人所產出的「字跡」，又如「手工」轉喻為用手的技能所作成的工藝、物品；再經由語義延伸如「手工業、手工藝、手工藝品」，皆轉喻為具有技術性、藝術性的「產品」。

　　3. 部分代部分轉喻

　　依謝健雄〔註24〕、連金發〔註25〕等人所述，可將「部分代部分」轉喻分為五類情形。

　　（1）「手」轉喻原因或結果，所見如下：

表6-1-7 華語「手」轉喻原因或結果

到手	咬手	上下其手	手到擒來	握手言歡	不露身手	袖手旁觀
失手	費腳手	束手無措	撒手人寰	高抬貴手	白手起家	動手動腳
措手	著手腳	游手好閒	空手而回	鹿死誰手	拱手投降	拱手聽命
罷手	做手腳	放手一搏	妙手回春	撒手塵寰	措手不及	遊手好閒
撒手	不順手	攤手攤腳	束手待斃	束手無策	手到病除	手到拿來
唾手	得先手	兩手空空	手無寸鐵	握手極歡	手起刀落	手足異處
倒手	啟手足	拱手讓人	握手言和	觸手可及	唾手可得	束手就擒

　　上表中，如「啟手足〔註26〕」轉喻古文中人得以善終；「順手牽羊」轉喻趁便順勢取走他人的財物；「握手極歡」指執手談笑極為歡洽，轉喻非常友好、親近。又如以「撒手」轉喻死亡時鬆手、放開的樣子。此外，還有以「手」轉喻「容易」的事情，如「唾手、唾手可得」以往手上吐唾沫，轉喻容易得到手

〔註23〕徐娟娟：〈漢語「手」衍生的轉喻和隱喻連續體關係〉，《現代語文（語言研究版）》，（2011年第1期），頁38。

〔註24〕謝健雄：〈當代臺灣漢語慣用轉喻：認知語言學取徑〉，《人文暨社會科學期刊》，（2008年第1期）。

〔註25〕連金發：〈臺灣閩南語「頭」的構詞方式〉，殷允美、楊懿麗、詹惠珍（編），《第五屆中國境內語言暨語言學國際研討會論文集》。（臺北：中研院語言所籌備處，1999年）。

〔註26〕身體髮膚受之父母，不敢毀傷，故曾子臨終時，召弟子啟其衾而視其手足是否完好。見《論語·泰伯》。

的結果。皆是原因或結果相代的轉喻表現，也是「部分代部分」轉喻中最為常見的類型。

（2）「手」轉喻「動作——狀態」相關詞語，所見如下：

表6-1-8　華語「手」轉喻「動作——狀態」相關詞語

招手	住手	過手	搖手	抄手〔註27〕	動手術	不忍下手	不忍釋手
合手	揮手	回手	轉手	釋手〔註28〕	打手心	捻手捻腳	躡手躡腳
垂手	握手	收手	拱手	動手腳	弄手腳	舉手投足	指手畫腳
手刃	還手	起手	著手	不伏手	放手銃〔註29〕	手下留情	拱手作揖

樊輝、宮雪、戴衛平提到〔註30〕：「字面上它們所指的意義都已經跨越『人』這一域，如果沒有手，就無法完成這幾個動作。」上表中如「招手」本是揮動手臂，在此轉喻打招呼、問候；「弄手腳」以手腳的動作轉喻暗中安排或暗中使計害人。又如「打手心」轉喻為一種體罰的手段，藉由「手」所做出的動作，轉喻出想表達的深刻意涵。

（3）「手」轉喻情感，所見如下：

表6-1-9　華語「手」轉喻情感

| 搏手 | 摑手 | 搓手跺腳 | 拍手稱快 | 手舞足蹈 | 手忙腳亂 | 手足無措 |

徐娟娟提到〔註31〕：「人們擅長從一些動作，尤其手上的動作判斷一個人的心情，形成了『手』為始源域『心情』為目標域的隱喻，如表憤怒『握拳透掌』、表喜悅『拍手稱快』。」雖徐娟娟將情感歸於「隱喻」中，但筆者認為其實應該屬於「轉喻」，其因已於第三章出現的身體詞「頭〔註32〕」述之，在此不多贅述。

〔註27〕一、兩臂交叉於胸前。表示施禮。《水滸傳》第三回：「酒保抄手道：『官人要甚東西，分付賣來。』」。二、一種麵食。用麵粉做成薄皮，內包肉餡，煮熟後即可食用。也稱為「餛飩」。

〔註28〕放下、離手。如：「愛不釋手」。《儒林外史》第一回：「危素受了禮物，只把這本冊頁看了又看，愛玩不忍釋手。」

〔註29〕男孩子手淫。尚友堂刊本《拍案驚奇》卷一七：「說得動火，知觀便與太清完了事。弄得兩個小野子與發難過，沒出豁，各放了一個手銃。」

〔註30〕樊輝、宮雪、戴衛平：〈「Hand 手」的轉喻、隱喻說略〉，《語文學刊（高教、外文版）》，（2008年第8期），頁42。

〔註31〕徐娟娟：〈漢語「手」衍生的轉喻和隱喻連續體關係〉，《現代語文（語言研究版）》，（2011年第1期），頁39。

〔註32〕詳見本書頁65。

上表所見，以「手」轉喻情感又可歸納出三類。

a. 喜悅情緒：如「撫手、拍手稱快、手舞足蹈」，又如「撫手」拍手的動作、「手舞足蹈」以手、腳舞動跳躍轉喻「高興」。

b. 慌張情緒：如「手足無措、手忙腳亂」，又如以「手足失措」手腳無處安放，轉喻舉止慌亂；「手忙腳亂」轉喻慌張失措的樣子。

c. 其他情緒：如「搏手、額手稱慶」，其中以「搏手」轉喻氣憤；「搓手跺腳」轉喻不耐煩。

（4）「手」轉喻能力，所見如下：

表 6-1-10　華語「手」轉喻能力

拿手	兩手	身手	比手勢	好身手	沒腳手	初試身手	高壓手段
巧手	手段	一手	耍手腕	顯身手	拿手好戲	強硬手段	身手不凡
手法	手腳	露一手	拿手菜	有一手	卑劣手段	拿手絕活	信手拈來
手感	手腕	機械手	殺手鐗	留一手	不擇手段	大顯身手	大展身手

關於將「手」轉喻能力中，徐娟娟提到[註33]：

> 手在肢體各個部位中是最靈活的，人們在勞動過程中，也都是用手操縱各種器械。因此，手在很多時候處於支配指導地位，以「手」為始源域，以『控制、掌握』為目標域的隱喻，如（你的命）在我手上。

實現了「手」具體的認知域和「技能」這個抽象的認知域之間的映射。同「情感喻」一樣，筆者認為「能力喻」屬於轉喻而非隱喻。由上所知，可將「手」能做的事情，如控制、掌握……等視為一種能力、技能。

上表所見，如「一手」常轉喻具有某種技藝或手段，經由轉喻擴充而形成「有一手、露一手、留一手」等詞語，轉喻才能、本領的展現與否。

又如「拿手」轉喻擅長某是，延伸出「拿手菜」轉喻最擅長烹調的菜餚。再如「手段」轉喻本領、方法、手法，映射至「控制、掌控」等手的能力；如「不擇手段」轉喻為達目的什麼方法都會採用。

（5）「手」轉喻其他，所見如下：

[註33] 徐娟娟：〈漢語「手」衍生的轉喻和隱喻連續體關係〉，《現代語文（語言研究版）》，（2011 年第 1 期），頁 39。

表 6-1-11　華語「手」轉喻其他

偏手	代手	帶手	脫手	戟手	扯手	手紙	手照	手書	手刺

上表中，如「偏手」轉喻為隱瞞他人而私下得到的「好處」，包含錢財、事物等；「帶手」轉喻飯鋪〔註34〕用的抹布；「手刺」轉喻舊時官場上相互拜謁時所用的「名帖」，如現代的「名片」。這些不屬於「原因或結果」、「動作狀態」及「情感」轉喻類型，因此將它們分類為「轉喻其他」，指稱利益、好處、物品等。

綜合上述「手」的轉喻現象，可歸三種類型、六種情形，詞彙表現如下：

1. 部分代全體轉喻：共出現兩種類型：

（1）**轉喻為人**：又可分四類。

　　a. **轉喻為人**：如「幫手、牽手、對手」。

　　b. **轉喻其職業人物**：如「歌手、弓箭手、妙手丹青」。

　　c. **轉喻具某種外貌的人**：如「纖手、胖手胝足、良質美手」。

　　d. **行為狀態**：如「交手」。

（2）**轉喻事物完整的部分**：如「洗手間」除洗手外還包含上廁所、化妝等事。

2. 全體代部分轉喻：共出現兩種類型：

（1）**轉喻「手中物」**：如「伴手」轉喻禮物；「伸手牌」轉喻向他人索取到手的物品都是將「手」轉喻為「手中物」，如金錢、物品……等能握取的東西。

（2）**生產者轉喻生產品**：如「手工、手跡、手工藝品」轉喻人做出的產物。

3. 部分代部分轉喻：共出現五種類型：

（1）**轉喻原因或結果**：如「游手、啟手足、白手起家」。

（2）**轉喻動作狀態**：如「招手、放手銃、動手腳、拱手作揖、躡手躡腳」。

（3）**轉喻情感**：又可分三類。

　　a. **喜悅情緒**：如「摑手、拍手叫好、手舞足蹈」轉喻高興。

　　b. **慌張情緒**：如「手足失措、慌手忙腳」轉喻舉止慌亂、慌張失措。

　　c. **其他情緒**：如「搏手」轉喻氣憤；「搓手跺腳」轉喻不耐煩。

（4）**轉喻能力**：如「手段、拿手、手法」，轉喻成能力、本領的展現。

〔註34〕規模較小的飯館。

（4）轉喻其他：如「偏手」轉喻好處、「名帖」轉喻名片。

在「手」轉喻的詞語中，這些「動詞＋手」的述賓結構形成與「V 手」的述賓式結構詞語，一來也具有隱喻性，二來也顯示此動詞賓語選擇與「手」搭配而不與其他器官搭配，若搭配其他器官則無法表示原有的意義，可見「手」在其中也有其「搭配義」存在。

二、閩南語「手」的隱喻探討

依照教育部《臺灣閩南語常用詞辭典》，關於「手」的說明如下表：

表 6-1-12　閩南語「手」釋義及詞例

	釋　義	詞　例
1	指人體的上肢部分	
2	引申作擅長某種技術的人	例：烏手 oo-tshiú（機械修護工人）
3	指事物的一部分 [註35]	例：去予伊趁一手去。Khì hōo i thàn tsit tshiú khì.（讓他賺了一筆。）

上列定義當中與華語相比可知，一、二點與華語相同，第三點華語中雖無列出，但能知道該例所指為「所賺的錢」乃屬轉喻「手中物」的類型。以下將探討閩南語「手」的隱喻與轉喻類型。

（一）隱喻類型

閩南語「手」隱喻表現如下。

表 6-1-13　閩南語「手」隱喻

實體隱喻					
形狀相似喻	性質相似喻				
怪手	冇手	伸手	重手	輕手	手爪賤	纏跤絆手
	沐手	毒手	緊手	手賤	屧手縫	縛跤縛手
	插手	瘸手	讓手	大出手	楔手縫	
空間方位隱喻					
維度空間喻				時間隱喻	
手底	上手	正手爿	倒手爿	起手	落尾手

上表中可知，閩南語隱喻的部分，出現兩種類型：

[註35] 例：去予伊趁一手去。Khì hōo i thàn tsit tshiú khì.（讓他賺了一筆）。

1. 實體隱喻

出現兩種情形：

（1）形狀相似隱喻：如「怪手」隱喻挖土機。

（2）性質相似隱喻：如「沐手」隱喻沾手、插手、參與，「手縫櫳」隱喻出手大方，愛花錢。

2. 空間方位隱喻

出現兩種情形：

（1）**維度空間喻**：如「正手爿、倒手爿」隱喻左邊、右邊，為一維隱喻（前後、上下、左右）；又如「手底」隱喻手掌、手裡，為三維隱喻（進、出空間）。

（2）**時間隱喻**：如「起手」隱喻一開頭的時間，「落尾手」隱喻後來、最後。

閩南語詞彙很多都與華語相同，如形狀相似喻「怪手」、性質相似喻「毒手」、能力喻如「手段」、維度空間喻如「手底」等，便不多加贅述。

較為特殊的詞彙，閩南語中以「手縫」本指手指中間的縫隙，用以隱喻微小；「楔手縫」隱喻塞手縫，指東西很少不能讓人滿足；「屜手縫」塞手指間的縫隙，隱喻些微之數；「屜手縫」手指間縫隙大，隱喻出手大方、愛花錢。

（二）轉喻類型

閩南語「手」轉喻可分為三類，所見如下。

表 6-1-14　閩南語「手」轉喻

部分代全體						全體代部分			
轉喻為人						生產者轉喻生產品		轉喻手中物	
二手	下手	車手	銃手	冇手 〔註36〕	三肢手	出手	手筆	手續	伴手
牽手	頂手	替手	跤手	穤手 〔註37〕	歹手爪	手印	手痕	後手	手尾
拍手	烏手	高手	副手	手下	單跤手	手模	手工	帶手	手扞仔 〔註38〕

〔註36〕冇手：音讀（phànn-tshiú）：大方、慷慨。

〔註37〕穤手：音讀（bái-tshiú）：左撇子。慣用左手的人。

〔註38〕手扞仔：音讀（tshiú-huānn-á）：把手。腳踏車、機車或三輪車等的把手。

對手	歌手	敵手	選手	熟手	運轉手	手藝	手路		手尾錢
趖跤趖手	經跤經手	殺手	孤跤手〔註39〕		手捗〔註40〕				
笨跤笨手	勼跤勼手	買手	下跤手人		跤模手印				
跤來手來	纏跤絆手	手面	跤尖手幼						
部分代部分									
轉喻原因或結果				轉喻動作狀態		轉喻能力			
失手	遏手把〔註41〕	離跤手	起跤動手	勼手	手勢	出手	手段		手尾力
	拍手銃	伸長手	看破跤手	動手	握手	搖手			手路菜
	鬥跤手	楔後手	高抬貴手	過手	停手				

上表中，所見轉喻情形，可分為以下三種類型：

1. 部分代全體轉喻

僅有「**轉喻為人**」如「二手、手下、下跤手人」轉喻助理、部下；「牽手」轉喻妻子、轉喻為與職業相關的人，如「選手、殺手、車手、運轉手」，其中「運轉手」受日語外來語影響，轉喻人的外型如「跤尖手幼」轉喻細皮嫩肉、玉手纖纖、轉喻行為狀態如「冇手」轉喻人花錢大方、慷慨；「笨跤笨手、趖跤趖手〔註42〕」轉喻人的動作遲鈍、不靈敏。

2. 全體代部分轉喻

又可分為兩種情形：

（1）**生產者轉喻生產品**：以「手」為生產者，所搭配的如「手痕」轉喻指紋、手印，「手筆」轉喻筆跡、手跡，這些都是經過「手」所產生出的文字、印記……等產品。

（2）**轉喻手中物**：如「伴手」轉喻手上的禮物，「手尾」轉喻遺產，「手尾錢」轉喻過世的人手上或身上所帶的錢，「手扦仔」轉喻手中所握的「把手」。

3. 全體代部分轉喻

又可分為三種情形：

〔註39〕孤跤手：音讀（koo-kha-tshiú）：獨自一人，沒有幫手。

〔註40〕手捗：音讀（tshiú-pôo）：手掌、手模。

〔註41〕遏手把：音讀（at-tshiú-pà）：兩人以手腕相交，各自向自己的方向施力加壓，如果任何一方的手被對方給扳倒，就算輸了。這是一種互相較量手勁與技巧的活動。

〔註42〕趖跤趖手：音讀（sô-kha-sô-tshiú）：形容動作慢吞吞，拖拖拉拉，反應遲鈍。

（1）**轉喻原因或結果**：如「失手」轉喻因不小心而造成錯誤；「拍手銃」轉喻男性手淫、自慰，「起跤動手」轉喻雙方因為爭執不下而爆發肢體衝突。

（2）**轉喻動作狀態**：如「勼手」即「縮手」以收手轉喻結束正在進行的動作；「搖手」轉喻拒絕或不同意，「出手」以動手轉喻購買貨物或出貨物或脫手已賣出的行為。

（3）**轉喻能力**：如「手尾力」轉喻手腕力氣或手掌握力，「手路」轉喻特殊的手藝、手法；「手路菜」轉喻拿手好菜。

閩南語的轉喻詞彙表現與華語相似者甚多，如「車手、殺手、敵手」等皆是，較為特別的有「穤手」一詞，閩南語常以「穤（bái）」隱喻不好的事物，故以不正常、不好的性質轉喻「左」形成「左撇子」詞彙。又如「手尾錢」，轉喻為臺灣地方習俗，人死後還沒入棺前，先讓死者手中握一些錢，然後再取下來分給死者的子孫，轉喻手中所握的錢財。

三、日語「手」的隱喻探討

日語 Weblio 辭典中，對於「手」的定義〔註43〕如下表：

表 6-1-15　日語「手」釋義及詞例

	釋　義	詞　例
1	人体の左右の肩から出ている長い部分。肩から指先までをいう。俗に動物の前肢をいうこともある。（人體從肩膀身長的部分、俗稱為動物的前肢）	「手を高く上げる」「袖に手を通す」「手の長い猿」
2	手首、手首から指先までや、手のひら。（從手腕、手腕到指尖，手掌）	「手に時計をはめる」「火鉢に手をかざす」「手でつまむ」
3	器具などの部分で、手で持つようにできているところ。取っ手・握りなど。（器物的一部份，以及可以用手能握住的部分，如把手、握把等）	「鍋の手」「急須（きゅうす）の手」
4	実際に手のように作業や仕事を行うもの。（真正像手般工作或工作的東西）	
5	労働力。人手。（工作力、人力）	「手が足りない」「女手一つで子供を育て上げる」「男手」

〔註43〕Weblio 辞書とは、複数の辞書や用語集を一度に検索し、一度に表示する、統合型オンライン辞書サービスです。

6	仕事をする能力。（工作能力）	「手に職をもつ」
7	文字を書く技法。書かれた文字。筆跡。（文字書寫技巧，如筆法、字跡）	
8	人が手を使ってすること。また、人の行為を漠然という。 （用人的手所做之事。此外，廣義來說可以說是人類的行為） 一、仕事。作業。（工作。作業）「裁縫の手を休める」 二、手数。手間。（麻煩。功夫）「手のこんだ細工」「手のかかる部下」 三、他人に関与すること。（餐與他人）「手出し」	

　　由上述定義可知，日本人對於「手」的定義廣義來說是包含整個手臂、前肢，若再進一步區分，又可將其細分為很多部分，如下圖 6-1、6-2〔註44〕。

圖 6-1 「手」　　　　　　　　　圖 6-2 「手掌」

　　文中以「手」指稱的部分為「手臂」，圖 6-2「手掌」所指將在下節「掌」探討。以下將日語「手」的慣用語分為隱喻與轉喻兩類來探討。

（一）隱喻類型

蒼麗影在研究當中提到日語「手」的隱喻表現〔註45〕：

> 「手」基於相似性進行隱喻擴展的主要有以下幾種。一、空間位置的相似性。如「取っ手」指器物的把手。二、形狀的相似性。如「孫の手」指不求人。「火の手」指火苗。三、功能的相似性。如「手足」指關係可靠或親近的人。

〔註44〕圖片出處：Weblio：https://www.weblio.jp/ 搜尋：「手」。檢索日期：2021 年 05 月 19 日。

〔註45〕蒼麗影：〈日語「手」合成詞的語義範疇及語義擴展認知分析〉，《大連大學學報》，（2012 年第 2 期），頁 132～133。

上述如「取っ手」指器物的把手，為形狀相似隱喻；又如「孫の手」指不求人的外型止癢工具，有短小的手指與孫子的手形狀相似而隱喻之；「手足」在華語中指兄弟，因「手足」為四肢當中最重要的兩部分由此隱喻「關係親密」，再由「手」、「足」兩者皆為身體的一部份，轉喻為整體的「人」，在日語中同樣以手腳關係密切來隱喻親近。以下依 Lakoff & Johnson〔註46〕及吉村公宏〔註47〕、蒼麗影所言，探討日語「手」的隱喻表現，日語「手」實體隱喻又出現幾種不同類型。

1. 實體隱喻

（1）形狀相似隱喻，在日語慣用語當中僅收錄一則，為「火の手が上がる」。「火の手が上がる」將剛升起的火與「手」的形狀相似，以其外觀來映射到火的外型，用來隱喻冒出火苗。

（2）性質相似隱喻

所見如下：

表 6-1-16　日語「手」性質相似隱喻

慣用語	釋　義	慣用語	釋　義
手が空く	有時間	手を汚す	親自做壞事
手が長い	喜偷竊	王手をかける	拿出最後的王牌
手癖が悪い	手不老實	片手落ち	不公平
手心を加える	加以斟酌	大手を振って	肆無忌憚
手に取るよう	瞭若指掌	手綱を締める	嚴加限制、管教
手の裏を返す	翻臉不認人	手が離れる	擺脫
手を拱く	袖手旁觀	手が焼ける	麻煩
手を差し伸べる	伸出援手	手が悪い	手法惡劣
手を染める	插手	手と身になる	一無所有
手の切れるような	嶄新、冷水	手に手を取る	攜手合作
手を延ばす	擴展事業	手を繋ぐ	合作
手を離れる	擺脫	手もすまに	非常忙碌
手を広げる	擴展事業	手も無く	易如反掌

〔註46〕Lakoff & Johnson 著，周世箴譯：《我們賴以生存的譬喻》，（臺北：聯經出版社，2006 年）。

〔註47〕吉村公宏：《はじめての認知言語学》，（東京：研究社，2004 年），頁 107。

手を結ぶ	合作	手を反す	翻臉不認人
手を取り合う	合作	手を組む	合作
手を緩める	緩解	手を袖にする	袖手旁觀
手の内に丸め込む	拉攏	手を携える	攜手合作
手の内の珠	極為珍愛	触手を伸ばす	伸出魔爪
手を合わせる	比試、較量	手に合わない	能力不及

　　上表中，許多以「手」喻「合作」者，如「手を結ぶ」把手結合；「手を繋ぐ」手繫在一起；「手を組む」手組在一起；「手を取り合う」手拉著手，這類的慣用語都是以示兩人的手結合、聯繫等性質，隱喻兩方合作的關係。

　　又如「片手落ち」本指單隻手傾斜用以隱喻不公平；「大手を振って」手大力地揮動搖擺，隱喻肆無忌憚；日語以「手が長い」手很長隱喻喜歡偷竊，「手の裏を返す」手向後轉隱喻翻臉不認人。

（二）轉喻類型

　　轉喻研究當中，蒼麗影提出〔註48〕：

> 轉喻模式主要有以下幾種。一、身體部位指代其機能。如「寫字」
> 是「手」的功能之一，語義擴展為「筆跡、手跡」。二、部分代指其
> 整體。人類可以以「手」為參照點，擴展為整體的「人」。

　　第一點所提出的，與華語中所述的「生產者轉喻生產品」的轉喻一樣，如「筆跡」為「人」所寫而成，即為人所生產的「字」，屬「全體代部分」轉喻；第二所指「以手代人」如華語及閩南語屬「部分代全體」轉喻。以下依轉喻理論分為「部分代全體、全體代部分、部分代部分」三大類來探討

1. 部分代全體轉喻

　　「部分代全體」轉喻之表現，僅出現「轉喻為人」，所見如下。

表 6-1-17　日語「手」轉喻（部分代全體）

轉喻為人			
慣用語	釋　義	慣用語	釋　義
手が無い	人手不足	手が要る	需要幫忙
手を借りる	請求幫忙	手が切れる	斷絕關係

〔註48〕蒼麗影：〈日語「手」合成詞的語義範疇及語義擴展認知分析〉，《大連大學學報》，（2012 年第 2 期），頁 133。

手を切る	斷絕關係	手が付く	與女傭發生關係
手を煩わす	請求幫忙	手になる	出自某人之手
引く手あまた	拉攏很多人	手を分かつ	斷絕關係

上表所見如「手が無い」轉喻為人手不足;「手を借りる」借我手,與英語中「give me a hand」同,皆以「手」轉喻「人」,指請人幫忙、協助。

2. 全體代部分轉喻

「全體代部分」轉喻當中共有兩種類型,所見如下:這類所見多以「手」轉喻為「手中物」,表現如下。

表 6-1-18　日語「手」轉喻（全體代部分）

轉喻手中物			
慣用語	釋　義	慣用語	釋　義
手にする	到手	手に渡る	歸為他人所擁有
手に落ちる	到手	手中に帰する	落入人手中
手に帰する	到手	手中に収める	歸為己有
生產者轉喻生產品			
慣用語			釋　義
手が入る	手を加える		文章、作品經他人修改
手書きあれども文書きなし			文筆好的人罕見

日語「手」慣用語中,「全體代部分」轉喻共出現兩種情形:

（1）轉喻手中物:如「手にする、手に落ちる、手に帰する」,以東西拿在手中,轉喻到手之務;又如「手に渡る」交到他人手中,轉喻此物歸為他人所有,「手中に収める」收起來,轉喻歸為己有,都是指轉喻「手中所掌握」的物品中,轉喻到手;再如「手に渡る」交到他人手中,轉喻歸為他人所持有。「手中に収める」放在手中而收起來,轉喻歸為己有的事物,都是以「手」指轉喻「手中所掌握的物品」。

（2）生產者代產品:如「手が入る」以手的介入、「手を加える」指手的調整,轉喻為文章或作品經他人修改;又如「手書きあれども文書きなし」指寫字的人多但寫文章的人少,轉喻文筆好的人罕見,寫出的文字為「人」的「產物」。

3. 部分代部分轉喻

日語「手」慣用語中「部分代部分」轉喻所見如下。

表 6-1-19 日語「手」轉喻（部分代部分）

轉喻原因或結果			
慣用語	釋　義	慣用語	釋　義
手足を伸ばす	舒服休息	手に乗る	中計、上當
手が回る	被逮捕	手の施しようがない	無計可施
手が後ろに回る	被逮捕	手回しがいい	準備周到
手が付けられない	無計可施	手も足も出ない	束手無策
手が塞がる	無法幫忙	手を替え品を替え	想盡各種方法
手ぐすね引く	摩拳擦掌	手を回す	事先安排好
手玉に取る	玩弄人	得手に帆を揚げる	順風揚帆
手取り足取り	親自教導	押しの一手	堅持到底
猫の手も借りたい	忙不過來	痒い所に手が届く	思想周到
手が入れば足も入る	得寸進尺	六十の手習い	活到老學到老
手を空ける	騰出手來	手が空けば口が開く	無法生存
手塩に掛ける	親手拉拔	手鍋下げても	自炊窮苦亦樂
手薬煉ひく	摩拳擦掌	手を翻せば雲となり手を覆せば雨となる	翻手作雲覆手雨，指反覆無常
轉喻動作狀態			
慣用語	釋　義	慣用語	釋　義
手を上げる	投降、打人	手を下げる	請求道歉
手を握る	合作、和好	手を支える	請求道歉
手を引く	引導	手を突く	請求道歉
手を締める	拍手祝賀	手を鳴らす	叫人來
小手を翳す	遮光、遠眺	手を出す	管閒事
諸手を挙げて	贊成		
轉喻情感			
慣用語	釋　義	慣用語	釋　義
手に汗握る	擔心、害怕	手の舞い足の踏む所を知らず	手舞足蹈
手に汗を握る	擔心、害怕	手を束ね膝を屈む	苦惱
手が付かない	焦慮、不安	手を揉む	不安、焦慮
轉喻能力			
慣用語	釋　義	慣用語	釋　義
手が届く	能力所及	お手の物	擅長、拿手
手が上がる	技藝、能力提高	下手に出る	謙虛
手に入る	技術熟練	手が有る	有辦法
手が早い	出手快	手が込む	手藝精湛
上手を行く	勝人一籌		

上表中,可將「部分代部分」轉喻有四種表現,如下。

(1)**轉喻原因或結果**:如「手足を伸ばす」因舒展四肢,轉喻舒服地休息;又如「手が回る、手が後ろに回る」手轉到後面,轉喻被逮捕的情形。

(2)**轉喻動作狀態**:如「手を上げる」手舉起,轉喻投降或打人時所做的舉動;「手を下げる」將手放下,轉喻道歉;「手を出す」伸出手,轉喻管閒事、插手。

(3)**轉喻情感**:共兩種情形。如「手の舞い足の踏む所を知らず」同華語手舞足蹈,轉喻喜悅;「手に汗握る、手に汗を握る」人因為手中有冒出汗水,轉喻擔心、害怕;「手を揉む」搓揉著手、「手が付かない」手不知道放哪,皆轉喻不安、焦慮的心理情感。

(4)**轉喻能力**:蒼麗影指出〔註49〕:「以『手』的基本義引申到『手をはたちかせてすること(把手伸出來)』隱喻為方法、手段,『手』作為身體重要器官,具有多種功能,可抓、握等能力。」如上表「手が届く」以手能觸碰到,轉喻為能力所及;又如「手が上がる」手的上升,轉喻技術能力提高;「手が早い」則轉喻出手很快。

第二節 「掌」身體詞

在「研究範疇」時已說明:「掌」的隱喻詞彙有不少是以其他字詞與「掌」搭配所形成的隱喻,而並非「掌」本身具有隱喻現象,例如「主掌」表隱喻「主持管理」;「翻掌」表隱喻「極易辦到的事」;「反掌」表隱喻「事情的容易」;這些「動詞+身體詞」的述賓結構形成與「掌」相關的詞語,因為也具有隱喻性,且非與此一器官搭配必有其搭配義存在,因此本文以為這些「掌」部相關詞語也應納入討論之中。

一、華語「掌」的隱喻探討

「手」指人體的上肢,從「手臂」、「手腕」到最後「手指」,而本節要探討的「掌」,據教育部《重編國語辭典修訂本》當中的定義解釋如下表:

〔註49〕蒼麗影:〈日語「手」合成詞的語義範疇及語義擴展認知分析〉,《大連大學學報》,(2012年第2期),頁132～133。

表 6-2-1　華語「掌」釋義及詞例

	釋　義	詞　例
1	手心、足心	如：「鼓掌」、「腳掌」、「易如反掌」
2	動物的腳底	如：「熊掌」、「鴨掌」
3	量詞。計算武術招數的單位	如：「一掌斃命」、「降龍十八掌」
4	釘縫在鞋底前、後部分的皮子或橡膠	如：「釘一塊掌兒。」
5	用手掌打	如：「掌嘴」
6	管理、主持	如：「掌舵」、「掌政」、「職掌大權」

作為名詞使用「掌」這身體的詞彙，生活中常出現的莫過於是指稱「手心、足心」如：「鼓掌、腳掌」；動詞中的「用手掌打」如「掌嘴」；作為「管理、主持」如「掌舵、掌政、職掌大權」等。都是以「手心」中的身體部位作語義擴充而形成的詞彙。

「掌」的詞彙較少不再獨立分述，其表現僅出現「轉喻」現象，如下：

（一）部分代全體轉喻：華語「掌」僅出現有「轉喻為人」，所見如下：

表 6-2-2　華語「掌」轉喻為人

獨掌	掌教	掌鞭	掌盤	掌舵	掌燈	掌管	掌櫃	車掌	掌上明珠

上表中出現「掌」的轉喻，之前「頭」、「手」亦可「轉喻為人」，但相較於先前討論的「轉喻為人」而言較為特別。

以「頭」來說，如「白頭」以白色的頭髮轉喻老人；又如「歌手」轉喻指唱歌的人，這邊都是以「頭、手」為身體的一部分凸顯「人」這個主體。但「掌」則是轉喻「人」具有「掌握、控制」的特質，如「掌櫃」以掌握櫃臺轉喻商店、客棧中總管事物的人；又如「掌上明珠」轉喻鍾愛珍惜的女兒或人。

（二）部分代部分轉喻：華語「掌」的「部分代部分」又可分四類，如下：

表 6-2-3　華語「掌」轉喻（部分代部分）

轉喻原因或結果						
指掌	掌中輕	反掌折枝	反掌之易	了如指掌	孤掌難鳴	易如反掌
掌聲	掌中戲	瞭若指掌	掌上觀紋	如運諸掌	掌聲雷動	掌上河山〔註50〕

〔註50〕形容視野廣闊清晰，河川山陵有如縮小在手掌之上，可以看得一清二楚。

轉喻動作狀態			
翻掌	合掌	磨拳擦掌	摩拳擦掌
轉喻情感			
合掌		鼓掌	握拳透掌
轉喻能力			
魔掌	股掌	掌印	掌握	掌心	主掌	股掌之上

上表中關於「部分代部分」轉喻共出現四種情形，表現如下：

（1）**轉喻原因或結果**：有許多都是轉喻為「簡單、容易」如「指掌、反掌之易、反掌折枝」。其中「指掌」字面義是給他人看手掌，「反掌」為翻轉手掌，這些結果都表示十分簡單的，又如「了（瞭）如指掌」以觀看「掌中物」（因）轉喻對事情非常了解（結果）。

（2）**轉喻動作狀態**：如「合掌」兩掌相合的動作，轉喻對別人表示尊敬。還有許多以「拳」、「掌」搭配的詞彙轉喻準備行動或動武時的表現，如「磨拳擦掌」。

（3）**轉喻情感**：「鼓掌」轉喻喜悅的情緒；「握拳透掌」轉喻極度憤怒，皆是透過「掌」的動作體現內心的感情。

（4）**轉喻能力**：如「魔掌」可轉喻為惡勢力，這邊出現的「掌」大多用來轉喻「操控」的「能力」。

語料所見如「掌心」指「掌握」之物，皆用來轉喻「手中」能力控制的範圍及事物指「控制」；「股掌」轉喻極易操縱，是因為將「掌」中之物能直接以肉「眼」看見並且用「手」握住，以轉喻「控制」力。關於「掌心」一詞，徐娟娟指出〔註51〕：「以『掌』為源領域，以『控制、掌握』為目標領域的領域。如：逃不出某人的『掌心』。」徐氏將「掌控、控制」視為「性質相似隱喻」。

龐曉紅提到〔註52〕：「中心、邊緣方位對於手的映射，如『掌心』。」龐氏所切入的角度為「掌『心』」，看的是中心的空間方位，將「手中」空間視為「空間方位隱喻」，但筆者以為「掌」中的「控制」是「同一域」間的作用，以「掌」轉喻形成「控制」，應屬「部分代部分」轉喻而非「隱喻」。

前文提及，關於「動詞＋掌」的述賓結構形成與「V掌」的述賓式結構詞

〔註51〕徐娟娟：〈漢語「手」衍生的轉喻和隱喻連續體關係〉，《現代語文（語言研究版）》，（2011年第1期），頁39。

〔註52〕龐曉紅：〈從認知的角度分析「手」隱喻〉，《和田師範專科學校學報（漢文綜合版）》，（2008年第58期），頁140。

語，一來也具有隱喻性，二來也顯示此動詞賓語選擇與「掌」搭配而不與其他器官搭配，若搭配其他器官則無法表示原有的意義，可見「掌」在其中也有其「搭配義」存在。

二、閩南語「掌」的隱喻探討

依教育部《臺灣閩南語常用詞辭典》中關於「掌」的說明只說「掌」是：「手或腳的中心部分。」閩南語定義「掌」僅指手或腳的中心部分，辭典中收錄的「掌」詞彙具隱喻者極少。

根據 Lakoff & Johnson 提出之理論，「掌」僅有轉喻類型，如下。

表 6-2-4　閩南語「掌」隱喻

歸屬類別	轉　喻			
	部分代全體	部分代部分		
表現情形	轉喻為人	轉喻因果	轉喻動作	轉喻能力
詞彙	車掌	掌管	掌聲	合掌	掌握

上表中，可將隱喻共出現兩種類型：

（一）部分代全體轉喻：僅出現「轉喻為人」。如「車掌」轉喻剪票或收票的服務員，源自日語車掌（しゃしょう），「掌管」轉喻店鋪的經理。

（二）部分代部分轉喻：共出現三種情形：

1. **轉喻原因或結果**：如「掌聲」以拍手的聲音轉喻推知表示鼓勵、稱讚。
2. **轉喻動作狀態**：如「合掌」以兩掌相合，轉喻宗教儀式上表示尊敬。
3. **轉喻能力**：如「掌握」轉喻控制，在權限範圍內支配運用的「能力」。

由於閩南語當中出現的「掌」相關詞彙較少，且多在華語中出現過，故於此不再多加著墨。

三、日語「掌」的隱喻探討

日語 Weblio 辭典中，對於「掌」的定義如下表：

表 6-2-5　日語「掌」釋義及詞例

	釋　義	詞　例
1	手首から指の付け根までの　手を握ったときに內側になる面。たなごころ。（手腕到手指根部，握著手時成為內側的面。）	「掌握・掌中／合掌・熊掌（ゆうしょう）・落掌」

| 2 | 職務として担当する。つかさどる。
（負責工作。控制。） | 「管掌・兼掌・車掌・職掌・分掌」 |
| 3 | 手に持つ。（手能握住的地方） | 「靫掌（おうしょう）」 |

上述可見第一點是在講述「掌」的外型、範圍；第二點同華語與閩南語，指負責某工作或控制；第三點指手能握東西的部位。由於日語 Weblio 辭典中收錄的「掌」慣用語並不多，因此不將隱喻轉喻分開而合併探討，所見如下：

表 6-2-6　日語「掌」隱喻

歸屬類別	隱　喻	轉　喻		
	空間方位隱喻	部分代全體	部分代部分	
表現情形	時間隱喻	轉喻為人	轉喻因果	轉喻能力
詞彙	掌を反す	掌の玉	掌を指す	掌の中
	掌を返す	掌中の珠		掌にする

上表中可見日語「掌」的隱喻現也可分為隱喻及轉喻兩類，表現如下：

（一）隱喻類型

僅出現「空間方位隱喻」及「時間隱喻」。如「掌を反す、掌を返す」兩者相同，皆指「反掌」，華語當中將「反掌」轉喻為「容易」。日語將翻動手掌的時間，隱喻時間之短暫，此外更隱喻人翻臉的速度極快，指突然改變了態度。

（二）轉喻類型

共出現兩種類型。

1. 部分代全體轉喻

僅出現「轉喻為人」。如「掌の玉、掌中の珠」同華語「掌上明珠」，手中的寶玉是非常重要的東西，用此轉喻為愛子、愛妻或珍愛的人。

2. 部分代部分轉喻

共有兩種表現。

（1）轉喻原因或結果：如「掌を指す」同華語「瞭若指掌」，由看視自己的手或掌，轉喻對事情了解得非常清楚。

（2）轉喻能力：如「掌の中、掌にする」，在手掌中轉喻控制「力」。

第三節　「腳」身體詞

　　上節探討的是「上肢」，本節則探討的「足」部指人體下肢到踝骨的部分，簡而言之為「下肢」。同前文探討過的「頭首、眼目、牙齒」等類型，表示「足」部的詞語有「腳、足」兩種，以人體的下肢來看，包含「大腿、小腿、腳、足」等。以筆者在此論文中提及的三種語言來看，華語包含「腳、足」兩種，閩南語僅有「跤」、日語則用「足」，英語也只用「foot」來表示人體「下肢」部分。

　　起初，筆者一直困擾是否要將兩者放在一起探討，畢竟閩南語及日語都僅有一詞彙，但若未將其分開敘述，華語「腳、足」兩字的詞彙混放在一起又覺不妥，是因「腳」、「足」在部分詞語中未必能互換，可見它們各有分工作用，故將二者分述。

　　以華語來看「足部」其他部位的詞彙量不多，閩南語和日語又更少敘述，亦無前人探討，最後決定「足部身體詞」僅以「腳」及「足」作為本文探討的部分。要了解「腳」及「足」的差異，就要先從這二者的詞義演變以及現代華語當中的表現來看，筆者將二者分開獨立說明，此處先探討「腳」的部分。汪昕、羅思明〔註53〕：

> 　　「腳」最先出現在篆體字中，不論先秦或秦朝「腳」均指人的小腿，直到漢代「腳」不僅指人的小腿，語義範圍更擴大到的動物的腳部。於唐始詞義發生了部位轉移。「腳」從「小腿」轉為「腳掌」部分。表示物體的基礎或下部，如「山腳」。到清，繼續發展，囊過鞋襪之類的東西。

　　從歷時的角度來看，可以知道「腳」一開始指的是人的小腿，後來延伸指至物體的基礎或下部，最後又語義外延擴展指全部下肢，包含腳踝以下的部分。許燕也說〔註54〕：

> 　　王力先生認為是在中古時期完成的「腳」和「足」的替換的。在先秦時期「腳」是泛指人以及一切動物的下肢，到了魏晉南北朝時期「腳」已經基本取代「足」並且得到廣泛流傳，基本完成替換。

　　綜合上述兩位學者的研究，能得知「腳」原指「小腿」，經過歷時的演變

〔註53〕汪昕、羅思明：〈「腳」與「足」詞義演變及動因考察〉，《現代語文》，（2013年第7期），頁40～41。

〔註54〕許燕：〈多維考察「腳」的隱喻和轉喻〉，《才智》，（2015年第3期），頁278。

過程，慢慢延伸至其他相關的地方，現代華語當中較常使用「腳」而非「足」，筆者認為二者僅在文言文、現代華語當中比較有差別，但二者又各自有自己習慣的慣用詞彙，如「腳色」不能以「足色」替代、「足球」也不能改成「腳球」。閩南語的使用情形只有「跤」一種放在「腳」當中討論，日語無「腳」字而僅有「足」，故本處僅探討華語及閩南語的詞彙表現。

在前一章敘述「研究範疇」時已詳述：「腳」的隱喻詞彙有不少是以其他字詞與「腳」搭配所形成的隱喻，而並非「腳」本身具有隱喻現象，例如「插腳」表隱喻「參與、加入」；「收腳」表隱喻「停止不正當的行為」；「失腳」表隱喻「走路不小心而跌倒或失意、受挫折」，這些「動詞＋身體詞」的述賓結構形成與「腳」相關的詞語，因為也具有隱喻性，且非與此一器官搭配必有其搭配義存在，因此本文以為這些「腳」部相關詞語也應納入討論之中。

本文華語及閩南語收錄有關「腳」的身體詞彙，除以人「腳」作隱喻外，亦有其他字詞搭配「腳」形成的隱喻性詞語，其中的「腳」並不具隱喻現象，但以「腳」的相關動作來隱喻。「**性質相似喻**」中如華語「跛腳」以「跛」不能平衡，指腳在走路時身體歪歪斜斜的樣子隱喻「腳有殘疾，不能正常走路」、「絆腳」則以「絆」的特性隱喻「阻礙」指「拘束、拖累」。

再來看轉喻方面，「部分代部分」類型中「原因結果轉喻」的情形，華語詞語如「拆牆腳」是以「拆」毀牆的基部轉喻「暗地裡阻撓或破壞別人行動」的結果；閩南語如「跤尾飯」、「跤尾紙」是以人的腳「尾」所放置供品的「飯」以及傳統儀式「燒冥紙」，推知人往生後的「喪葬儀式」所需用到的事物。

「**情感轉喻**」類型中如華語「跺腳」指生氣時候以「跺」提起腳連連用力踏地轉喻「憤怒、著急」手情緒激動的表現，這些詞語當中的「腳」都不具有隱喻或轉喻的表現。

一、華語「腳」的隱喻探討

據教育部《重編國語辭典修訂本》中，「腳」定義如下表：

表 6-3-1　華語「腳」釋義及詞例

	釋　義	詞　例
1	人或動物的腿，支撐身體接觸地面的部分	如：「赤腳」、「跺腳」、「手腳靈活」
2	物體的基部、下端	如：「牆腳」、「桌腳」、「山腳」

綜合上述得知「腳」的定義中，指的為人或動物的腿部，狹義來說就是指腳踝以下的部分；又能將物體的基部、下端部分稱為「腳」。一般以此兩項義項為基礎，作為延伸探討隱喻的現象，以下分為隱喻與轉喻兩類表現。

（一）隱喻類型

關於「腳」的隱喻研究，許燕指出〔註55〕：

> 相似性認知基礎：「腳」的本義是人和動物的底部，如桌腳、山腳。
> 心理相似性：是指非物理性及心理感受的相似。如「挖牆腳」中的「牆腳」位置在最下端，有基礎之義，隱喻為從根本上打敗競爭對手。空間隱喻：「腳」的隱喻和「下端」這一空間特徵相關，指較低的位置。動作概念隱喻基礎：如「手舞足蹈」這是對向感情領域的投射。

不論是假借或引申，認知語言學認為詞義的引申無疑是通過隱喻與轉喻兩種方式完成，如許燕所述，在「腳」的隱喻當中可分成「相似性」、「心理性」、「空間性概念」及「動作概念」隱喻基礎四種情形來看。

林蔭在隱喻提到〔註56〕：「空間概念延伸的腳的隱喻，如『腳下』隱喻站立的地方或是現在。動作的腳的隱喻，如『失足』隱喻失敗。」綜合上述前人研究，可知隱喻的類型能分成以「相似性為基礎」的隱喻、「空間」相關的隱喻……等。前人研究當中，大多將「腳、足」放入一同探討，又或與外語做比較，雖然林氏就題目為探討「腳」的隱喻，但內容卻有包含「足」的詞彙。

華語中「腳」的「隱喻」表現如下。

1. 實體隱喻

「腳」的詞彙使用情形，以本義來看，有人體下肢及基礎、下端等定義，換言之以「腳」來表示其基本功能取決於隱喻模式，以這些基本的意思作為基礎，進行語義延伸，在實體隱喻的部分，可以歸納出幾種情形探討。

（1）形狀相似隱喻，辭典中收錄的詞語不多，語料所見如「鬢腳」、「腳板」、「八字腳」、「腳脖子」、「斜腳雨」。如「鬢腳」中的「鬢」為近耳旁兩頰

〔註55〕許燕：〈多維考察「腳」的隱喻和轉喻〉，《才智》，（2015 年第 3 期），頁 278。
〔註56〕林蔭：〈腳的轉喻和隱喻分析〉，《赤峰學院學報（漢文哲學社會科學版）》，（2010 年第 1 期），頁 123。

上的頭髮，隱喻兩鬢下垂的部位，就像是兩隻腳的形狀；再如「腳板」隱喻腳掌；「八字腳」隱喻人走路時，雙腳撇開如同八字；「腳脖子」則隱喻腳踝，以脖子突出之處，及喉結所在對應腳突出之圓骨。

（2）性質相似隱喻，所見如下：

表 6-3-2　華語「腳」性質相似隱喻

跛腳	絆腳	蹩腳	插腳	小腳	赤腳漢	毛腳雞	腳踏實地
插腳	腳硬	落腳	行腳	挺腳〔註57〕	絆腳石	捧臭腳	腳底抹油
馬腳	腳程	大腳	腳跡	抱佛腳	露馬腳	急急腳腳	赤腳醫生〔註58〕

上表中與「腳」相關的性質相似隱喻，又可歸納出以下五種情形。

a. 動物相關：如「馬腳、露馬腳、毛腳雞」。「馬腳」隱喻內情或破綻，故以「露馬腳」隱喻洩漏真相，又如「毛腳雞」隱喻做事粗疏、莽撞。

b. 人的外型：古時有「纏足〔註59〕」之陋習，趙學德指出〔註60〕：「中國古代，女性的腳以小為美，以長布纏住使腳骨變畸形，所以『腳』可以表示『容貌』如『大腳、小腳』。」語料所見如「跛腳、蹩腳、大腳、赤腳漢」。其中如以「跛腳、蹩腳」隱喻腳有殘疾，不能正常走路，「大腳」隱喻婦女無纏足，腳掌正常發育。

c. 人的行為：如「插腳、挺腳、抱佛腳、腳底抹油」。其中「插腳」隱喻加入，「挺腳」隱喻死亡，「抱佛腳」隱喻倉皇應付，「腳底抹油」隱喻快逃為妙。

d. 阻礙相關：如「絆腳、絆腳石」其中「絆腳」指腳受到阻礙，行動不便，隱喻拘束、拖累；「絆腳石」阻礙前進的石塊，隱喻阻礙進展的人或事物。

e. 其他：如「踏腳石」以登高處時用以墊腳的工具相似處，隱喻努力發展時被借以利用的人或物。又「赤腳醫生」如耕作時必須光著腳，為了生活必須

〔註57〕兩腳挺直，隱喻死亡。

〔註58〕中共在文革期間，經過簡單訓練即下鄉從事醫療工作的醫務人員。

〔註59〕舊時婦女用布帛緊裹雙足，使之纖小，以為美觀。纏足之風，始於五代，至宋朝大盛，遍及全國。《通俗常言疏證·婦女·纏足》引《墨莊漫錄》：「婦人之纏足，傳記皆無所出。惟齊東昏侯，有鑿金為蓮花，令潘妃行其上一事，而不言其足若何。惟唐鎬詠李後主宮嬪窅娘詩云：『蓮中花更好，雪裡月常新。』以此知扎腳自五代始也。」也作「纏腳」。

〔註60〕趙學德：〈認知視角下「足／腳」和 foot 的語義轉移構架〉，《外國語言文學》，（2011年第 3 期），頁 168。

邊務農邊受訓的農村醫療人員，故以「半農半醫」的性質，隱喻醫術不高明，「一腳指」隱喻十分渺小。

2. 空間方位隱喻

在空間方位隱喻方面，根據 Lakoff & Johnson〔註61〕的隱喻理論可分三種類型。

（1）「腳」隱喻基礎、根基，所見如下：

表 6-3-3　「腳」隱喻基礎、根基

牆腳	床腳	腳跟	獨腳戲	打牆腳	墊腳石
地腳	根腳	泥腳〔註62〕	挖基腳	挖牆腳	踏腳石

若以空間方位的角度來看，「腳」在空間裡位於「下方」，從中衍伸出「基礎」、「根基」之義。許燕亦指出〔註63〕：「如『挖牆腳』中的『牆腳』位置在最下端，有基礎之義。」。上表中如「牆腳」指隱喻牆的基部；「泥腳」指泥質的地基，隱喻根基不穩，容易倒塌；「地腳」指隱喻承受上層建築物的基礎。又如「挖基腳」將根基除去隱喻徹底清除某事物的根本；至於「打牆腳」則隱喻打基礎。

（2）「腳」維度空間，所見如下：

表 6-3-4　華語「腳」維度空間

腳路	山腳	腳註	腳注	立腳點	落腳點

上表如「腳路」隱喻事情的方法、門路；「山腳」隱喻山下靠平地處；「立腳點」隱喻生存或容身的地方；「落腳點」隱喻旅客暫時停留休息的地方；而「腳註、腳注」隱喻文章結束後的註解，位置都在文章的下面，故以「腳」當作空間隱喻。

趙學德提到〔註64〕：「『腳』凸顯的空間義是『處於人體的最下端位置』映射為物體的『最下部、底部』。如『牆角、山腳、腳褲、腳燈、腳註』。詞義取象

〔註61〕Lakoff & Johnson 著，周世箴譯：《我們賴以生存的譬喻》，（臺北：聯經出版社，2006 年）。

〔註62〕泥質的地基。比喻根基不穩，容易倒塌。

〔註63〕許燕：〈多維考察「腳」的隱喻和轉喻〉，《才智》，（2015 年第 3 期），頁 278。

〔註64〕趙學德：〈認知視角下「足／腳」和 foot 的語義轉移構架〉，《外國語言文學》，（2011 年第 3 期），頁 168。

是其位置特徵。」故將其歸類為空間隱喻，至於趙學德所提到的「腳褲」指褲管、「腳燈」指安裝在舞臺前沿的一排燈，筆者認為此中的「腳」能屬實指身體部分並無隱喻的現象，故不探討。

（1）「腳」時間隱喻，辭典中收錄的詞語不多，語料所見如「前腳」、「日腳」、「腳下」、「年跟腳」、「一腳地」。如「前腳」是跨步時在前面的腳，隱喻剛剛、不久，即很短的時間；「日腳」隱喻日子、時間；「腳下」隱喻時間就在眼前。又如「年跟腳」一詞，以「腳」位於人體下方的位置映射至「年」的時間上，隱喻年底或快要過年的前幾天；至於「一腳地」以腳踩地的時間，映射至時間域隱喻片刻、一下子。

綜合上述「腳」的隱喻現象，可歸出兩種類型、五種情形：

1. **實體隱喻**：共出現兩種，隱喻情形如下：

（1）形狀相似隱喻：如「鬢腳、鋏腳、腳板、斜腳雨」，其中如「鬢腳」隱喻隱喻兩鬢下垂的部位，「腳脖子」隱喻腳踝，脖子突出處是喉結，對應腳突出之圓骨處即「腳踝」。

（2）性質相似隱喻：又可歸納出五種情形。

　　　　a. 動物相關：如「馬腳」隱喻內情或破綻。

　　　　b. 人的外型：如「小腳」隱喻纏足。

　　　　c. 人的動作：如「抱佛腳」隱喻倉皇應付。

　　　　d. 阻礙相關：如「絆腳石」隱喻阻礙進展的人或事物。

　　　　e. 其他類型：「踏腳石」隱喻努力發展時被借以利用的人或物。

2. **空間方位隱喻**：共出現三種，隱喻情形如下：

（1）隱喻基礎：如「牆腳」隱喻牆的基部；「泥腳」隱喻基礎不穩。

（2）維度空間隱喻：如「落腳點」隱喻旅客休息之處；「腳註」隱喻註解。

（3）時間隱喻：如「前腳」隱喻很短的時間。「年跟腳」隱喻年底。

（二）**轉喻類型**

關於「腳」的轉喻研究當中，許燕提到〔註65〕：

　　腳是人體的一部份，以部分代整體是一種常見的轉喻，腳常可以用

　　來指代人。如「小腳色」轉喻沒有背景的人，「國腳」轉喻踢球好的

[註65] 許燕：〈多維考察「腳」的隱喻和轉喻〉，《才智》，（2015 年第 3 期），頁 278。

人。此外，轉喻動作如「七手八腳」，障礙如「橫插一腳」，走路的
樣子如「腳力」。

同本文探討的其他「身體詞」隱喻，是將身體器官的一部份看成或代表為
人體的一部份，形成「部分代全體」的轉喻指「轉喻為人」。林蔭也說〔註66〕：
「轉喻的理論來分析『腳』的意義，主要可分成：腳代人、代動作。」雖前人
研究當中都只有談到轉喻為人及動作，但筆者認為仍可以依謝健雄〔註67〕分三
類探討。

1. 部分代全體轉喻

依照連金發的轉喻所指〔註68〕，有「人的腳部（轉喻人）、物體殘餘的部分
（轉喻完整事物）」所指的類別不同，可以整理出兩種不同的情形。

（1）「腳」轉喻為人，所見如下：

表 6-3-5　華語「腳」轉喻為人

名腳	接腳	賭腳	挑腳	沒腳蟹	缺一腳	插一腳	無腳蟹
國腳	腳力	會腳	腳色	羅漢腳	行腳僧	三腳貓	赤腳大仙
樁腳	熟腳	軟腳	急腳	車腳夫	軟腳蝦	軟腳蟹	

上表中，出現的詞彙都是以「腳」代「人」的轉喻，可分為兩種類型。

a. 轉喻為人：如「熟腳」轉喻熟識的人；「名腳」轉喻有名的伶人，另外演
戲的「角色」與「腳色」的解釋有所差異，「腳色」泛指戲劇中的演員所扮演的
人物，如具有「年歲面貌」或是「根底」、「底細」等，而「角色」是有名有姓
的「人物」。

此外還有以特性轉喻到人，如「軟腳蝦、軟腳蟹」轉喻軟弱無能的人，「無
腳蟹」轉喻無依無靠的人；「三腳貓」轉喻技藝不精、不中用的人。這些都是單
指人或具有某種特性、特質的人，與專業或職業無關。

b. 轉喻具某種職業或技藝的人：如「國腳」轉喻國家足球隊隊員；「賭腳」

〔註66〕林蔭：〈腳的轉喻和隱喻分析〉，《赤峰學院學報（漢文哲學社會科學版）》，（2010 年
　　　　第 1 期），頁 122。
〔註67〕謝健雄：〈當代臺灣漢語慣用轉喻：認知語言學取徑〉，《人文暨社會科學期刊》，
　　　　（2008 年第 1 期）。
〔註68〕連金發：〈臺灣閩南語「頭」的構詞方式〉，殷允美、楊懿麗、詹惠珍（編），《第五
　　　　屆中國境內語言暨語言學國際研討會論文集》。（臺北：中研院語言所籌備處，1999
　　　　年）。

轉喻參與賭博的人;「會腳」轉喻參與民間儲蓄互助會的成員,「行腳僧」轉喻出家人。該類所指的人與職業、團體或技藝相關而不單指人,故將兩者分開敘述。

（2）「腳」轉喻事物完整的部分,這類詞語包含了「腿腳」、「陣腳」、「一腳」等詞彙。其中「腿腳」以腿和腳轉喻步履,「陣腳」戰陣中位於最前方的部分,轉喻整個隊伍,「一腳」除了可以轉喻人外,還可以轉喻為再加入的一部份,如「要玩牌,我也來加一腳。」是以部分的事物來代指事物的完整性。

2. 全體代部分轉喻

依據連金發〔註69〕「腳」的「全體代部分」轉喻表現如下。

表 6-3-6　華語「腳」轉喻物體殘餘的部分

腳價	腳錢	水腳	運腳	腳步錢	車腳錢

上表如所有的詞彙都是藉由「腳」的勞動力所得到的「金錢」,如「腳價」轉喻搬運費,「腳錢」轉喻運送東西時額外給工人的賞錢,如現在的小費。「腳步錢」轉喻付給別人代為跑腿的酬勞。此類「物體的殘餘的部分」轉喻,皆指透過特定事情或勞力後,最後所得到的錢財或報酬的一小部分物品。

3. 部分代部分轉喻

「腳」的「部分代部分」可分為四類,所見如下。

（1）「腳」轉喻原因或結果,所見如下:

表 6-3-7　華語「腳」轉喻原因或結果

搭腳	拆壁腳	拆牆腳	四腳朝天	臨門一腳	陣腳大亂	外八字腳
腳步	軋一腳	站不住腳	站穩腳跟	拳打腳踢	腳不沾地	內八字腳

上表如「腳步」常說「前人腳步」轉喻前人所留下可作為後世模範的行誼、事蹟,又如「拆牆腳」以拆毀牆的基部,轉喻暗地裡阻撓或破壞別人行動的結果。此外還有轉喻人的走路情形,如「內八字腳」轉喻走路時腳尖向內,腳後跟朝外;「外八字腳」轉喻走路時雙腳向外叉開,狀如八字;至於「腳不沾地」轉喻走路很快的樣子。

〔註69〕連金發:〈臺灣閩南語「頭」的構詞方式〉,殷允美、楊懿麗、詹惠珍（編）,《第五屆中國境內語言暨語言學國際研討會論文集》。(臺北:中研院語言所籌備處,1999 年)。

（1）「腳」轉喻「動作——狀態」相關詞語，這類詞語收錄較少，包含「拉腳」、「下腳」、「聽壁腳」等詞彙。其中如「拉腳」轉喻用車子載人或替人運貨，「下腳」轉喻動手，開始做一件事，「聽壁腳」則轉喻躲在牆外邊偷聽屋裡人家說話。

（2）「腳」轉喻情感，所見如下：

表 6-3-8　華語「腳」轉喻情感

蹬腳	跌腳	跺腳	跳腳	捶胸頓腳	兩腳直跳

上表中關於轉喻情感的類型，可分為兩種情形。

a. **憤怒情緒**：如「蹬腳、跺腳、跳腳、兩腳直跳」。

b. **悔恨情緒**：如「捶胸頓腳」。

林蔭提到〔註70〕：「身體的信號以及具體的動作能夠表抽象的情緒。用『搥胸頓足』與跳腳表示懊悔與憤怒，『縮頭縮腳』來表示畏懼。」相較於其他的身體詞轉喻情感，大多都會出現喜悅、悲傷等情緒，但在「腳」所代表的情感中，都以「腳」用力踩的動作，來表其感情。如「跺腳」提起腳連連用力踏地，轉喻為憤怒、著急等情緒激動的表現；又如「捶胸跌腳」捶打胸膛，以腳跺地，轉喻極為悲憤或悔恨；再如「喏聲跺腳」嘆氣頓腳，轉喻焦急、氣憤或惋惜。

（3）「腳」轉喻其他，所見詞語不多，所見如「拳腳」、「踏腳」、「急腳遞」、「腳登子」。不屬於因果及動作的情形歸於此，如「拳腳」指武藝，屬轉喻「能力」部分；「踏腳」轉喻腳椅子，此外還可轉喻「制度」如「急腳遞」轉喻快速的郵驛制度，而「腳登子」轉喻自行車或機械上的腳踏板。

綜合上述「腳」的轉喻現象，可歸三種類型、七種情形，詞彙表現如下：

1. **部分代全體轉喻**：共出現兩種情形。

（1）**轉喻為人**：如「熟腳、三腳貓」。轉喻職業：如「國腳」。

（2）**轉喻事物完整的部分**：如「陣腳」轉喻整個隊伍。

2. **全體代部分轉喻**：僅出「轉喻物體的殘餘的部分」轉喻。指由「腳」的勞動後所得到的「金錢、報酬」。如「腳價」轉喻搬運費，「腳錢」轉喻運送東西時額外給工人的賞錢，如同現在的小費。

〔註70〕林蔭：〈腳的轉喻和隱喻分析〉，《赤峰學院學報（漢文哲學社會科學版）》，（2010 年第 1 期），頁 123。

3. 部分代部分轉喻：共出現四種情形。

（1）**轉喻原因或結果**：如「拆牆腳」轉喻暗地裡阻撓或破壞別人的行動。

（2）**轉喻動作狀態**：如「下腳」轉喻動手，「聽壁腳」轉喻牆外偷聽屋裡說話。

（3）**轉喻情感**：又可分三類型。

    a. **憤怒情緒**：如「跺腳、兩腳直跳」轉喻生氣。

    b. **悔恨情緒**：如「捶胸頓腳」轉喻極為悲憤或悔恨。

（4）**轉喻其他**：如「拳腳」指武藝，轉喻「能力」。「踏腳」轉喻腳椅子，「活腳」事情有轉圜的餘地，「急腳遞」轉喻快速的郵驛制度。

「腳」的轉喻詞語中，這些「動詞＋腳」的述賓結構形成與「V 腳」的述賓式結構詞語，一來也具有隱喻性，二來也顯示此動詞賓語選擇與「腳」搭配而不與其他器官搭配，若搭配其他器官則無法表示原有的意義，可見「腳」在其中也有其「搭配義」存在。

二、閩南語「跤」的隱喻探討

閩南語「腳」的用字以「跤（kha）」表示，在本文當中所探討的閩南語詞彙，為保留原貌會以閩南語用字來表示，但在探討時同樣會以「腳」一字述說。依照辭典為教育部《臺灣閩南語常用詞辭典》，關於閩南語「跤」說明如下表：

表 6-3-9　閩南語「跤」釋義及詞例

	釋　義	詞　例
1	腿、足	例：跤尖手幼 kha-tsiam-tshiú-iù（手細腳細，形容讀書人的樣子）、跤著傷 kha tiòh-siong（腳受傷）。
2	在……下	例：山跤 suann-kha（山下）、樹跤 tshiū-kha（樹下）
3	加入互助會或參加賭局的人	例：會跤 huē-kha（互助會會員）、筊跤 kiáu-kha（賭友）。
4	指器物的下方、底部	例：柱仔跤 thiāu-á-kha（柱子下方）、褲跤 khòo-kha（褲腳）。

由上可知，定義中許多與華語相同，如「腳」用來指腿、足，可以轉喻表「在……下」如「山跤、樹跤」，轉喻參加組織和賭局的人如「會跤」、「筊跤」，還有「空間方位隱喻」以「腳」的位置隱喻器物的下方或底部，如「柱仔跤」、

「褲跤」。閩南語「跤」的詞語可分隱喻與轉喻兩種類型，所見如下。

（一）隱喻類型

可歸納出實體隱喻、空間方位隱喻，如下所見。

表 6-3-10　閩南語「跤」隱喻

實體隱喻			空間方位隱喻				
形狀相似	性質相似		維度空間				
鬢跤	跤梢	龜跤	下跤	山跤	跤縫	樓跤	亭仔跤
八字跤	瘸跤	赤跤仙仔	毛跤	竹跤	跤兜	塗跤	簾簷跤
大跤胴			灶跤	崁跤	橋跤		跤梢間仔

上表中，可將「跤」的隱喻分為實體隱喻與空間方位隱喻，二類所見如下：

1. 實體隱喻

（1）形狀相似隱喻：如「鬢跤」隱喻鬢角，再如「大跤胴」以小腿肚粗大的腿形同蘿蔔外型，隱喻蘿蔔腿。

（2）性質相似隱喻：如「跤梢」以「梢」質地不密實，容易脆裂的特性，隱喻地位低賤或品質低劣，「龜跤」隱喻破綻。

2. 空間方位隱喻

僅有「維度空間喻」。以「跤」的居下位與相對應位置的事物形成空間隱喻。如「下跤」隱喻下面、底下，「山跤」隱喻竹林底下。

華語與閩南語有許多詞彙都相同，如「鬢跤、瘸跤、山跤」等，只是兩個語言的用字及讀音不同，在此不再多述。閩南語中較為特別的詞彙，如「灶跤」隱喻廚房，也常被引用為常去的地方而在性質相似喻提到「跤梢」隱喻地位低賤，延伸出「跤梢間仔」隱喻妓院，以「跤梢」隱喻妓女，有很多妓女的空間形成了妓院。

另外隱喻「破綻的地方」華語用「馬腳」，閩南語則用「龜跤」；又如「赤腳」指光著腳不穿鞋，隱喻未經過正式的訓練，技術或技能並未精準，故由此語義擴充。如華語當中以「赤腳醫生」、閩南語以「赤跤仙仔」隱喻未受過正式的醫學訓練而幫人看病的人，也用以貶低或嘲諷醫術不精者，同樣的概念使用不同的字詞為人的認知會有差異，才會造出不同的詞彙。

此外，也反映了一些臺灣民間習俗，以辦喪事為例，如「跤尾飯」轉喻祭

拜死者的供品;「跤尾紙」轉喻冥紙,親人過世後,家屬在其遺體的腳前燒冥紙,做為其靈魂前往陰間的費用。從這些文字的記載中,能觀察出社會時代的背景,由詞彙所表現的蛛絲馬跡,更能從中加深對解臺灣的文化及其內容。

(二)轉喻類型

閩南語「跤」的轉喻可分為兩類,所見如下。

表 6-3-11　閩南語「跤」轉喻

部分代全體				部分代部分		
轉喻為人				轉喻原因結果		
厝跤	塌跤〔註71〕	水跤〔註72〕	柱仔跤	躼跤仔	曲跤	跤尾飯	搝後跤〔註73〕
跤仔	勥跤〔註74〕	躼跤〔註75〕	軟跤蝦	蹌跤雞	吭跤翹	跤尾紙	行袂開跤
筊跤	接跤〔註76〕	會跤	白跤蹄	下跤手人	轉喻動作狀態		轉喻情感
跤數	跛跤	三跤貓	插一跤	羅漢跤仔	勼跤	停跤	越跤頓蹄

上表中,將「跤」轉喻的情形分為以下兩種類型:

1. 部分代全體轉喻

僅有「轉喻為人」如「厝跤」轉喻房客;「接跤」轉喻招婿;「跤仔」轉喻嘍囉;「跤數」轉喻角色、傢伙,有輕蔑之意。另還可轉喻與組織、技藝相關的人,如「筊跤」。

2. 部分代部分轉喻

又可分為三種類型,表現如下。

(1)**轉喻原因或結果**:如「曲跤」翹二郎腿,轉喻悠閒的樣子;「吭跤翹」轉喻因跌倒而四腳朝天;「搝後跤」轉喻扯後腿、背後阻撓,使人無法達到目的。又如「跤尾飯」、「跤尾紙」所見地點在「跤尾」因而推知其結果。

(2)**轉喻動作狀態**:如「勼跤」以收腳轉喻因突發狀況而打消本來的意願,又如「停跤」停止腳的行走狀態,轉喻休息、放鬆。

〔註71〕塌跤:音讀(thap-kha):補缺,填補人手。

〔註72〕水跤:音讀(tsuí-kha):幫廚。本指挑水的工人,今指廚房、外燴的助手,包含洗菜、切菜、洗碗、端菜等的工作人員。

〔註73〕搝後跤:音讀(khiú-āu-kha):扯後腿、在背後阻撓、破壞,使人無法達到目的。

〔註74〕勥跤:音讀(khiàng-kha):形容一個人精明能幹,一般用在形容女人,有貶義。

〔註75〕躼跤:音讀(lò-kha):長腿,形容人長得很高。

〔註76〕接跤:音讀(tsiap-kha):續絃、填房、招婿的人。

（3）**轉喻情感**：如「踙跤頓蹄（tiô-kha-tìng-tê）」轉喻氣到直跺腳。

第四節 「足」身體詞

前一節已經講過提到「腳」的詞義演變。本節接著探討關於「足」的部分。汪昕提到〔註77〕：

> 「足」初現於周朝，指人的腳掌部位。春秋戰國時期，「足」兼有「人足、動物的足及器物下面的支撐物」三義，唐「足」出現「物體的基礎或下部」義，但從宋到清「物體的基礎或下部」消失，截止到民國「足」只保留「人足」和「動物的足」義。

參考汪昕的研究結果，綜合「腳」和「足」的異同，可知「腳」雖然出現的時間比「足」晚，但詞義發展的層面速度遠遠超過「足」，詞義輻射範圍也來得更廣，「足」經過歷時，詞義的變化並不大。「足」和「腳」兩者從漢開始詞義使重疊，都可以用來表示「動物的足」，但在六朝時「腳」出現「人腳掌」義、唐代出現「物體的基礎或下部」義，到了宋代仍持續發展；但「足」的詞義卻沒有變化，元代以後「足」的「物體的基礎或下部」義消失，到現在只剩「腳掌」義。

換言之，「腳」包含的意思比「足」還多，這樣的詞義現象，可解釋華語中「山腳、桌腳」卻不見「山足、桌足」的詞彙及用法，可見二者「腳」、「足」所凸顯的重點有所不同。以下探討華語及日語「足」的隱喻表現。

在前一章敘述「研究範疇」時已提及：「足」的隱喻詞彙有不少是以其他字詞與「足」搭配所形成的隱喻，而並非「足」本身具有隱喻現象，例如「涉足」表隱喻「進入某一領域或場所」；「立足」表隱喻「站得住腳，生存下去或站在某種立場」；「禁足」表隱喻「禁止外出」，這些「動詞＋身體詞」的述賓結構形成與「足」相關的詞語，因為也具有隱喻性，且非與此一器官搭配必有其搭配義存在，因此本文以為這些「足」部相關詞語也應納入討論之中。

本文收錄的「足」身體詞彙，除以人「足」作隱喻外，亦有其他字詞搭配「足」形成的隱喻性詞語，其中的「足」並不具隱喻現象，但以「足」的相關

〔註77〕汪昕、羅思明：〈「腳」與「足」詞義演變及動因考察〉，《現代語文》，（2013 年第 7 期），頁 41。

動作來隱喻，此處的「足」於語境中並不具有隱喻現象，但由「足」所搭配的相關詞語卻有隱喻現象。**性質相似喻**如華語「裹足」以「裹」具纏繞、包紮的性質說明「足」的狀態，用來隱喻「女子纏足」或「停止不前」的樣子；日語慣用語如「足を洗う」以「洗」通過淨化不再做壞事以及不好的事情作為隱喻投射至「足」用來指改正錯誤，回到正確的道路上。

　　轉喻方面來看，在「部分代部分」類型中「原因結果轉喻」的情形，華語如「足不出戶」是以轉喻「足」不離開房屋的出入口，推知「待在家裡，閉門自守」的結果；日語慣用語如「足が棒になる」以足變成「棒」的轉喻作用，結果推知「雙腳僵硬」的情形；**動作狀態轉喻**華語如「禁足」以「禁」表制止的動作轉喻「禁止外出」的情況。這類關於「足」的詞語，除本身有轉喻情形外，也有「足」與其他詞語搭配所形成的轉喻。

一、華語「足」的隱喻探討

　　依據教育部《重編國語辭典修訂本》，「足」的定義，如下表：

表 6-4-1　華語「足」釋義及詞例

	釋　義	詞　例
1	人體下肢的總稱。亦專指踝骨以下的部分，今稱為「腳」	《說文解字・足部》：「足，人之足也，在下。」如：「舉足」、「失足跌跤」。唐・韓愈〈山石〉詩：「當流赤足踏澗石，水聲激激風吹衣。」
2	動物的下肢，用來奔走或爬行	如：「節足動物」、「百足之蟲」。南朝梁・無名氏〈木蘭詩〉二首之一：「願馳千里足，送兒還故鄉。」
3	器物下面支撐的部分	《易經・鼎卦・九四》：「鼎折足。」唐・劉禹錫〈蜀先主廟〉詩：「勢分三足鼎，業復五銖錢。」

　　辭典定義中能知與「腳」一詞相比「足」已無「物體的基礎或下部」之義，物體的「基礎」及「下部」都是「空間方位隱喻」的類型，為基礎、根基之義如：「牆腳」、「床腳」，表示下方之義則如「山腳」、「註腳」，由於「足」不具有「物體的基礎或下部」義項，故不能將「腳」以「足」替換。以下將其分為隱喻與轉喻兩種表現。

　　（一）隱喻類型

　　由於前人的研究，都將「腳、足」一同探討，故本節關於「足」的隱喻理論同上節「腳」不多累述，以下將華語「足」隱喻分為實體隱喻及空間方位隱

喻兩類探討。

1. 實體隱喻

「足」在實體隱喻的部分，可以歸納以下幾種情形。

（1）形狀相似隱喻，這類詞語收錄較少，包含「弓足」、「百足」、「百足蟲」、「百足之蟲」等詞彙。其中如以「弓足」指纏過足的腳形狀像弓，隱喻舊時婦女纏足的小腳；「百足」隱喻蜈蚣，因蜈蚣有難以數計的腳，以「虛數」、「百」隱喻多，又延伸了「百足蟲、百足之蟲」……等隱喻蜈蚣。

（2）性質相似隱喻，所見如下：

表 6-4-2　華語「足」性質相似隱喻

天足	失足	鼎足	裹足〔註78〕	三足鼎立	鼎足之勢	抱大足桿
蛇足	涉足	濯足	義足〔註79〕	雁足傳書	畫蛇添足	赤繩繫足
安足	立足	雁足	鼎折足	鼎足而立	舉足輕重	泥足巨人〔註80〕

上表關於「足」的性質相似隱喻，又可歸納出以下五種情形。

a. **動物相關**：如「蛇足、雁足、畫蛇添足」。「蛇足」隱喻多餘無用、「畫蛇添足」隱喻多此一舉，又如「雁足」隱喻書信、「雁足傳書」隱喻互相聯絡。

b. **外型相關**：如「跛足、義足、裹足、天足」。如「跛足」隱喻腳有殘疾，「義足」隱喻假腳，其他不少與「纏足」相關，如「裹足、天足」。

c. **行為狀態**：如「失足、濯足滄浪」。「失足」隱喻失誤而步入歧途，「濯足滄浪」隱喻除去世間塵埃，以保持高潔品格。許燕提到〔註81〕：「站立時，腳支撐身體的重量站立於地面，如果失足站不穩，還會導致摔倒，因此可以隱喻為『失敗』之意。」華語也常用「一失足成千古恨」隱喻懊悔心情。

d. **重要特性**：如「鼎折足、三足鼎立、舉足輕重」，其中「鼎折足」隱喻大臣不能勝任國事，以致國家傾覆，「三足鼎立」隱喻三方對峙而立。

e. **其他**：如「赤繩繫足」，相傳月下老人以紅繩繫男女之足，促成婚配的，由此隱喻男女姻緣天定；又如「抱大足桿」以抱桿隱喻掌握權勢的人，藉由抱著的行為，隱喻喜攀附權貴。

〔註78〕旅費。也作「果足」。

〔註79〕用橡皮或木頭等製作的假腳，用來代替殘缺的腳。

〔註80〕比喻貌似強壯，實質虛弱的事物或勢力。

〔註81〕許燕：〈多維考察「腳」的隱喻和轉喻〉，《才智》，（2015 年第 3 期），頁 279。

2. 空間方位隱喻

在空間方位隱喻，「足」未具有「物體的基礎或下部」之義，與「腳」相比少了「基礎、根基」一類。

（1）「足」維度空間，所見如下：

表 6-4-3　華語「足」維度空間

足跡	立足地	立足點	容足地	立足之地	置足之地

邱湘雲指出〔註82〕：「人在行走時，足部器官帶領身體從一個地方移動到另一個地方，運動過程中有起始點、有路徑，也有終點。」上表收錄的詞語都以「立足」為基礎而進行語義擴充，如「立足地、立足之地」隱喻容身之處，「立足點」隱喻根本的位置，「容足地」隱喻僅能立足的小地方，「置足之地」隱喻立足安身的地方。這邊都是指能夠容身的地方，或是能夠安身的地方，以「立足」站得住腳，才能生存下去的隱喻基礎，延伸到空間中。莊蘋指出〔註83〕：「表示足夠某個時間的範疇之意，時間也可以留下痕跡，因此漢語『足跡』表示人走過留下的痕跡。」如「足跡」隱喻行蹤所到的地方。

（2）「足」時間隱喻，筆者在此僅見「蹻足」指行走時舉起腳根，因腳馬上就放下，隱喻時間極短，另「翹足而待」舉足而待，隱喻極短的時間。

綜合上述「足」的隱喻現象歸出兩種類型，所見如下：

1. **實體隱喻**：共出現兩種情形。

（1）**形狀相似隱喻**：如「弓足」隱喻纏過足腳形像弓，「百足」隱喻蜈蚣。

（2）**性質相似隱喻**：又可歸納出五種情形。

　　a. **動物相關**：如「蛇足」隱喻多餘無用，「雁足」隱喻書信。

　　b. **外型相關**：如「義足」隱喻假腳。

　　c. **行為狀態**：如「失足」隱喻失誤而步入歧途。

　　d. **重要特性**：如「鼎折足」隱喻大臣不能勝任國事，以致國家傾覆。

　　e. **其他**：「赤繩繫足」隱喻男女姻緣天定，「抱大足桿」隱喻喜好攀附

〔註82〕邱湘雲：〈漢語足部動作詞的空間隱喻〉，《國立彰化師範大學文學院學報》，（2012年第 6 期），頁 231。

〔註83〕莊蘋：〈「足」的隱喻認知對比研究〉，《河南科技大學學報（社會科學版）》，（2015年第 4 期），頁 56。

權貴。

2. 空間方位隱喻：共出現兩種情形。

（1）維度空間：如「立足地、立足之地」隱喻容身之處。

（2）時間隱喻：如「蹻足」隱喻極短的時間。

（二）轉喻類型

華語「足」的轉喻僅出現「部分代全體」及「部分代部分」轉喻，無「全體代部分」的表現，所見如下。

1. 部分代全體轉喻

華語「足」的轉喻類型有「人的足部（轉喻人）」，表現如下。

（1）「足」轉喻為人，所見如下：

表 6-4-4　華語「足」轉喻為人

跛足	高足	急足	蹻足	白足	驥足	千里足	高材疾足	跫然足音
下足	上足	二足	足下	足繭	二足尊	高足弟子	霑體塗足	

上表中，出現的詞彙都是以「足」代「人」的轉喻，可分為兩種類型。

a. 轉喻為人：如「高足、上足」轉喻對他人弟子、徒弟；「二足」轉喻人類。此外以特性轉喻人，如「下足〔註84〕」轉喻微賤的人；「驥足」轉喻傑出的才華或人物，這些都是單指人或具有某種特性、特質的人，與專業或職業無關。

b. 轉喻具某種職業或技藝的人：如「白足」轉喻僧人；「急足」轉喻快速傳送文書、書信的人或拘捕罪犯的捕快，這類的人具有職業或是某種專長。

c. 人的行為：如「足繭」轉指人腳底皮膚因過度磨擦而生的厚皮、「霑體塗足」身體浸溼，腳也沾滿了泥土，轉喻人耕作時的勞苦。

許燕指出〔註85〕：「腳是人體的一部份，以部分代整體是一種常見的轉喻，腳常可以用來指代人。如『高足』稱呼對方有才能的學生」，筆者將學生歸為一般人，與職業技藝無關。此外還有「跫然足音」本指居於荒野，久處寂寞，聽到人的腳步聲就高興，這邊是將「足」轉喻為「人」的腳步聲。

〔註84〕微賤的人。《直語補證・下足》：「微賤之稱。《傳燈錄》：『黃蘗云：舉足即佛，下足即眾生。』」

〔註85〕許燕：〈多維考察「腳」的隱喻和轉喻〉，《才智》，（2015 年第 3 期），頁 279。

2. 部分代部分轉喻

華語「足」的「部分代部分」轉喻可分三類，所見如下。

（1）「足」轉喻原因或結果，所見如下：

表 6-4-5　華語「足」轉喻原因或結果

百足不僵	蹺足而待	抵足談心	足不出戶	捷足先登	削足適履	救經引足

上表中「削足適履〔註86〕」原指鞋小腳大，將腳削小以適應鞋的尺寸，轉喻為勉強求合，拘泥舊例而不知變通。「百足不僵」轉喻人、事雖然衰亡敗落，但尚能維持興旺繁榮的假象，又「抵足談心」為同榻而臥親切談心，轉喻情誼深厚；而「救經引足」搶救上吊的人，卻去拉他的腳，轉喻所做的事與目的背道而馳。

（2）「足」轉喻「動作──狀態」相關詞語，所見如下：

表 6-4-6　華語「足」轉喻「動作──狀態」相關詞語

落足	禁足	佇足	駐足	插足	植足〔註87〕	刖足〔註88〕

邱湘雲指出〔註89〕：「『足（腳）』是『行動力』的代表。除了『足』部名詞以外，不少『足』部動詞也有語義衍生的現象，足部動作的力道、方向、方式都可成為隱喻映射凸顯的特徵所在。」上表中，如「落足」轉喻摔倒，「禁足」轉喻禁止外出只能待在家，「刖足」砍掉雙腳，本是一種古代的刑罰，此以「刖足」被砍去轉喻受到刑罰。

（3）「足」轉喻情感，辭典中收錄的詞語不多，語料所見如「翹足引領」、「捶胸跌足」、「捶胸頓足」、「重足而立」。可以分為三種不同的情形：

a. **憤怒情緒**：如「頓足捶胸」踩腳拍胸，轉喻悲痛或憤怒。

b. **悔恨情緒**：如「捶胸跌足」轉喻悲憤或悔恨。

〔註86〕履，鞋。削足適履意指鞋小腳大，故將腳削小以適應鞋的尺寸。語本《淮南子‧說林》：「夫所以養而害所養，譬猶削足而適履，殺頭而便冠。」比喻勉強遷就，拘泥舊例而不知變通。如：「擷取他人經驗時，應視自己的需求靈活運用，不可削足適履。」也作「刻足適屨」、「截趾適屨」、「削趾適屨」、「削足就屨」、「刖趾適屨」、「刖足適屨」。

〔註87〕停步不動。

〔註88〕刖：音讀（ㄩㄝˋ）：一種古代的刑罰。砍掉犯人的腳。為肉刑之一。

〔註89〕邱湘雲：〈漢語足部動作詞的空間隱喻〉，《國立彰化師範大學文學院學報》，（2012年第 6 期），頁 229。

c. 其他情緒：如「翹足引領」轉喻盼望殷切，「重足而立」轉喻非常恐懼。

華語「足」與華語「腳」相比較，出現的情感種類同樣不多，且有重疊處，如「捶胸跌腳」與「捶胸跌足」，都是用來極為悲憤或悔恨的樣子。

綜合上述華語「足」的轉喻現象可歸兩種類型、四種情形，詞彙表現如下：

1. 部分代全體轉喻：僅出現「轉喻為人」一類。可歸三種情形。

    a. **轉喻為人**：如「上足」、「二足」。

    b. **轉喻具某種職業或技藝的人**：如「白足」、「急足」。

    c. **人的行為**：如「足繭」、「霑體塗足」。

2. 部分代部分轉喻：共有三種情形。

（1）**轉喻原因或結果**：如「削足適履」轉喻拘泥舊例而不知變通。

（2）**轉喻動作狀態**：「落足」轉喻摔倒，「刖足」轉喻一種刑罰。

（3）**轉喻情感**：可歸三種情形。

    a. **憤怒情緒**：如「頓足捶胸」轉喻悲痛或憤怒。

    b. **悔恨情緒**：如「拊膺頓足」轉喻極為悲憤或悔恨。

    c. **其他情緒**：如「翹足引領」轉喻盼望殷切，「重足而立」轉喻非常恐懼。

從上述可知，這些「動詞＋足」的述賓結構形成與「V足」的述賓式結構詞語，一來也具有隱喻性，二來也顯示此動詞賓語選擇與「足」搭配而不與其他器官搭配，若搭配其他器官則無法表示原有的意義，可見「足」在其中也有其「搭配義」存在。

「足」不管在隱喻或是轉喻的詞彙表現上，都沒有「腳」來得精彩，雖二者同樣都表示人或動物的「腳」，但在書面語或文言文當中的詞彙多會使用「足」來表示。

趙學德將原因歸咎於〔註90〕：「在語法、語用上，替代了『足』的『腳』也在新的構詞法、搭配、句式等方面表現出『足』沒有的能力，而『足』則基本上降為語素了。」由於在口頭說話當中，會用較為簡單的詞彙讓他人理解，使得「腳」所用的現象更為廣泛，加上「腳」比「足」多了基礎及下部之義，但「足」卻沒有該義項，造成了能用地方有限制，詞彙的出現也變得較少。

〔註90〕趙學德：〈認知視角下「足／腳」和 foot 的語義轉移構架〉，《外國語言文學》，（2011年第 3 期），頁 170。

二、日語「足」的隱喻探討

日語 Weblio 辭典中對於「足」的定義〔註91〕，如下表：

表 6-4-7　日語「足」釋義及詞例

	釋　義	詞　例
1	動物の、胴体から分かれ、からだを支えたり歩行に使ったりする部分。（動物的一部分，從軀幹中分出來，用來支撐身體或行走。）	「―が長い」
2	くるぶしから先の部分。（腳踝以下的部分。）	「―が大きい」
3	物の下・末にあたる部分。（物品底部或末端的部分。）	「机の―」
4	歩くこと。走ること。また、その能力。（走路、跑步的能力。）	「―を速める」「―の速い選手」
5	雨・雲・風などの動くようすを足に見立てていう語。（用腳來想像雨、雲、風等變化樣子的詞語。）	「細い雨の―」
6	行くこと。また、来ること。（來、去。）	「客の―がとだえる」
7	移動の手段としての交通機関。乗りもの。（運輸方式作為作交通設施。為一種交通工具。）	「―の便がいい」
8	餅（もち）などの粘り。（麻糬等的黏性。）	「―の強い餅」
9	損失。欠損。また、借金。（損失。欠款。又或借款。）	「おっしゃる通り―だらけで江戸に居られず」〈伎・音聞浅間幻灯画〉

從辭典當中可知，日語中的「足」對應華語當中的「腳」而非「足」，除了下肢、腳踝以下的部分具有走路或跑步的能力外，重要的是具有「物體的基礎或下部」之義。以下探討日語當中「足」的慣用語，分為隱喻與轉喻兩類探討。

（一）隱喻類型

日語「足」的隱喻研究當中，王珊珊指出〔註92〕：

「足」的隱喻現象歸納分類為以下幾種：一、形狀隱喻。如：「がんざしの足（免得帽子下落）」，隱喻帽簪。二、位置隱喻。如：「山の足（山腳）」，隱喻處於事物的下部。三、功能隱喻。（1）支撐、牢

〔註91〕Weblio 辞書とは、複数の辞書や用語集を一度に検索し、一度に表示する、統合型オンライン辞書サービスです。

〔註92〕王珊珊：〈基於認知語義擴展模式的日語「足」字多義現象分析〉，《寧德師範學院學報（哲學社會科學版）》，（2014 年第 4 期），頁 69。

固：「足」支撐人或動物身體的下肢部分。如：「足の強い餅（黏性
很強的年糕）。」（2）移動功能：以「足」隱喻交通工具。如：「足が
奪われる（交通工具停擺）。」

由上的研究中可知，「足」的隱喻類型分成三種，如「形狀隱喻」、「功能隱
喻」皆為實體隱喻中的一部份，位置隱喻則為空間方位隱喻。根據 Lakoff &
Johnson〔註93〕、吉村公宏〔註94〕及王珊珊「足」的慣用語隱喻表現如下：

表 6-4-8　日語「足」隱喻

性質相似（實體隱喻）			
慣用語	釋　義	慣用語	釋　義
足が重い	懶得外出	足が奪われる	交通受阻
足が付く	露出馬腳	足が乱れる	交通混亂
足が出る	露出馬腳	足を抜く	斷絕關係
足が遠のく	不常往來	足下に火がつく	大禍臨頭
足が早い	腳程快	足下にも及ばない	望塵莫及
足を洗う	金盆洗手	足下へも寄りつけない	望塵莫及
形狀相似（實體隱喻）		隱喻基礎（空間方位隱喻）	
慣用語	釋　義	慣用語	釋　義
烏の足跡	眼尾的皺紋	足場を固める	打好基礎

上表中，可將日語「足」隱喻分為兩種類型來看，所見如下：

1. 實體隱喻

共有兩種情形。

（1）形狀相似隱喻：如「烏の足跡」以烏鴉的爪印外型，隱喻眼尾的皺紋。

（2）性質相似隱喻：如「足が付く、足が出る」腳跑出來，隱喻露出露出
事跡。又有以「足」隱喻交通，如「足が乱れる」腳很混亂，隱喻交通混亂；
「足が奪われる」腳被奪走，隱喻交通受阻無法前進。較為特別的是「足を洗
う〔註95〕」指在江戶時代妓女贖身離開花街柳巷時，在門外的水井洗腳（足洗

〔註93〕 Lakoff & Johnson 著，周世箴譯：《我們賴以生存的譬喻》，（臺北：聯經出版社，
2006 年）。

〔註94〕 吉村公宏：《はじめての認知言語学》，（東京：研究社，2004 年），頁 107。

〔註95〕 仏教から出た言葉。裸足で修行に歩いた僧は寺に帰り、泥足を洗うことで俗界の
煩悩を洗い清めて仏業に入ったこと、悪い行いをやめる意味で用いられるよう
になった。その意味が転じ、現代では悪業・正業に関係なく、職業をやめる意で
も使われるようになった。（來自佛教的話語。赤腳步行去修行的僧侶回到寺廟，

い），先以「足」轉喻妓女這類人物，再隱喻為改邪歸正。

2. 空間方位隱喻

僅出現隱喻「基礎」之義，如「足場を固める」站穩腳跟，隱喻打好基礎。

（二）轉喻類型

轉喻方面的研究中，王珊珊說〔註96〕：

> 「足」可以當作助數詞來使用，如：「靴下二足（襪子兩雙）。」「部
> 分——整體」的轉喻擴展，「足」還能透過轉喻擴展為「人」的義項。
> 如：「足を運び始めた（人特意前往、拜訪）。」

日語「足」轉喻僅有「部分代部分」一類，表現如下。

表 6-4-9　日語「足」轉喻

轉喻原因或結果			
慣用語	釋　義	慣用語	釋　義
足が棒になる	雙腳僵硬	足元を見る	抓住對方弱點
足を棒にする	雙腳僵硬	足を掬う	抓住對方弱點
足が向く	信步而行	揚げ足を取る	抓住對方弱點
足に任せる	信步而行	足下に付け込む	抓住對方弱點
足蹴にする	無情對待	足下を見る	抓住對方弱點
足元から鳥が立つ	事出突然	後足で砂をかける	恩將仇報
足下から鳥が立つ	事出突然	二の足を踏む	猶豫不決
足を取られる	行進困難	足下の明るいうち	趁還沒天黑之前
足を引っ張る	扯後腿	足を向けて寝られない	懷著感恩之心
轉喻動作狀態			
慣用語		釋　義	
足を伸ばす		放鬆	
轉喻情感			
慣用語	釋　義	慣用語	釋　義
足を空	腳踩空，指慌張	浮き足立つ	無法冷靜

通過洗泥腳來淨化世俗的煩惱進入佛中，在現代被用來停止不良活動方面。它的含
義被轉移，用來指不再做壞事以及不好的事情。）

〔註96〕 王珊珊：〈基於認知語義擴展模式的日語「足」字多義現象分析〉，《寧德師範學院
學報（哲學社會科學版）》，（2014 年第 4 期），頁 70。

上表中，日語「足」的「部分代部分」轉喻類型，可分為三種情形來看。

1. **轉喻原因或結果**：如「足が棒になる、足を棒にする」站立太久的腳導致變成棍子，轉喻雙腳僵硬；「足元から鳥が立つ、足下から鳥が立つ」從腳邊突然飛起了小鳥，轉喻為事出突然，因突發事件而驚慌失措的結果；「足下の明るいうち」當腳還是明亮，轉喻趁天黑之前。

此外，日語的慣用句中，有許多轉喻抓住對方弱點，如「足元を見る」，「足元」本來指腳底踩的地方或者走路方式的意思，「見る」則是「看」，兩者合起來形成的慣用語就變成有趁對方弱點攻擊、趁人之危賣貴一點、主要用在跟錢、跟商業有關的事情上。

2. **轉喻動作狀態**：如「足を伸ばす」將腳伸直的動作，轉喻為放鬆。

3. **轉喻情感**：如「足を空」腳踩空，轉喻慌張、「浮き足立つ」轉喻因為不安或恐慌而無法冷靜，以「浮き足」表示踮腳尖站著的樣子，轉喻為不安、恐慌、隨時準備要逃跑而無法沉著冷靜的狀態。

以上是本章探討主題為「四肢」身體詞的部分，上肢探討了「手、掌」；下肢探討「腳、足」綜合本文隱喻詞彙的研究成果，比較華、閩、日三個語言的特色表現，依照語言別的不同，發現各自具有的特殊詞彙用法，如下：

（一）華語特殊「四肢」身體詞

1. 華語「腳」的隱喻中，有「鬢腳」中的「鬢」為近耳旁兩頰上的頭髮，隱喻兩鬢下垂的部位，就像是兩隻腳的形狀。

2. 在關於「腳」的詞彙當中，也能看到以前古代的陋習，中國古代女性的腳以小為美，以長布纏住使腳骨變畸形，所以「腳」可以表示「容貌」如「大腳」隱喻婦女無纏足，腳掌正常發育「小腳」則是纏足導致的結果，古代以纏足女子為美。

3. 「絆腳石」隱喻阻礙進展的人或事物，以能將人絆倒的石頭映射到人的發展，隱喻為障礙物。

4. 華語當中「腳」具有「基礎」的隱喻，是如「挖牆腳」中的「牆腳」位置在最下端，有基礎之義，故以「牆腳」隱喻牆的基部；「泥腳」隱喻根基不穩，容易倒塌；「挖基腳」，隱喻徹底清除某事物的根本。

5. 空間方位隱喻中，如「腳註、腳注」隱喻文章結束後的註解，位置都在文章的下面，詞義取象是其位置特徵。

6.「足」的隱喻中,以「失足」隱喻失誤而步入歧途,許燕[註97]:「因站立時,腳支撐身體的重量站立於地面,如果失足站不穩,還會導致摔倒,因此可以隱喻為『失敗』。」故華語常用「一失足成千古恨」隱喻懊悔心情。

7. 在華語中還有以「足鼎」隱喻重要的特性,如「鼎折足」隱喻大臣不能勝任,「三足鼎立」隱喻三方對峙而立,這是因為鼎是中國古代的一種煮食器,材質以青銅或陶為主。作為西周禮樂制度的一部分,列鼎制度規定只有周天子才能使用九個鼎,諸侯用七鼎,卿大夫用五鼎,元士用三鼎,鼎成為等級和權力的象徵。相傳為夏代鑄造的九鼎也成為周天子王權的象徵,由於都是奇數的腳來支撐,若失去了一個就會不平衡,使「鼎」會傾斜,故以「足鼎」隱喻重要的特性,在這也可看隱約出中國古代的制度及其文化。

8. 如「削足適履」原指鞋小腳大,卻將腳削小以適應鞋的尺寸,隱喻為勉強求合,拘泥舊例而不知變通。

（二）閩南語特殊「四肢」身體詞

1. 閩南語「手」的隱喻當中,較特別的詞彙「冇手」隱喻大方、慷慨,「沐手」隱喻沾手、插手、參與。

2. 以「手縫」隱喻金錢也是閩南語當中較為特別的用法,如「手縫櫳」隱喻出手大方,愛花錢。

3. 空間方位隱喻中,如「正手爿、倒手爿」隱喻左邊、右邊。

4.「手尾錢」轉喻為臺灣地方習俗喪葬文化。

5. 閩南語「腳」的用字以「跤」表示,「跤梢」以「梢」質地不密實,容易脆裂的特性,用地位低賤或品質低劣隱喻妓女,有很多妓女的空間形成了妓院。

6.「跤尾飯」轉喻以躺在棺材頭朝房內腳朝外的性質,推知死亡的結果,再以放在腳邊的供品隱喻供祭往生者的飯,「跤尾紙」隱喻燒給亡者的冥紙。從詞彙表現中能夠了解臺灣文化思維及其細節。

（三）日語特殊「四肢」身體詞

1. 日語「手」的慣用語中,以寫字的人多但寫文章的人少之義「手書きあれども文書きなし」轉喻文筆好的人罕見,將的文字當作「人」的「產物」。

2. 以「手」放到後面的動作為喻,如「手が後ろに回る」轉喻被警察逮捕

時的樣貌；用來隱喻日常生活中以「手鍋下げても」拿著手提鍋，轉喻生活窮苦也心甘情願。

3. 日語中還以「足」隱喻交通工具，如腳被奪走就無法行動，故以「足が奪われる」隱喻交通工具停擺，如同失去了腳一樣，再如「足が乱れる」隱喻交通混亂。

4.「形狀相似」隱喻中，日語有一則「鳥の足跡」以鳥鴉的爪印外型，隱喻眼尾的皺紋，相當於華語中的「魚尾紋」，在這也能看出不同文化的思維，會以不同的事物來作為隱喻。

5. 日語當中也有「足」隱喻弱點，如「足元を見る」，以看別人的「足元」指腳底踩的地方或者走路方式，轉喻有趁對方弱點攻擊。

6. 站立太久的腳變成棍子「足が棒になる」轉喻為雙腳僵硬。

7. 從腳邊突然飛起了小鳥「足元から鳥が立つ」轉喻為事出突然，因突發事件而驚慌失措。

8. 華語改邪歸正以「金盆洗手」為喻，但日語則用「足を洗う」，是因為江戶時代妓女贖身離開花街柳巷時，在門外的水井洗腳（足洗い），為先以「足」轉喻為「人」，再隱喻潔身。

第七章　內部器官及其他隱喻

　　前文已探討頭部、五官、四肢的身體詞隱喻表現，本章將針對內部器官作探討，內部器官在身體裡面，無法以肉眼直接看到的，如：心、肝、脾、胃……等，本文探討的涉及華語、閩南語及日語雖內部器官種類甚多，但詞彙量與前三章相比就沒那麼豐富，又因內部器官不常被看到，在隱喻上的運用相對來說就較少，且辭典中有許多內部器官詞彙都是專有名詞或醫學詞彙而非隱喻詞，如「肺臟」相關詞語有：「肺病、肺泡、肺膜、肺炎」；「胰臟」有：「胰液、胰島素、胰脂酶」等，這些詞彙當中並無隱喻情形。

　　本文有關內部器官語料的華語詞彙量少，閩南語、日語就更少見。結合以上種種原因，考量詞彙量、隱喻情形及三類語言中皆有的詞彙以及較常使用的詞語，故本文內部器官僅探討「心、肝」兩個器官，至於「其他隱喻」則選擇身層中的「髮」作為研究對象。

第一節　「心」身體詞

　　於敘述「研究範疇」時已詳細說明：「心」的隱喻詞彙有不少是以其他字詞與「心」搭配所形成的隱喻，而並非「心」本身具有隱喻現象，例如「放心」表隱喻「無須掛念」；「擔心」表隱喻「掛念」；「掛心」表隱喻「心中繫念」，這些「動詞＋身體詞」的述賓結構形成與「心」相關的詞語，因為也具有隱喻性，且非與此一器官搭配必有其搭配義存在，因此本文以為這些「心」部相關詞語

也應納入討論之中。

本文探討的「心」身體詞語，出現的語料有不少是以「心」字作為隱喻，其中亦有其他字詞搭配「心」形成的隱喻性詞語，其中的「心」並不具隱喻現象，但以「心」的相關動作詞來隱喻。

「**性質相似喻**」中如華語「黑心」以「黑」有邪惡、不好的特性映射於心臟隱喻「陰險狠毒，泯沒天良」；又如「赤心」以「紅色」作為赤誠、忠貞隱喻人具有「不背叛的心」；閩南語如「大細心」一詞，以「大小」不同的性質的特性投射到「心」隱喻「偏心」。

轉喻方面來看，在「**部分代部分**」類型中「原因結果轉喻」的情形，華語如「剖心」是以「剖」轉喻破胸取心而推知「竭誠相待、赤誠不二」的結果；在日語慣用語如「心を奪う」以「心」被「奪」走的結果，轉喻「著迷」極端迷戀的情形。

「**動作狀態轉喻**」華語如「散心」是以「散」隨意走走的動作說明「心」的情況轉喻「排遣煩悶使心情舒暢」；「**情感轉喻**」類型中如華語「心酸」以「酸」轉喻「心」中情感指「悲痛」；閩南語「心花開」是以「心中」的「花朵」盛開轉喻「心花怒放、心情愉悅」開心樣。這邊所收錄的詞語，都是以其他事物和「心」搭配而成的詞彙，不是以身體詞「心」本身作為轉喻，而是以「心」的相關狀態特性來轉喻。

一、華語「心」的隱喻探討

「心」本義為心臟，有維持生命的重要功能，是人和高等動物體內主管血液循環的重要器官，基於這些感知的物理特徵，「心」的語義逐漸從原本的器官隱喻到其他地方，如思想、情感、人……等。「心」自古以來一直都被認為是最重要的人體器官，無論東方或西方，人們在很早以前就已經意識到心的重要性。若無視覺還有聽覺互補、沒有四肢仍可以裝上義肢，但沒了「心」則必定無法延續生命。

樊輝、宮雪、戴衛平提到〔註1〕：「『心』在人的生命中起著決定性的作用，我們通常用『心臟停止跳動』來喻指『一個人的生命的結束』。」由「心」隱喻

〔註1〕樊輝、宮雪、戴衛平：〈芻議「心」的隱喻〉，《現代語文》，（2008 年第 15 期），頁 44。

而來的詞彙在日常生活中比比皆是。王維妍也說〔註2〕：「在中國古代文化中，心被認為是主宰人體生命活動的作用。心被分為有形之心，如『心臟』，又被分為無形之心，如『心靈』。」上述的說明「心」的隱喻不僅包含純感覺認知的客觀性，還包含情感和思維的主觀性，故「心」與人類日常活動，特別是通過語言形式來表達內心思想有著密不可分的關係。以下將「心」的隱喻，分為隱喻與轉喻兩類探討。

（一）隱喻類型

據教育部《重編國語辭典修訂本》，「心」的定義，如下表：

表 7-1-1　華語「心」釋義及詞例

	釋　義	詞　例
1	內臟之一	如：「心臟」
2	我國古代認為心主管思維，故相沿以為腦的代稱	如：「用心」、「勞心勞力」。《孟子・告子上》：「心之官則思。」
3	思想、意念、感情	如：「傷心」、「心中不安」、「心情煩悶」。三國魏・曹丕〈與吳質書〉：「東望於邑，裁書敘心。」唐・柳宗元〈始得西山宴游記〉：「心凝形釋。」
4	思慮、謀畫	如：「有心人」、「有口無心」。《呂氏春秋・審應覽・精諭》：「紂雖多心，弗能知矣。」
5	性情	如：「心性」。《韓非子・觀行》：「西門豹之性急，故佩韋以自緩，董安于之心緩，故佩弦以自急。」
6	平面或物體的中央或內部	如：「江心」、「掌心」、「圓心」。唐・劉禹錫〈洞庭秋月行〉：「洞庭秋月生湖心，層波萬頃如鎔金。」
7	植物的花蕊或苗尖	如：「花心」。南朝梁・簡文帝〈上巳侍宴林光殿曲水詩〉：「林花初墮蔕，池荷欲吐心。」

由辭典中可知，「心」除了代表器官之外，還能用來指人的「思維、思想、意念、情感」等，在辭典當中的二到六項皆可將其歸為「思想」及「情感」兩類，前者指的是內心的想法，後者代表的是心中的情緒，皆屬於轉喻。以上六、七則以「心」位於人體的中心，以其相似性隱喻到空間方位中的「中心、中央、裡面」。朱金貴將關於「心」的實體隱喻分類如下〔註3〕：

〔註2〕　王維妍：〈基於時空觀和功能觀的「心」的隱喻結構化研究〉，《東南大學學報（哲學社會科學版）》，（2009 年第 4 期），頁 213。
〔註3〕　朱金貴：〈淺析「心為實物」的隱喻意象〉，《信陽農林學院學報》，（2018 年第 4 期），頁 89～91。

「心為實物」的認知意象映射。可分為兩類來看：一、起源域為「心」目標域為「物」的映射：外觀形狀、位置地位意象。二、起源域為「心」目標域為「人」的映射：容器屬性、唯一存在、客體屬性、輕重軟硬、冷熱特徵、顏色特徵意象。

該文中僅以「實物」作為主軸，討論「心」分為映射到「物」及「人」兩類。「物」部分又包含兩種映射，前者以「外觀形狀意象」相似為形狀相似喻、後者凸顯「位置地位意象」，則屬於空間方位隱喻，但其文並無探討到該部分；「心」的映射，包含容器屬性、唯一存在、客體屬性、輕重軟硬、冷熱特徵、顏色特徵意象等類型。皆以「心」隱喻到其他物品或事，為性質相似的隱喻，筆者覺得分類得很清晰。

對於人類來說，「心」位於人體內部，無法直接看到其形狀，對於認知無法透過直接觀察或是接觸來進行，主要透過隱喻的手段來實現。吳恩鋒指出〔註4〕：

> 人對於外部世界的感知主要是通過眼、耳、鼻、口、身五種感官，由於「心」長在人體內部，除了利用醫學手段，無法用感知外界的方法直接感知它。漢語中大量的詞彙和句子卻充分表明通過感官能夠實現對「心」的感知，實現心與五種感官溝通的正是隱喻認知系統。

如上所述，有許多身體器官都是與「心」一同組成的隱喻情形，如通過視覺相關的隱喻，先前有探討到「心眼、心照不宣」，這都是透過視覺隱喻體現了對「心」的認知。關於「心」的隱喻研究，戴維、俞霞君提到〔註5〕：

> 漢字「心」的隱喻認知分析，可以分為實體隱喻、空間隱喻。實體隱喻：從實體物質的固態、液態、氣態三個方面來看。運動：「動心、變心」、易碎：「傷心、心碎」、軟硬：「心軟、心硬」、粗細程度：「粗心大意、細心」……等。空間隱喻：將空間意象分為一維、二維、三維空間和方位隱喻。一維特徵有長短、粗細，如：一條心、粗心、

〔註4〕吳恩鋒：〈論漢語「心」的隱喻認知系統〉，《語言教學與研究》，（2004 年第 6 期），頁 50。

〔註5〕戴維、俞霞君：〈漢字「心」的隱喻和轉喻認知分析〉，《海外英語》，（2019 年第 6 期），頁 73～74。

語重心長。二維認知為平面，如：一片丹心、刻骨銘心、心田、心地。三維空間容器，具長寬高特徵，如：心高氣傲、心寬體胖、心窩、關心。

戴維、俞霞君的隱喻分類同筆者，將隱喻分為實體隱喻、空間方位隱喻兩大類，實體則是依照物質的「固態」、「液態」、「氣態」三態作為依據分類，歸類空間隱喻，以維度來看其表現，但筆者認為戴氏、俞氏在「空間隱喻」部分，有許多歸類錯誤的地方，如「粗心」一詞，已經依照物質粗細的特性，歸在實體隱喻中，但在一維特徵又將長短、粗細拿來探討，再次把「粗心」放入空間隱喻中。又如「刻骨銘心」隱喻感激在心，可見「心」隱喻可銘記在「心板」上永難忘懷，就像把這份情義，牢牢刻劃在心，應為實體隱喻中的性質相似。這些詞彙的「心」與空間無關。樊輝、宮雪、戴衛平則說〔註6〕：

> 「心」的本體隱喻，可以指「人的整體性格」，特別是「直覺、情感、精神、勇氣、熱情」等，如「傷心、心術不正、心煩意亂、心寒膽落、心花怒放」。「心」喻指「思考」，人是用「心」不是「腦」思考，如「嘔心瀝血、推心置腹」。「心」的空間隱喻中，由於「心」總是藏在裡面，「心」構築成的空間抽象概念為「內」的空間方位，如「心中有數、心口如一」。

由上所述，同樣可將「心」的隱喻分為本體隱喻（實體隱喻）與空間隱喻，與筆者想法一致，但在其言及「情感」的相關詞語如「傷心」、「熱心」等，應轉喻才對，屬於以「原因」與「結果」相代，如因人「心煩意亂」的「果」，推其「因」為「煩躁」，這是部分代部分的轉喻。

又「心」如隱喻「思考」一類，因「思想」出於「人心」，二者之間會引發「聯想關係」，所以本文以為歸入「轉喻」較妥。結合以上學者的理論，以及由 Lakoff & Johnson〔註7〕分為「實體隱喻」及「空間方位隱喻」兩大類探討華語「心」的詞語。

〔註6〕樊輝、宮雪、戴衛平：〈芻議「心」的隱喻〉，《現代語文》，（2008 年第 15 期），頁44。

〔註7〕Lakoff & Johnson 著，周世箴譯：《我們賴以生存的譬喻》，（臺北：聯經出版社，2006年）。

1. 實體隱喻

根據 Lakoff & Johnson〔註8〕加上朱金貴〔註9〕、吳恩鋒〔註10〕、戴維、俞霞君〔註11〕以及樊輝、宮雪、戴衛平〔註12〕等人，對於「心」的隱喻研究成果，在實體隱喻的部分，僅出現「**性質相似隱喻**」所見甚多。可依音節來看，二字詞如下：

表 7-1-2　華語二字詞彙「心」性質相似隱喻

二心	憑心	沒心	昧心	毛心	滿心	民心	銘心	凡心	分心	喪心
心痛	心傷	心賞	心上	心聲	心火	心醉	心死	心喪	心安	色心
心儀	心亂	心虛	心寬	心狠	心智	心慌	心臟	心淨	心境	違心
心靜	心許	心緒	心情	心志	心法	心窄	心照	心尺	心潮	原心
孝心	心藥	心遊	收心	心影	狠心	心願	信心	虛心	至心	耐心
噁心	心鏡	心契	黑心	心盲	專心	心弦	靜心	心香	心性	異心
赤心	閒心	心波	真心	好心	初心	心防	心腹	多心	心疼	死心
負心	虧心	寬心	成心	正心	婆心	花心	壞心	灰心	齊心	熬心
順心	精心	宅心	清心	誠心	決心	壯心	忠心	衷心	痴心	遂心
腹心	禪心	沉心	仁心	敬心	軍心	貼心	春心	失心	師心	安心
實心	無心	良心	道心	細心	舒心	邪心	偏心	片心	平心	虔心
素心	歹心	潛心	淨心	忍心	丹心	醉心	協心	血心	小心	粗心

上表中，二字詞彙關於「心」性質相似喻中，又可歸納出以下三種類別。

（1）**顏色隱喻**：如「黑心、灰心、丹心、赤心、素心」，以顏色隱喻認知，藉由心的顏色隱喻人的內在心理，其中「黑心」隱喻人陰險狠毒，泯沒天良；「灰心」隱喻遭逢失意，志氣消沉，氣餒不振；「丹心」隱喻赤誠的心。朱金貴指出〔註13〕：「漢語中『黑心』喻陰險惡毒；『灰心』喻指喪失勇氣而意志消沉。『紅色』在現代中國是政治隱喻，帶有政治色彩。『紅心、丹心、赤心』都

〔註8〕 Lakoff & Johnson 著，周世箴譯：《我們賴以生存的譬喻》。

〔註9〕 朱金貴：〈淺析「心為實物」的隱喻意象〉，《信陽農林學院學報》，（2018 年第 4 期），頁 89～91。

〔註10〕 吳恩鋒：〈論漢語「心」的隱喻認知系統〉，《語言教學與研究》，（2004 年第 6 期），頁 50。

〔註11〕 戴維、俞霞君：〈漢字「心」的隱喻和轉喻認知分析〉，《海外英語》，（2019 年第 6 期），頁 73～74。

〔註12〕 樊輝、宮雪、戴衛平：〈芻議「心」的隱喻〉，《現代語文》，（2008 年第 15 期），頁 44。

〔註13〕 朱金貴：〈淺析「心為實物」的隱喻意象〉，《信陽農林學院學報》，（2018 年第 4 期），頁 91。

喻指一顆忠於革命事業的心或熱愛祖國的心。」人類長期觀察動物心臟顏色並發現紅色心臟代表正常、良好、健康，心臟變色的生物就意味著不正常或出問題，用此「心」的顏色隱喻人的內在心理。

（2）容器隱喻：朱金貴提到〔註14〕：「『心』作為人體最重要的器官本身也是容器，具有空間屬性，如『心外、心上』，映射到人身上可用來描繪該人『心虛、心寬、心實』等人的心理狀態。」如「心窄、心寬、心虛、閉心、實心、愜心」，如以「心窄」隱喻胸襟狹窄，遇事不能自解；「心寬」則隱喻開朗樂觀而不憂慮。

（3）其他隱喻：如「心香」佛教徒以燃香供養三寶，對於未燃香而其心意相同者的性質，隱喻虔誠的心；「軍心」隱喻軍隊所具有的戰鬥、紀律等意念；「心醉」傾心隱喻愛慕之至；「心疼」則隱喻憐惜、痛惜、吝惜。

尚有三字詞如下：

表 7-1-3　華語三字格詞「心」性質相似隱喻

自尊心	不忍心	虛榮心	不二心	強心針	定心丸	平常心	黑心腸

上表中，三字格詞關於「心」性質相似喻中，又可歸納出以下二種類型。

（1）顏色隱喻：如「黑心腸」隱喻人心地陰險毒辣。

（2）其他：如「強心針」一種使心臟機能加強的針劑性質，隱喻能激勵人心的事物或訊息；「虛榮心」相似處在於貪戀浮名及富貴，隱喻不務實際，只貪慕浮名富貴的心理。

還有四字詞如下：

表 7-1-4　華語四字成語「心」性質相似隱喻

傾心吐膽	銘記在心	步步留心	三心二意	門裡安心	漠不關心
惻隱之心	蠱惑人心	空心湯圓	動人心弦	心腹之患	民心不壹
忠心耿耿	摳心挖肚	刻骨銘心	滿心滿意	心甘情願	灰心喪氣
語重心長	熊心豹膽	叩人心弦	心浮氣躁	灰心槁形	清心寡慾
誠心誠意	一片冰心	好心好意	心魂不定	心蕩神迷	狗馬之心
鬼迷心竅	心寬體胖	心高氣傲	洗心革面	懾人心魄	
誓無二心	掛肚牽心	劍膽琴心	赤子之心	利慾薰心	

〔註14〕朱金貴：〈淺析「心為實物」的隱喻意象〉，頁91。

上表中，四字成語關於「心」性質相似喻中，又可歸納出以下四種類型。

（1）顏色隱喻：如「赤子之心」隱喻如赤子般善良、純潔、真誠的心地。「灰心槁形」隱喻意志消沉沒有生氣、「灰心喪氣」隱喻心灰意冷，氣餒不振。

（2）容器隱喻：如「滿心滿意、空心湯圓、心寬體胖」以「滿心滿意」隱喻集中精神；「空心湯圓」隱喻徒有虛名，而無實在利益。

（3）專一隱喻：朱金貴指出〔註15〕：

> 正常人只有一個心臟，含褒義如「一心一意」。心臟多了或缺了屬異
> 常，含貶義，如「多心、無心、三心二意」。所以「心」的存在與否、
> 是否唯一存在意象映射到「人」身上，可用於評價該人的品格等抽
> 象概念。

如「誓無二心」隱喻意志堅定專一；「三心二意」隱喻意志不堅；「民心不壹」隱喻心意不同。

（4）其他隱喻：如「刻骨銘心」心可銘刻以刻劃在骨頭、內心當中的特性，隱喻感激在心，永難忘懷；「掛肚牽心」隱喻思念深切；「劍膽琴心」隱喻俠骨柔情，文武雙全。

2. 空間方位隱喻

「心」的空間方位隱喻，朱金貴提到〔註16〕：

> 由於「心」位於體內的中央位置並在人體內部諸器官中占據主宰地
> 位，人們就把「心」的中央位置及主宰地位意象映射到人世間的萬
> 千事物上，凡是位於中央的事物皆可有「心」。如漢語中的江心、湖
> 心、菜心、花心等；也常造出比喻「中心地帶」或「最重要的位置」
> 如核心、中心、重心等表述方式。

由上述可知，「心」的空間隱喻僅有「中央」這意象，又因位於中間位置，又進一步衍生為，「最重要」的意思。「心」的空間隱喻僅出現一種「維度空間隱喻」而無「時間隱喻」。所見如下：

〔註15〕朱金貴：〈淺析「心為實物」的隱喻意象〉，《信陽農林學院學報》，（2018 年第 4 期），頁 90。

〔註16〕朱金貴：〈淺析「心為實物」的隱喻意象〉，《信陽農林學院學報》，（2018 年第 4 期），頁 89。

表 7-1-5　華語「心」維度空間

焰心	地心	圓心	核心	紅心	心窩	心臟〔註17〕
心底	心地	心田	心坎	軸心	穿心	放在心上
江心	上心	階心	心脾	心房	心下〔註18〕	不在心上〔註19〕

　　上表中出現的詞彙，出現的空間方位隱喻，可以分為兩種情形：

　　（1）隱喻中央：陳岳紅、向曉虹指出〔註20〕：「立體的三維空間特點映射到『心』上，就會產生『心頭、心中、心窩、心坎兒』等詞語」，又如朱金貴〔註21〕所述，都是代表位於「中間、中央」這些詞語，如「地心」隱喻地球的中心點、「核心」隱喻中心，主要的部分。

　　（2）內心深處：由於「心」位置在體內，無法直接看到，故用來隱喻「心臟」、「內心」的詞彙就出現了許多，又如「心窩」在胸部的中央，隱喻心中；「心房」隱喻內心；「心坎」隱喻內心深處；「心脾」以心臟和脾臟隱喻內心深處；再如「心臟」隱喻最重要的部分。

　　綜合上述「心」的隱喻現象，可歸出兩種類型、兩種情形，表現如下：

　　1. 實體隱喻：僅出現一類，即「性質相似隱喻」。可歸納出以下四種情形：

　　（1）顏色意象：二字詞如「黑心、灰心、丹心、赤心、素心」。三字詞如「黑心腸」。四字詞如「赤子之心」隱喻善良、「灰心槁形」隱喻意志消沉。

　　（2）容器特性：二字詞如「心窄、心寬、心虛、實心」。四字詞如「滿心滿意、空心湯圓、心寬體胖」。

　　（3）專一隱喻：如「誓無二心」隱喻意志堅定、「三心二意」隱喻意志不堅。

　　（4）其他隱喻：二字詞如「軍心、心醉、心疼」。三字詞如「強心針」隱喻能激勵人心的事物、「虛榮心」隱喻不務實際。四字詞如「刻骨銘心」隱喻感激在心難忘懷、「掛肚牽心」隱喻思念深切。

　　2. 空間方位隱喻：僅「維度空間」隱喻。共有兩種情形。

〔註17〕形容最重要的部分。

〔註18〕心中、心裡。

〔註19〕不放在心上。表示對某事物不關心、不介意。

〔註20〕陳岳紅、向曉虹：〈試論漢語「心」的隱喻〉，《世紀橋》，（2007 年第 8 期），頁 114。

〔註21〕朱金貴：〈淺析「心為實物」的隱喻意象〉，《信陽農林學院學報》，（2018 年第 4 期），頁 89。

（1）**隱喻中央**：如「地心、圓心、核心」。

（2）**內心深處**：如「心窩」隱喻心中；「心房」隱喻內心；「心坎」隱喻內心深處。

華語「心」的實體隱喻中無「形狀相似」隱喻，是因出現的詞彙為直白描述無隱喻情形，如「心型」本身即指愛心形狀的事物；性質相似喻中有以心臟正常為紅色，若變色即心懷不軌或不正常隱喻，又將心的軟硬特性映射至人身上，隱喻人的意志。

此外亦有以動物為喻者，出現的詞彙僅有「狗馬之心」隱喻臣子效忠君主，如犬馬般報答主人，其餘皆為貶義，如以蛇、狼形成「蛇心狼心」隱喻「無情、狠心」。空間方位隱喻中，無時間隱喻，在維度空間當中，以「心」的位置映射到其他事物上隱喻「中央」又延伸指人的「內心深處」。

（二）轉喻類型

關於「心」轉喻的研究當中，戴維、俞霞君提到〔註22〕：「在轉喻作用下，『心』作為精神思維的象徵、情感情緒的發源地，既有思想又有願望，所以漢語中主要是用『心』來替代情感、思維和性格。」轉喻也是人類重要的認知方式，以心轉喻到情感、思維、性格屬於發生於「同一認知域」的操作過程，屬於部分代部分轉喻類型。謝之君、史婷婷將轉喻的情形分為以下幾種〔註23〕：

> 一、表示珍愛或重視的人：心腹、心肝、心上人、心頭肉。二、思考功能。「心」為思維器官，因此用「心」替代腦進行思考：心思、操心、費心、勞心、心心相印。三、計謀、謀略功能。漢語中有：心竅、心機、處心積慮、獨具匠心。四、意念、願望功能。「心」的思維、思想又可以轉喻為做某事的意念、願望，多表示「某種意念」：決心、耐心、責任心。五、感受、體會。如喜愛、憤怒等情感：歡心、開心、痛心。

上述將轉喻分為五類：「表示珍愛或重視的人」、「思考功能」、「計謀、謀略功能」、「意念、願望功能」、「感受、體會」。其中「表示珍愛或重視的人」

〔註22〕戴維、俞霞君：〈漢字「心」的隱喻和轉喻認知分析〉，《海外英語》，（2019年第6期），頁73～74。

〔註23〕謝之君、史婷婷：〈漢語「心」和英語 heart 的語義範疇轉移比較〉，《山東外語教學》，（2007年第4期），頁32～33。

很明顯是「部分代全體」的轉喻，以人具有「心」的關係，「心」為人體的一部份，「思考功能」、「計謀、謀略功能」、「意念、願望功能」筆者認為都是屬於人的「思想」，不管思考、計謀、意念都是由「心」來代替大腦的想法，為「部分代部分」轉喻類型，此外，感受與體會也形成部分代部分中的「轉喻情感」類別。

綜合戴維、俞霞君〔註24〕、謝之君、史婷婷〔註25〕關於「心」的轉喻研究成果且依照謝健雄〔註26〕華語「心」的轉喻僅出現「部分代全體」及「部分代部分」轉喻。

1. 部分代全體轉喻

這類詞語中「心」為「人」的一部份，因此可將心轉喻為整體的「人」，表現如下，關於「心」轉喻為人的類型，所見如下：

表 7-1-6　華語「心」轉喻為人

芳心	甜心	狼心	好奇心	將心比心	同心同德	動人心魄
心腹	心肝	慈心	軟心腸	同心斷金	上下同心	蘭心蕙性
心膂	童心	同心	豆腐心	童心未泯	菩薩心腸	心膂股肱
心善	連心	慧心	開心果	宅心仁厚	暗室虧心	良工心苦
鐵心	貪心	戒心	心肝肉	仁心仁術	驚心動魄	忠心耿耿
心軟	豕心	牛心	沒良心	人面獸心	推心置腹	野心勃勃
心直	獸心	甘心	貼心貼腹	鐵石心腸	狼心狗肺	動心忍性
心硬	孽心	離心	狼子獸心	膽大心細	真心誠意	忠心赤膽
心癢	善心	冰雪心	木石心腸	天地良心	心猿意馬	同心協力
心細	聖心	昧良心	心腹之交	沒心沒肺	團結一心	花心蘿蔔

上表中，以「心」將轉喻對象的人，分為以下幾種不同的情形。

（1）**轉喻為人**：有不少以以其他器官與「心」組合而成的詞彙，如「心膂」心與脊骨，都是人以體中重要的部分轉喻親信的人；「心肝」轉喻鍾愛的人，又如「心膂股肱」心、膂、股、肱，皆是人體重要的部分，轉喻親近的得

〔註24〕戴維、俞霞君：〈漢字「心」的隱喻和轉喻認知分析〉，《海外英語》，（2019 年第 6 期），頁 73～74。

〔註25〕謝之君、史婷婷：〈漢語「心」和英語 heart 的語義範疇轉移比較〉，頁 32～33。

〔註26〕謝健雄：〈當代臺灣漢語慣用轉喻：認知語言學取徑〉，《人文暨社會科學期刊》，（2008 年第 1 期）。

力助手。再如「芳心」轉喻女子;「甜心」轉喻戀人或兒女;「開心果」轉喻能製造歡樂氣氛,使人心情開朗愉快的人。此外,團結為喻者,如「同心協力」轉喻團結一致共同努力,指稱的對象為「人」;再如「將心比心」轉喻以自己的立場去衡量別人的立場,體會他人的心意,多方為其設想,不論自己或是別人亦為「人」。

(2)**溫度特性**:如「熱心、冰心、冷心」,以溫度感覺映射到「心」,賦予溫度特徵。朱金貴〔註27〕:「有溫度的褒義,沒有溫度的貶義。如『熱心、暖心人、暖心話』;『寒心、心冷意懶、冰冷的心』等隱喻表達都與『心』的『知、情、意』相關。」用實體的溫度映射到心臟,轉喻人處事及待人態度。以「熱心」轉喻人富同情心,或做事積極、「冰心」轉喻純淨高潔,不熱衷榮利的人品。又如「冰雪心、冷心腸、熱心腸」,以「冰雪心」轉喻婦女如冰雪般堅貞皎潔的品性。在此許多以用「心」與「腸」合併一詞者,轉喻心地,如「冷心腸」轉喻冷酷無情、「熱心腸」轉喻做事積極、樂於助人。

(3)**人的意志**:以物品的性質轉喻到「心」,使「心」賦予「物質特性」。如「心軟、心硬、鐵心」,以軟硬性質轉喻到意志,如「心軟」轉喻心裡有所不忍;「心硬」轉喻不易受外界事物的感動;「鐵心」隱喻無情、意志堅定。又如「好心、壞心、歹心」以好壞轉喻心地,如「好心」轉喻善良。再如「好心腸、軟心腸、壞心肝」,以好壞、軟硬性質轉喻「人」的心地,如「好心腸」轉喻善良。

(4)**動物特性**:以動物的特性轉喻到人身上,如「狼心、豕心、獸心、牛心、羶心」,以「狼心」轉喻慾望無窮,性格凶殘;「狼心、羶心」轉喻貪婪的心,又如「牛心古怪、狗馬之心、狼心狗肺、熊心豹膽、蛇蠍心腸」,以「牛心古怪」轉喻脾氣固執,性情古怪;「熊心豹膽」轉喻膽量極大;「狼心狗肺、蛇蠍心腸」轉喻人心地陰險、惡毒,以動物的心喻人,多有貶義意味。

2. **部分代部分轉喻**

在部分代部分的類別當中,可以分為五種情形,所見如下。

(1)「心」轉喻原因或結果,所見如下:

〔註27〕朱金貴:〈淺析「心為實物」的隱喻意象〉,《信陽農林學院學報》,(2018 年第 4 期),頁 91。

表 7-1-7　華語「心」轉喻原因或結果

剖心	不留心	怦然心動	良心發現	良心未泯	心想事成	趁心如意
捫心	得人心	嘔心瀝血	永結同心	問心無愧	吐露心腹	於心不忍
攻心	火燒心	心領神會	心照不宣	不耐心煩	心身俱瘁	枉費心力
洗心	放寬心	會心一笑	心神專注	心神喪失	無心戀棧	心安理得
知心	居心無愧	心神不寧	順心遂意	居心叵測	無心之過	一心二用
賠小心	心癢難熬	心有餘悸	捫心無愧	心嚮往之	西施捧心	作賊心虛
捧心顰	心血來潮	身心交瘁	萬箭穿心	感人心脾	掉以輕心	心有靈犀

　　上表中，有許多是觸碰胸口的詞彙，因「心」在人體內部，無法直接摸到，只能藉由觸摸人體外部的「胸」來轉喻摸到「心」，是原因——結果相代的結果，如「剖心」以破胸取心轉喻竭誠相待、赤誠不二；「捫心」撫摸胸口，轉喻自我反省之義，「捧心顰」指古代西施因患心病而捧胸皺眉，轉喻別具風韻，或病困愁苦。又如「嘔心瀝血」字面是吐出心，滴盡血，由此轉喻費盡心血用盡心思。此外，還出現不少以「心神」轉喻精神狀態為基礎，延伸到事情的結果，如「心神不寧」轉喻心思精神恍惚、「心神俱爽」轉喻心情、精神舒暢爽朗；「心神喪失」轉喻對於外界事務缺乏認知理解及判斷能力，以致無法辨認是非善意，或無法依其辨認而作出正確行為或預料行為後果。

　　（2）「心」轉喻「動作——狀態」相關詞語，所見如下：

表 7-1-8　華語「心」轉喻「動作——狀態」相關詞語

革心	放心	趁心	擔心	當心	悉心	定心	掏心	留心	經心	散心
欺心	傾心	掛心	過心	關心	稱心	會心	交心	問心	居心	搖心

　　以動作狀態轉喻到「心」上，使得能夠抒發內在的想法。上表中如「衝心」轉喻使人心悸、心動；「掛心」轉喻心中繫念。人無法直接接觸到體內的「心」，只能透過其他動作來表達與「心」的作用，如「散心」不可能直接取出「心」來「散」，是以散布、隨意走走的意象，轉喻能夠排遣煩悶，使心情舒暢；又如「關心」是將思念放入、關入心中，轉喻掛念。

　　（3）「心」轉喻情感，所見如下：

表 7-1-9　華語「心」轉喻情感

驚心	賞心	心熱	透心涼	心煩意亂	滿腹心事	心灰意冷
心酸	心煩	心碎	不甘心	心曠神怡	提心弔膽	心心念念

心寒	心花	開心	不關心	人心惶惶	刺心刺肝	椎心蝕骨
痛心	椎心	揪心	心如刀割	心慌膽戰	心花怒放	摧心剖肝
心灰	寒心	窩心	肉顫心驚	心急如焚	心驚膽戰	膽驚心顫
焦心	心急	煎心	心力交瘁	亂箭攢心	椎心泣血	透骨酸心
心焦	燒心	酸心	心焦如焚	臉紅心跳	心平靜氣	令人心寒

戴維、俞霞君指出〔註28〕：「轉喻替代功能體現得最多的是情感範疇，與其他人體器官相比，內臟器官更經常用於指人的情感，因其複雜性、不可知性、隱藏性等特點與人類情感極為相似。」上表情感的轉喻可歸納出六種情形，如下：

  a. **悲傷情緒**：如「拊心」轉喻悲傷、「透骨酸心」轉喻極為傷心、酸楚。

  b. **痛苦情緒**：如「亂箭攢心」轉喻內心極端痛苦。

  c. **害怕情緒**：如「驚心」轉喻內心害怕。

  d. **焦急情緒**：如「焦心」轉喻心中憂急愁煩、「心急如焚」轉喻十分著急。

  e. **喜悅情緒**：如「開心」轉喻快樂、「心花怒放」轉喻像盛開的花朵般舒暢。

  f. **其他情緒**：如「臉紅心跳」轉喻害羞、「人心惶惶」轉喻動搖，驚恐不安、「心煩意亂」轉喻思緒凌亂、煩躁。

  （4）「心」轉喻思想，所見如下：

表 7-1-10 華語「心」轉喻思想

本心	變心	心跡	後心	不稱心	別出心裁	力不從心
內心	勞心	龍心	動心	不遂心	費盡心機	心亂如麻
回心	機心	心術	恆心	工心計	各懷一心	人心難測
心理	心裡	苦心	心扉	竭盡心思	心不在焉	不良之心
心經	心懷	談心	天心	全心全意	人心大快	勾心鬥角
匠心	心事	心念	心苗	心懷鬼胎	挖空心思	盡心竭力
存心	隨心	操心	不盡心	人心叵測	各懷異心	耿耿於心
發心	費心	禍心	功名心	別有居心	用盡心機	回心轉意
歸心	省心	心意	嘔心血	處心積慮	歸心似箭	全心全力
心機	他心	盡心	不小心	心裡有數	包藏禍心	心懷叵測
心結	心路	澄心	不上心	擱在心上	漫不經心	心術不正
嘔心	心氣	用心	不經心	心懷不軌	白費心血	煞費苦心
心裁	雄心	心得	熬心血	心事重重	是非之心	

〔註28〕戴維、俞霞君：〈漢字「心」的隱喻和轉喻認知分析〉，《海外英語》，（2019 年第 6 期），頁 74。

戴維、俞霞君提到〔註29〕：「心和靈有相同的意義，被視為思維器官。從認知上來說，『心』就被映射為思維或想法，成為精神思維的象徵，人們常用『心』轉喻思維。如：心計、心思、心得……等。」因此我們可以將「心」轉喻成「思想」，如「心機」轉喻心思、計謀；「工心計」轉喻人的心思細密，擅長算計，這邊的「心」並非實指人體的心臟，而是指人的「思維」。又如有許多詞彙是展開心思活動或是動頭腦、有想法，如「操心」轉喻勞費心力、精神、「盡心」轉喻竭盡心思。謝之君、史婷婷指出〔註30〕：「漢民族對於『心』的認知有相當大來自與生產勞動相關。如：『操心、心念、心想』表示展開思想活動；『多心』表示起疑心，這些實際都是『心』轉喻為思維的結果。」故人類可透過「心」的動作，轉喻指大腦、心中的想法及思想等皆都脫離不了「心」的「思維」隱喻。

（5）「心」轉喻其他，所見如下：

表 7-1-11　華語「心」轉喻其他

| 心靈 | 心血 | 心胸 | 心腸 | 心計〔註31〕 | 心算〔註32〕 | 心心相印〔註33〕 |
| 心神 | 心思 | 身心 | 人心 | 心數〔註34〕 | 心神喪志 | 心知肚明〔註35〕 |

上表中的詞彙，都是與其他身體詞或身體部位、思想相關所組成的轉喻，如「心靈」轉喻人心中本有的智慧、思想和情感；「心血」轉喻心思、精神氣力；「心胸」轉喻志氣、抱負；「心腸」轉喻心境、心態。此外，如「心神」轉喻精神狀態；「心計」、「心數」都是指心中盤算、謀略事情，屬於轉喻「能力」。這些與「心」相關，屬於同一個認知領域，故將這類歸到部分代部分的轉喻其他。

綜合上述「心」的轉喻現象，可歸出兩種類型，詞彙表現如下：

〔註29〕戴維、俞霞君：〈漢字「心」的隱喻和轉喻認知分析〉，《海外英語》，（2019 年第 6 期），頁 74。

〔註30〕謝之君、史婷婷：〈漢語「心」和英語 heart 的語義範疇轉移比較〉，《山東外語教學》，（2007 年第 4 期），頁 32～33。

〔註31〕一、心算，或指長於計算、理財。二、心機智謀。

〔註32〕一、計劃、籌劃。二、藉紙筆、算盤或計算機等器具而專用心思計算的方法。

〔註33〕本指禪宗修行者，師徒間不須經由文字、言語的傳達，即能相互契合，了悟禪理。見黃檗山斷際禪師傳心法要。比喻彼此心意互通。

〔註34〕心計。

〔註35〕心裡很明白。

1. 部分代全體轉喻：僅「轉喻為人」有一種情形，又可分四種情形。

（1）**轉喻為人**：如「心膂」轉喻親信、「甜心」轉喻戀人或兒女。

（2）**溫度特性**：「熱心」轉喻人富同情心、「冰心」轉喻純淨高潔的人品。

（3）**人的意志**：如「不臣之心」轉喻不忠背叛、「野心勃勃」隱喻狂妄非分之心。

（4）**動物特性**：如「狼心」轉喻慾望無窮、「羶心」轉喻貪婪的心。

2. 部分代部分轉喻：共有五種類型。

（1）**轉喻原因或結果**：如「剖心」轉喻竭誠相待、「捫心」轉喻自我反省。

（2）**轉喻動作狀態**：「散心」轉喻排遣煩悶使心情舒暢。

（3）**轉喻情感**：又可分六種情形。

　　　a. **悲傷情緒**：如「透骨酸心」。

　　　b. **痛苦情緒**：如「亂箭攢心」。

　　　c. **害怕情緒**：如「驚心」。

　　　d. **焦急情緒**：如「焦心、心急如焚」。

　　　e. **喜悅情緒**：如「開心、心花怒放」。

　　　f. **其他情緒**：如「臉紅心跳」轉喻害羞、「人心惶惶」轉喻動搖，驚
　　　　恐不安、「心煩意亂」轉喻思緒凌亂、煩躁。

（4）**轉喻思想**：如「心機」轉喻心思、計謀、「工心計」轉喻心思細密擅算計。

（5）**轉喻其他**：如「心靈」轉喻本有的智慧、思想和情感、「心血」轉喻心思、精神氣力、「心胸」轉喻志氣、抱負、「心腸」轉喻心地、「心神」轉喻精神狀態。轉喻能力如「心計」、「心數」、「心心相印」。

「心」的轉喻詞語中，這些「動詞＋心」的述賓結構形成與「V 心」的述賓式結構詞語，一來也具有隱喻性，二來也顯示此動詞賓語選擇與「心」搭配而不與其他器官搭配，若搭配其他器官則無法表示原有的意義，可見「心」在其中也有其「搭配義」存在。

二、閩南語「心」的隱喻探討

依照教育部《臺灣閩南語常用詞辭典》，關於「心」的說明如下表：

表 7-1-12　閩南語「心」釋義及詞例

	釋　義	詞　例
1	人體器官之一	例：心臟 sim-tsōng
2	思想、意念	例：有喙無心 ū-tshuì-bô-sim（有口無心）
3	心地、心性	例：歹心 pháinn-sim（壞心）、好心 hó-sim
4	意志力量	例：信心 sìn-sim、死心 sí-sim
5	意願	例：你若是有心欲做，就一定會成功。 Lí nā-sī ū sim beh tsò, tō it-tīng ē sîng-kong. （你如果有心要做，就一定會成功。）
6	物體的中央或內部	例：菜心 tshài-sim、石磨仔心 tsio̍h-bō-á sim（石磨的中央）

　　由上表來看，閩南語的定義基本上與華語大致相同，華語有提到「心主管思維，故相沿以為腦的代稱。感情。」這兩個義項，在閩南語辭典中卻無提及，以隱喻的角度來看，第一則指的就是人的器官「心臟」，第二到五則可將其歸為轉喻為「思想」，屬部分代部分轉喻。

　　最後一則以心位於人體內部及中間，映射到其他物體上，形成「中央、內部」的空間方位隱喻。上述定義成為閩南語由此「心」隱喻的基礎而將「心」衍生至其他領域上，分為隱喻與轉喻兩類探討。

（一）隱喻類型

　　在閩南語「心」的隱喻研究中，黃舒榆將其歸類如下〔註36〕：

　　　一、實體隱喻：（一）「心」的實體隱喻：如「好心、軟心」。（二）「心」與人體域其他器官之間的映射：如「心頭、心肝烏」。（三）「心」的容器隱喻：如「心底、心內」。（四）「心」映射至性格域：如「歹心、好心」。

　　　二、空間隱喻：（一）「心」隱喻為物體的中央：如「花心、江心」。

　　上述將隱喻分為兩類，實體隱喻共有四種情形，空間方位隱喻僅有一種情形。但讓筆者較為困惑的地方是「好心、軟心、歹心」等詞，黃舒榆將其放入實體隱喻又放入映射至性格域的轉喻中，若「心」具有實體屬性，則有大小、好壞、軟性等特性之分，筆者認為都屬人的同一域應歸為轉喻；此外，在空

〔註36〕黃舒榆：《臺灣俗諺語身體隱喻與轉喻研究——以陳主顯《臺灣俗諺語典》為例》，（臺南：國立成功大學臺灣文學系碩士在職專班學位論文，2011 年），頁 134～142。

間方位隱喻中,以「心」的位置隱喻物體的「中央」。以下將隱喻分為兩類來探討。

1. 實體隱喻

根據 Lakoff & Johnson〔註37〕、黃舒榆〔註38〕研究成果,實體隱喻的表現,僅出現「性質相似隱喻」情形,所見如下:

表 7-1-13　閩南語「心」性質相似隱喻

小心	心臟	心火	心情	心爽	心悶	心腹	心願	大細心	自尊心
甘心	同心	疑心	安心	收心	死心	僥心	決心	挖心肝	烏心肝
信心	耐心	真心	偏心	專心	規心	全心		穩心仔	無心情

上表中,關於閩南語「心」性質相似喻中,又可歸納出以下三種情形。

（1）**顏色意象**:如「烏心肝」隱喻壞心、心腸惡毒或居心不良。

（2）**專一隱喻**:以「心」僅有一個特性,隱喻專一、同心具有集中、協力等特質。如「專心、全心、規心」,以「專心」隱喻專一心思、集中心力、「全心」隱喻同心、齊心、「專心」隱喻一心。

（3）**其他**:以「偏心、大細心」隱喻偏心、「死心」隱喻斷絕意念,不再抱任何希望、「挖心肝」隱喻掏心挖肺,表真心誠意。

閩南語用字較特別的是「全心(kāng-sim)」,指「同心」,其餘的詞彙表現,則多同於華語,在此便不多加贅述。

2. 空間方位隱喻

閩南語在空間方位隱喻的表現,僅出現「維度空間隱喻」。閩南語中關於「心」的維度空間隱喻,在辭典中只有兩則。黃舒榆提到〔註39〕:「『心』隱喻位於中央的是物是最容易理解的,因為它是直接從人體投射而來。」如「中心」隱喻正中央的位置、「心肝窟仔」指胸部的中央、胸口,用來隱喻心窩、心坎。上述的兩個例子皆為隱喻「中央」,「中心」,可以是任何事物的中央,

〔註37〕Lakoff & Johnson 著,周世箴譯:《我們賴以生存的譬喻》,(臺北:聯經出版社,2006 年)。

〔註38〕黃舒榆:《臺灣俗諺語身體隱喻與轉喻研究——以陳主顯《臺灣俗諺語典》為例》,(臺南:國立成功大學臺灣文學系碩士在職專班學位論文,2011 年),頁 134～142。

〔註39〕黃舒榆:《臺灣俗諺語身體隱喻與轉喻研究——以陳主顯《臺灣俗諺語典》為例》,(臺南:國立成功大學臺灣文學系碩士在職專班學位論文,2011 年),頁 142。

而「心肝窟仔」則指胸口中央，也就是心中。

綜合上述「心」的隱喻現象，可歸兩種類型、兩種情形，詞彙表現如下：

1. 實體隱喻：僅出現「性質相似喻」，可再分三類。隱喻情形如下：

（1）顏色意象：如「烏心肝」。

（2）專一特性：如「全心、規心」。

（3）其他：如「大細心」隱喻偏心、「死心」隱喻不再抱任何希望、「挖心肝」隱喻掏心挖肺，表真心誠意。

2. 空間方位隱喻：僅出現「維度空間隱喻」，以此隱喻「中央」的位置、空間。如「中心」隱喻正中央的位置、「心肝窟仔」為胸部的中央、胸口，用來隱喻心窩、心坎或心中。

（二）轉喻類型

關於「心」的轉喻研究當中，黃舒榆提到[註40]：

> 「心」具有「當中部位」與「重要部分」的意義；情緒往往會造成
> 心跳速度的不同，人生氣、緊張時心跳會加快，「心」轉喻為指代「情
> 緒」；還可進一步延伸轉喻為「思想（認知）」，如「心思」。

因黃舒榆研究的語料為閩南語俗諺語，雖在理論部分當中有提到：「包含八個不同的次類：以部分代表全體、以身體部分代表身體功能……等」轉喻情形，但在研究一文當中，僅將「心」的轉喻分出一種情形，即以「心」轉喻「思維」，如「心思、將心比心」，筆者認為可能是語料的關係限制，「諺語」所見和「口語」所見不同，才會只看到一種情形，如上引文中黃氏除了思想外，亦有提到轉喻「情緒」，但文中卻無實例可參考，是其不足之處。

本文根據謝健雄轉喻理論[註41]，僅出現「部分代全體」及「部分代部分」類型，再以謝健雄及黃舒榆研究結果，分析閩南語詞彙中「心」的轉喻表現如下。

1. 部分代全體轉喻

「心」僅出現「轉喻為人」的類型，所見如下。

[註40] 黃舒榆：《臺灣俗諺語身體隱喻與轉喻研究——以陳主顯《臺灣俗諺語典》為例》，（臺南：國立成功大學臺灣文學系碩士在職專班學位論文，2011 年），頁 143。
[註41] 謝健雄：〈當代臺灣漢語慣用轉喻：認知語言學取徑〉，《人文暨社會科學期刊》，（2008 年第 1 期）。

表 7-1-14　閩南語「心」轉喻為人

心肝	貼心	貪心	堅心	良心	虧心	心軟	無心肝	石磨仔心
民心	歹心	野心	好心	歹心	熱心		無良心	心肝仔囝

上表中，可將轉喻為人的情形分為三種。

（1）**轉喻為人**：如「心肝、心肝仔囝」轉喻十分心愛且寶貝的人，後者常用於父母對子女的暱稱；「貼心」轉喻愛人或親密的人；「石磨仔心」以石磨軸心轉喻人際關係中被夾在中間左右為難受折磨的人。

（2）**溫度特性**：如「熱心」隱喻人做事積極或富有同情心。

（3）**人的意志**：以心具有軟硬的特質映射到人的意志，如「心軟」隱喻感情柔弱，易受外界事物影響而動搖意志；「堅心」隱喻下定決心、意志堅定。又如以好壞的特性映射到人的心地，如「好心」隱喻善意；「歹心」隱喻壞心、居心不良。

黃舒榆指出 [註42]：「『心』既具有實體屬性，也會有『好壞、軟硬』之分。『好心』指善意；『歹心』意指居心不量；『小心』意指留意、謹慎，都具有認知隱喻的表現。」以上所見與華語相較之下，閩南語「心」的詞彙量少了很多，如在華語中具容器特性「心」的隱喻有「心窄、心寬」、動物特性有「狼心、獸心」等，在閩南語辭典當中卻無實例，再者顏色意象及溫度特性亦同，在閩南語中各僅有一例。

2. 部分代部分轉喻

可將「部分代部分」轉喻歸為四類，所見如下。

（1）「**心**」轉喻動作狀態，所見如下：

由「心」轉喻動作狀態的詞彙表現，在閩南語辭典當中僅收錄三例，如「過心」轉喻過意、「關心」轉喻關懷、掛念、「入心」轉喻專心。用心或進入心坎裡，將「心」以動作的狀態，轉喻要表達的意念。

（2）「**心**」轉喻情感，所見如下：

表 7-1-15　閩南語「心」轉喻情感

心酸	心適	清心	清心	感心	心花開	心狂火著	心驚膽嚇
感心	凝心	激心	憒心	捶心肝	心憒憒	心狂火熱	

[註42] 黃舒榆：《臺灣俗諺語身體隱喻與轉喻研究──以陳主顯《臺灣俗諺語典》為例》，（臺南：國立成功大學臺灣文學系碩士在職專班學位論文，2011 年），頁 137。

上表中，有許多詞彙與華語相同，如「心酸」轉喻悲傷痛苦、「心花開」轉喻心花怒放、心情愉悅。較為特別具有閩南語特色的詞彙則有「感心（tsheh-sim）」一詞轉喻因怨恨而傷心、絕望；「清心（tshìn-sim）」轉喻寒心、灰心；「慒心（tso-sim）」轉喻煩心，人在為某事擔心時心煩意亂，焦躁憂慮樣；「捶心肝」轉喻痛心悔恨或憤怒；「心狂火著」指氣急攻心、火冒三丈，轉喻生氣。這些詞生動地表現了動作情感特色，如「捶心肝」以捶胸口來指痛心或憤怒。

（1）「心」轉喻思想，所見如下：

表 7-1-16　閩南語「心」轉喻思想

內心	心事	心理	心意	心機	掛心	私心	煞心〔註43〕	三心兩意
苦心	勞心	操心	心內	用心	存心	變心	嘔心血	回心轉意

黃舒榆提到〔註44〕：

> 心被認為是思維的器官，是精神之所在，智慧之泉源，因而可以說「心」的功能為「思維」，基於「身體部位代表身體功能」的轉喻模式，可用身體部位「心」代表功能「思維」，產生「思維、思想、想法」等轉喻義，如「心思、費心、用心、將心比心」等詞語。

上表中亦有許多詞彙於華語中出現過，如「勞心」轉喻費神、傷神；「操心」轉喻勞神、勞費心力……等，筆者就不再多加敘述。僅在閩南語中出現、較特別的詞彙如「煞心」轉喻渴望、盼望；「嘔心血」吐出心，滴盡血，轉喻費盡心血，用盡心思。

（2）「心」轉喻其他，這類詞語收錄較少，包含「心血」、「心神」、「心腸」、「心行」等詞彙。其中「心血」轉喻心力、「心神」轉喻精神、心力、「心腸」轉喻心地。由於這些詞彙華語中也有常用，在此同樣不多作解釋。而閩南語中較特別的詞彙則有「心行（sim-hīng）」轉喻心地、心腸。

綜合上述「心」的轉喻現象，可歸出兩種類型、五種情形，詞彙表現如下：

〔註43〕煞心：音讀：（sannh-sim）：渴望、盼望。心中有所期盼，心裡受到強烈的刺激而對某人或某物非常想得到。

〔註44〕黃舒榆：《臺灣俗諺語身體隱喻與轉喻研究——以陳主顯《臺灣俗諺語典》為例》，（臺南：國立成功大學臺灣文學系碩士在職專班學位論文，2011年），頁143。

1. 部分代全體轉喻：僅出現「轉喻為人」一類，其中又包含三種情形。

（1）**轉喻為人**：如「心肝、石磨仔心」。

（2）**溫度特性**：如「熱心」。

（3）**人的意志**：如「堅心、歹心」。

2. 部分代部分轉喻：共有四種類型。

（1）**轉喻動作狀態**：如「過心」轉喻安心、「過心」轉喻關懷、掛念。

（2）**轉喻情感**：如「感心」轉喻因怨恨而傷心、絕望、「清心」轉喻寒心、灰心、「憒心」轉喻煩心、「憒心」轉喻煩心、「捶心肝」轉喻痛心、悔恨或憤怒。

（3）**轉喻思想**：如「煞心」轉喻渴望、盼望、「嘔心血」轉喻用盡心思。

（4）**轉喻其他**：如「心血」轉喻心力、「心神」轉喻精神、「心行」轉喻心地。滿欣在研究中提到〔註45〕：

> 「心」與「腦」的關係最為密切。現代科學證明「腦」的思維活動
> 突現出的表現在心臟跳動和心臟的其他反映上。日常生活中以整體
> 思維把握「心」和「腦」的關係。如情緒激動時，心跳加速；緊張
> 時，心律增快。在繁多、細微的聯繫中，也極易聯想到「心」與思
> 維有密切的關係。

從上的分析可以知道，我們常將「心」是思想、情感的根源，是人體不可或缺的一部份，可以看到在轉喻多項義項中，最多都是以視為「心」替代「腦」作為思考的一個工具，又因「心」被認為是思維的器官、精神之所在，由此產生了「思想」這個轉喻義，而思維當中又包含了意念、心計、謀略……等，使「心」在轉喻方面的詞彙表現極為豐富。

三、日語「心」的隱喻探討

Weblio 中對於「心」的定義〔註46〕，如下表：

〔註45〕滿欣：《漢語內臟器官詞語意義分析》，（桂林：廣西師範大學語言學及應用語言學系碩士學位論文，2007 年），頁 24。

〔註46〕Weblio 辭書とは、複数の辞書や用語集を一度に検索し、一度に表示する、統合型オンライン辞書サービスです。

表7-1-17　日語「心」釋義及詞例

	釋　義	詞　例
1	五臓の一。心臓。（五臟之一。心臟。）	「心悸・心筋・心室／腹心」
2	こころ。精神。（心。精神）	「心境・心魂・心身・心配・心理」
3	まん中。物事のかなめ。（正中央。事情的關鍵）	「心棒／核心・湖心・重心・中心・天心・都心・灯心」
4	人間の理性・知識・感情・意志などの働きのもとになるもの。また、働きそのものをひっくるめていう。心情。（基於人類的理性、知識、情感和意志等的能力之源。心情。）	「心の豊かな人」「心に浮かぶ思い」「心と心の触れ合い」「心を痛める」「心の晴れる時もない」
5	偽りや飾りのない本当の気持ち。本心。（沒有虛假或裝飾的真實感覺。本意。）	「心が顔に現れる」「心から感謝する」「口と心の違う人」
6	身についた感じ方や考え方の傾向。性分。性根。（感覺和思維方式的傾向。性格。本性。）	「生まれついての心は変わらない」「ねじけた心」「心を入れ替える」
7	物事について考え、判断する働き。考え。思慮。分別。（思考和判斷事物的工作。想法。深思熟慮。區分。）	「心を決めたら迷わず進む」「会社再建に心を砕く」
8	他人の状況を察していたわる気持ち。思いやり。情け。人情味。（意識到別人處境的感覺。體諒。同情。人情味。）	「心のこもった贈り物」「心をこめて編んだセーター」
9	あることをしようとする気持ち。意志。（試圖做某事的感覺。意志。）	「やるしかないと心を決める」「行こうという心が起こらない」
10	物事に対する関心や興味。（對事物的關心和興趣。）	「遊びに心を奪われる」
11	自分と異なるものを認め受け入れる余裕。度量。（能夠接受和接受與自己不同的事物。度量。）	「広い心の持ち主」「心の狭い人」
12	物事の美しさやおもしろさのわかる感覚。風流心。（理解事物的美麗和樂趣的感覺。風流心。）	「詩の心にふれる」「美を求める心」
13	覚えていること。記憶。（記住的事情。風流心。）	「心に深く刻まれた痛み」「心に残る名演技」
14	気をつけること。注意。留意。（小心。注意。留意。）	「心が行き届く」「隅々にまで心を配る」

　　日語當中對於「心」的定義，其本義是作為身體器官的「心臟」；又或代表「精神」，這當中又包含了人類的理性、知識、感情及意志等能力，如同華語，日本人同樣將「心」作為思維的器官，用來進行「思想」等心理活動；再

如提到「心」可以代表「中間」的事物，如「心棒（軸心）、都心（都市的中心）」；隱喻事情的關鍵則有「核心（核心）、重心（重心）」，「核心」一詞於華語與閩南語亦有提及隱喻「中心」但無隱喻「事情的關鍵」之意。以下將日語當中的慣用語，分為隱喻與轉喻兩類來探討。

（一）隱喻類型

在日語「心」的隱喻研究當中，張繼文將日語隱喻分為三大類如下表〔註47〕：

表 7-1-18　張繼文「心」隱喻類型整理

	隱喻類型	隱喻表現
1	實體隱喻	1.「心」與花草樹木、顏色。 2.「心」與天空、明月。 3.「心」與動物。 4.「心」與山、水、田地。 5.「心」是不明示的物體。
2	空間隱喻	1.「心の隈」。
3	感官隱喻	1.「心」的視覺隱喻：「心の瞳」。 2.「心」的聽覺系統：「心靜かに」、「激しい心」。 3.「心」的味覺隱喻：「心苦し」。 4.「心」的觸覺隱喻：「心涼し」、「心強し」、「心丈夫」

作者將「心」的隱喻表現分為三種類別，文中實體隱喻的例皆以日本古詩如：《古今集》、《玉葉集》等裡面的詞彙說明，舉例來說，實體隱喻「心の花〔註48〕」為例，以「人の心」是染在物體上的顏色，將無形、看不到的內心轉變為有形的物體，透過「染花的顏色」映射「心の花」，用以隱喻人心易變、移情別戀〔註49〕。

空間隱喻的表現，作者舉出「心の隈」一語，隱喻內心的某個角落或可藏的地方，將「心」視為一個空間，此外在這也包含了容器隱喻，如「心が広い、心が円い」本文將其歸在實體隱喻中，較可惜的是「心」具有隱喻「中央」之意，但張氏文章卻未提及。

〔註47〕張繼文：〈認知視角下的日語「心」的隱喻研究〉，《日語學習與研究》，（2010 年第3 期），頁 10～14。

〔註48〕《古今集・795 番読人知らず》：世の中の　人の心は　花染めの　うつろひやすき　色にぞありける。中譯：世界上人們的情誼是容易改變的顏色，就好像他們被鮮花染成了一樣。

〔註49〕因筆者能力不足，尚未能完全詮釋「古日語」，故在此僅舉出一例說明之。

　　最後在聯覺隱喻認知中，將「心」分為映射到視覺、聽覺、味覺、觸覺。關於聯覺隱喻，曹逢甫等指出〔註50〕：「在我們的心理——精神——生理系統中，有五個最顯著的感覺，亦即觸覺、視覺、味覺、嗅覺及聽覺。」「聯覺」又稱「通感」是經由感官的作用而達到隱喻的效果。此外，吳禮權也說〔註51〕：

　　　　通感是一種重要的、普遍的心理現象，而通感心理反應到語言或文學
　　　　中，就有了修辭上所謂的「通感」（或稱「聯覺」、「移覺」）修辭手法。
　　　　以通感手法建構的修辭文本是基於人們日常生活中視、聽、觸、嗅、
　　　　味覺的彼此交錯相通的心理經驗、激發讀者豐富的聯想對作品。

　　雖筆者認為其文中所提到的例子以「性質相似喻」來詮釋是沒問題的，但「心涼し」如華語中的「心涼」，以「心」與「情感」是在同一個認知域應歸為轉喻，雖該文題目為「隱喻」研究，但若能分出隱喻與轉喻兩類，會使得分析表述更為細膩。文章更為完美。日語「心」的隱喻表現如下。

　　1. 實體隱喻

表 7-1-19　日語「心」性質相似隱喻

慣用語	釋　義	慣用語	釋　義
心に付く	銘記在心	心臓が強い	膽子大
心に留める	銘記在心	心臓が弱い	膽子小
心に残る	銘記在心	心入る	迷人、被吸引
心に刻む	銘記在心	心を引く	迷人、被吸引
心を致す	真心誠意	心が通う	心心相印
心を入れ替える	改邪歸正	心利く	才華洋溢
心を鬼にする	狠心	心ここに有らず	分心
心を配る	關心	心知る	心領神會
心を遣る	關心	心広く体胖なり	心寬體胖
心を破る	傷害人心	心に染まぬ	心誠意潔
心を籠める	誠心誠意	心に染む	合心意
心が疲れる	精疲力盡	心を掴む	抓住人心
心胆を奪う	被迷住	心を捉える	抓住人心
心を汲む	察覺、體諒對方的心情		

〔註50〕曹逢甫、蔡立中、劉秀瑩：《身體與譬喻——語言與認知的首要介面》，（臺北：文鶴出版社，2001 年），頁 31。
〔註51〕吳禮權：《修辭心理學》，（昆明：雲南人民出版社，2001 年），頁 269。

在本節關於「心」的慣用語中，僅出現一類性質相似喻，而無「形狀相似」及「空間方位」隱喻詞語。上表中以「心臟」隱喻「膽量」，如以「心臟が強い」隱喻「膽大」；「心臟が弱い」隱喻「膽小」，這雖在華語的隱喻當中無出現，但華語當中亦有「心臟很大顆」的說法用以隱喻「膽大」，英語也有「big heart」隱喻「心胸寬大」。

再如華語中有「銘心、銘記在心」以銘刻於心上隱喻「永不遺忘」，日語當中則有很多方式隱喻，如「付く、留める、残る、刻む」以附著、遺留、留下、雕刻隱喻「謹記」。再如「心を入れ替える」以換過不好、邪惡的心臟，隱喻改邪歸正，如華語以「黑心」隱喻陰險狠毒，泯沒天良，因異於常人，心從紅色變成黑色，語義上表示若將心替換過，就能夠恢復原本的本質。

（二）轉喻類型

日語「心」慣用語中共有兩種類型，表現如下。

1. 部分代全體轉喻

僅有「轉喻為人」。即「心を一にする」團結心變成一個，轉喻同心協力，這邊的「心」的表示是「人」，以「心」轉喻「人」顯現「萬眾一心」才能團結一致。

2. 全體代部分轉喻

日語「心」慣用語中「部分代部分」轉喻可歸五種情形，所見如下。

表 7-1-20　日語「心」轉喻

轉喻原因或結果			
慣用語	釋　義	慣用語	釋　義
心を許す	彼此交心	心を以て心に伝う	心心相印
心を寄せる	愛慕	以心伝心	心心相印
心を奪う	著迷	心解く	消氣、隔閡消除
轉喻動作狀態			
慣用語	釋　義	慣用語	釋　義
心が動く	動心	心を起こす	振奮精神
心に適う	稱心如意	心を開く	說出內心深處話
轉喻情感			
慣用語	釋　義	慣用語	釋　義
心が乱れる	心煩意亂	心後る	擔心

心が痛む	難過	心に懸かる	擔心
心が騒ぐ	心慌意亂	心に懸ける	擔心
心が弾む	興奮、期待	心を躍らせる	滿懷喜悅
心が晴れる	開朗	怒り心頭に発する	怒火中燒
心胆を寒からしめる	膽戰心驚		
轉喻思想			
慣用語	釋　義	慣用語	釋　義
心肝を砕く	費盡心思	心にもない	非本意
心後る	深思熟慮	心を置く	放在心上
心及ぶ	注意到	心を傾ける	專心
心に浮かぶ	忽然想起	心を砕く	費盡心思
心に任せる	隨心所欲	心を尽くす	全心全意
心を合わせる	隨心所欲	心を用いる	用心思考
心を留める	留心、注意		
轉喻能力			
慣用語	釋　義	慣用語	釋　義
心知る	心領神會		

　　上表中，可將「部分代部分」轉喻分為五種表現，如下。

　　（1）**轉喻原因或結果**：如「心を奪う」心被奪走，轉喻著迷，再如以「心を許す」以允許對方進入自己的內心，轉喻彼此交心，需要非常親密，才能走進雙方內心的結果。

　　（2）**轉喻動作狀態**：如「心が動く」轉喻心動；「心を開く」把封閉狀態的東西打開，可以清楚看到內部，故把心打開，轉喻說出內心深處的話。

　　（3）**轉喻情感**：如「心が痛む」心痛，轉喻悲傷、難過；「心が晴れる」將心隱喻太陽，放晴了轉喻開朗；「心に懸かる」心懸掛著，轉喻不安、擔心。

　　（4）**轉喻思想**：如「心後る」一詞，「心」在人前主宰「思想」，將「心」放到後面去，轉喻沒有足夠的思想；「心を砕く」轉喻費盡心思；「心に任せる、心を合わせる」交給心去想、讓心思合併再一起，轉喻隨心所欲。又如「心を用いる」轉喻用心思考；「心を留める」留心，轉喻為留意心思、需要注意，這類日語慣用語都是以「心」轉喻「思想、思維」的情形所產生。

　　（5）**轉喻能力**：如「心知る」心知道了，轉喻心領神會，將「心」不必經由言行的表達即能明白，當作一種「能力」。

第二節 「肝」身體詞

內部器官除上節「心」外，使用較多的還有「肝」。滿欣指出，如下表〔註52〕：

表 7-2-1　徐慧萍「肝」本義整理

	「肝」本義
1	肝臟。
2	形容極度悲傷：撕心裂肺。
3	表示心靈深處：感人肺腑——形容人的內心深受感動。
4	表示憤怒的情緒：肝火、肝氣旺
5	指代生命：肝腦塗地
6	表示珍稀的食品：龍肝鳳髓

上述將華語「肝」的詞語本義，分為六點說明，從上了解到，第二到五都是在本義一的基礎上派生出來的，而二、三、似可進一步歸納為「內心」義，可見「內心」是「肝」意義派生的一個重要方向。「心」常與「肝」同時出現形成詞彙，在上一節已有許多實例，如「心肝、壞心肝、心疼肝斷」等。

「肝」使用最多的表現是轉喻為「內心」，另外還有提到能隱喻生命及稀有的東西。此外，徐慧萍指出〔註53〕：「在國語辭典中『肝』代表的意思多為『性格』、『情感』，因而得知『肝』還可轉喻為『情感』。」從上述成果當中能知，關於「肝」的隱喻表現大部分都為「情感」屬於轉喻，此外則還有性格、生命、稀有物等義，以下分三種語言的「肝」隱喻表現。

「肝」的身體詞語雖在本文當中數量最少，但仍有不以「肝」為喻而是由所搭配的相關詞語所形成的詞彙。**「性質相似喻」**如華語「鳳髓龍肝」以取得「龍、鳳」的肝及髓難度高的性質隱喻「稀有珍貴的食品」；「蚊脛蠛肝」以蚊的小腿，蠛的肝臟特性隱喻「極其微小」；而閩南語「豬肝色」以「豬肝」外觀映射到顏色隱喻「暗紅色」。

轉喻方面來看，在「部分代部分」類型中「原因結果轉喻」的情形，華語如「肝膽塗地」以轉喻肝、膽都外露遍布在地上推知「慘死」的結果。這邊出

〔註52〕滿欣：《漢語內臟器官詞語意義分析》，（桂林：廣西師範大學語言學及應用語言學系碩士學位論文，2007 年），頁 6～7。

〔註53〕徐慧萍：《客語人體詞彙隱喻及轉喻研究——以詞素「心、肝、膽、腸、肚」為主》，（中壢：國立中央大學客家語文暨社會科學系客家語文碩士學位論文，2019 年），頁 6～7。

現的詞語都是以「肝」以外的字詞當作隱喻使用，此處的「肝」則無隱喻情形，但整個搭配詞語卻有隱喻在其中。

一、華語「肝」的隱喻探討

據教育部《重編國語辭典修訂本》「肝」的解釋：「高等動物的消化器官之一。肝臟是負責新陳代謝的主要器官，呈赤褐色。功能包括去除毒素、儲存肝醣、合成蛋白質等，以及製造膽汁以促進脂肪的消化與吸收。」該則釋義僅解釋肝為「消化器官」，並無其他的定義，也由於除了「肝臟」器官外，鮮有詞彙是以「肝」作為語義延伸而來的，由於詞彙量表現較少，加上有許多詞彙已在「心」出現過，本文不再重現。以下將「肝」較特別的隱喻情形，分為隱喻與轉喻兩種表現來看。

（一）隱喻類型

在關於華語「肝」的實體隱喻研究中，徐慧萍〔註54〕將其分為四類，由此來看本文語料所見，如下表：

表 7-2-2　徐慧萍「肝」隱喻類型整理

	隱喻類型	隱喻表現
1	形狀隱喻	無隱喻現象，「名詞＋肝」大部分都指器官。
2	位置隱喻	人體器官中「肝」與「心」屬於人體正中心的位置，也是人類最重要的地方，客家詞彙「心肝頭、心肝仔」皆指最寶貝。
3	功能隱喻	「肝」具有新陳代謝及解毒等功能，但在徐氏研究詞彙中，並沒有發現利用「肝」功能結合的詞彙與俗諺語。
4	性質隱喻	在客語詞彙中會發現許多「肝」與「心」的結合，詞彙中的「心肝」往往偏向「心」，本研究發現華語「心肝」可指：心、心臟、心腸、心愛、心地、心情等，至於「肝」語義已虛化，「心肝」形成偏義複詞。

上述將華語「肝」的詞語，分為四類隱喻情形，但最後僅在「位置」及「性質」隱喻中有出現，因隱喻「位置」的詞語都是與「心」一同出現的詞彙，筆者已將此類歸類在「心」的隱喻中。由於詞彙量較少，筆者將隱喻的所有詞彙列在同一張表格中，可將華語「肝」隱喻分為兩類。

〔註54〕徐慧萍：《客語人體詞彙隱喻及轉喻研究──以詞素「心、肝、膽、腸、肚」為主》，（中壢：國立中央大學客家語文暨社會科學學系客家語文碩士學位論文，2019 年），頁 77～78。

表 7-2-3　華語「肝」隱喻

隱喻類型	實體隱喻				空間方位隱喻
隱喻情形	性質相似				維度空間
詞彙	肝膽	龍肝豹胎	剖肝瀝膽	肝膽相照	肺肝
	驢肝肺	鳳髓龍肝	雕肝鏤腎	龍肝豹胎	肝膽胡越
	互託肝膽	忠肝義膽	蟲臂鼠肝	蚊脛蟣肝	

上表中「肝」隱喻可以分為兩類，表現如下：

1. 實體隱喻

僅出現一種情形，即「**性質相似喻**」。如「**驢肝肺**」隱喻心地不良；「龍肝豹胎、鳳髓龍肝」隱喻稀有珍貴的食品；「忠肝義膽」隱喻赤膽忠心，見義勇為、「肝膽相照」隱喻赤誠相處。如滿欣〔註 55〕所述，因龍、鳳為神話中出現的神獸，不但不知是否存在，要取得神獸的肝及髓難度更高，以此特性隱喻「珍貴、稀有」。此外有許多是以「肝膽」隱喻誠懇、忠誠，因此延伸了一系列相關的成語。滿欣研究提到〔註 56〕：

> 漢語中「膽」的「膽量、勇氣」義是比較特別的。「膽」精神意識上具有判斷事物、做出決定的能力，而一個人是否勇敢，可以說有膽識、有膽魄。將膽子形象化，數量越多、體積越大、膽子變越大。

由「膽」隱喻膽量，加上「肝」隱喻為誠懇，如上表中以「剖肝瀝膽」隱喻開誠相待、「雕肝鏤腎」隱喻寫作時嘔心瀝血，苦心雕琢字句，刻意求工。以動物、昆蟲的器官的性質隱喻，如「蟲臂鼠肝」隱喻微賤的事物、「蚊脛蟣肝」蚊的小腿，蟣的肝臟，隱喻極其微小。

2. 空間方位隱喻

僅出現一種情形，即「**維度空間隱喻**」。如「肺肝」一詞隱喻內心深處；「肝膽胡越」，以二個器官的距離當作隱喻的映射，肝膽，隱喻相近；胡越，隱喻遠，因此以「肝膽胡越」隱喻雖近猶遠，為空間隱喻。

〔註 55〕滿欣：《漢語內臟器官詞語意義分析》，（桂林：廣西師範大學語言學及應用語言學系碩士學位論文，2007 年），頁 6～7。

〔註 56〕滿欣：《漢語內臟器官詞語意義分析》，（桂林：廣西師範大學語言學及應用語言學系碩士學位論文，2007 年），頁 24。

（二）轉喻類型

「肝」的轉喻研究，徐慧萍同謝健雄，將轉喻成三類如下表〔註57〕：

表 7-2-4　徐慧萍「肝」轉喻類型整理

	隱喻類型	隱喻表現
1	部分代部分	如「有肝膽」；「肝膽」表示勇氣，「無心無肝」表示狠心，皆是以部分器官轉喻心情或性格，為部分代部分轉喻模式。部分代整體轉喻：如「心肝寶貝」表示重要的人，將「心肝」此一人體器官部分代替整個人，為部分代整體轉喻模式。
2	部分代整體	如「心肝寶貝」表示重要的人，將「心肝」此重要器官代替整個人，為部分代整體的轉喻模式。
3	整體代部分	上述提到「心肝」可以轉喻人物外，還有不同的解釋與轉喻模式，如指良心、心中、心裡、失望等情緒，都為整體表現喻心裡部分的轉喻，因此歸納為整體代部分的轉喻模式。

上述的研究成果當中，除了「整體代部分」轉喻外，筆者皆認同徐氏的研究成果，當中提到如指良心有「無心肝、壞心肝、心肝黑暗」，筆者認為應屬於性質相似隱喻，又如指心中的、心裡的「心肝窟、心肝頭」，表在「內心中央」，則應放入空間方位隱喻。再如指失望「心肝跌落下膈」，失望屬於情緒，同樣是部分代部分轉喻，應屬為轉喻「心情」的情形。

由於「肝」的轉喻詞彙量少，以下亦以一張表格說明之，所見如下。

表 7-2-5　華語「肝」轉喻

轉喻類型	部分代部分				
轉喻情形	原因或結果	轉喻情感			轉喻其它
詞彙	肝膽塗地	肝氣	剖肝泣血	肝腸寸斷	肝鬲
	感人肺肝	動肝火	肝腸崩裂	摧胸破肝	

上表中「肝」的轉喻類型僅有「**部分代部分**」轉喻，所見如下：

1. **轉喻原因或結果**：如「肝膽塗地」以肝、膽都外露遍布在地上（因），轉喻慘死（果）；「感人肺肝」轉喻使人深受感動之結果。

2. **轉喻情感**：如「肝氣、動肝火」轉喻生氣；「肝腸寸斷」轉喻悲傷至極。

3. **轉喻其他**：如「肝鬲」轉喻懇切。

〔註57〕徐慧萍：《客語人體詞彙隱喻及轉喻研究——以詞素「心、肝、膽、腸、肚」為主》，（中壢：國立中央大學客家語文暨社會科學學系客家語文碩士學位論文，2019 年），頁 77～78。

二、閩南語「肝」的隱喻探討

　　教育部《臺灣閩南語常用詞辭典》關於「肝」的說明僅有一條：「肝臟。為脊椎動物的重要器官，具有分泌、儲存、解毒及造血等多項功能。位於腹腔右上方。」與華語相同，除定義「肝」為「肝臟」器官外，並無多作其他釋義。徐慧萍提到〔註58〕：「閩南語中釋義為肝臟。詞彙中的『心肝』雖利用『肝』作為詞語，卻沒使用到肝的原本意義，反而抽象的指出『心』類之意。」由於「肝」的位置與「心」較為靠近，被視為人體中最重要的部位，不管華語或閩南語都常以「心肝」隱喻十分重要或心愛的人之義。

　　由於閩南語當中出現「肝」詞彙極少，當中又有許多無隱喻性質，如「肝腱」指肝連、豬肝連肌；「肝炎」為病名；「魚肝油」是精製脂肪油……等。又「肝」的詞彙當中有許多與「心」一起使用成「心肝」，最後在辭典當中，能討論關於「肝」的隱喻僅剩一則，因臺灣人會拿動物的內臟來烹飪食用，能看到豬肝的外觀顏色為暗紅色，便以其特性映射到顏色上，用「豬肝色」來隱喻暗紅色，屬於「實體隱喻」中的「性質相似喻」。

三、日語「肝」的隱喻探討

　　日語 Weblio 辭典中，對於「肝」的定義〔註59〕如下表：

表 7-2-6　日語「肝」釋義及詞例

	釋　義	詞　例
1	内臓の主要部分。特に、肝臓。（內臟的主要成分。特別指肝臟）	「鳥の―」
2	内臓の総称。（內臟的總稱）	五臓六腑（ろっぷ）
3	胆力。気力。精神力。（膽量。勇氣。精神力）	「―の太い人」
4	物事の重要な点。急所。（事物的要點。致命處。）	「話の―」
5	思慮。くふう。（考慮。設法）	

　　由上能知，除了內臟、肝臟外，在日本人的思維當中，常將「肝」用來隱喻「膽量、勇氣」，或用來隱喻「事物的要點或致命處」，此外還有用來轉喻成

〔註58〕徐慧萍：《客語人體詞彙隱喻及轉喻研究——以詞素「心、肝、膽、腸、肚」為主》，（中壢：國立中央大學客家語文暨社會科學學系客家語文碩士學位論文，2019年），頁52。

〔註59〕Weblio 辞書とは、複数の辞書や用語集を一度に検索し、一度に表示する、統合型オンライン辞書サービスです。

「思考」。在日本夏天都會舉行「肝試し（試膽大會）」，華語隱喻「膽量、勇氣」是以「膽」、日語則為測試「肝」，此源自於大鏡「道長の豪胆〔註60〕」，之後日語就以「肝試し」隱喻「試膽」。在以身體詞器官隱喻「膽量」時，可以看到不同語言會因為文化思維不同而使用不一樣的器官來隱喻，表達同一「勇氣」的概念，華語以「膽」、日語以「肝」、英語則用「腸道（gut）」為喻。以下將日語關於的「肝」慣用語，分為隱喻與轉喻兩類探討。

（一）隱喻類型

探討日語「肝」的隱喻表現如下表。

表 7-2-7　日語「肝」隱喻

實體隱喻（性質相似隱喻）			
慣用語	釋 義	慣用語	釋 義
肝が据わる	有膽、處變不驚	肝を潰す	嚇破膽
肝が太い	大膽	肝を消す	嚇破膽
肝が小さい	膽小	荒肝を抜く	嚇破膽
肝胆相照らす	肝膽相照	荒肝を拉ぐ	嚇破膽
肺肝を出す	開誠相見		
空間方位隱喻（維度空間隱喻）			
肝に銘じる	銘記在心	肝に銘ずる	銘記在心

上表中關於「肝」的隱喻分為兩種，如下：

1. 實體隱喻

僅有**性質相似**隱喻。上述定義當中已提及，日語當中常用「肝」隱喻「膽量」，如「肝が据わる」肝不動搖，隱喻有膽、處變不驚；「肝が太い」隱喻大膽；「肝が小さい」隱喻膽小，又如「肝を潰す」壓碎肝、「肝を消す」肝不見，隱喻嚇破膽的表現。

此外還有與華語「肝」相同的用法，如「肝胆相照らす」隱喻誠心以待、

〔註60〕平安時代末期に書かれたという『大鏡』には時の帝（花山天皇）が夏の午前3時に、藤原兼家の三人の息子たちに、鬼が出ると言われていた屋敷に行かせ、藤原道長だけがやり遂げて、証拠として刀で柱を削いで持って帰ったという記述があり、肝試しの発想が当時からあったことが窺える。中譯：在平安時代末期寫的《大鏡》中，有一個描述，當時的皇帝（花山天皇）在夏天凌晨三點，讓藤原兼家的三個兒子去據說有惡魔出來的豪宅，只有藤原道長完成，用刀削掉柱子作為證據，然後帶回家，從那個時候起，肝試的想法就被提出來。

「肺肝を出す」隱喻開誠相見，將看不見的內部器官拿出來讓他人看，由此隱喻以極其誠摯的心與他人相處。

2. 空間方位隱喻

僅有「維度空間」隱喻。如「肝に銘じる、肝に銘ずる」將記憶雕刻在「肝」的內心中，以此隱喻銘記在心、牢牢記住。

（二）轉喻類型

日語「肝」的慣用語中，僅出現「部分代部分」的類型，所見如下。

表 7-2-8　日語「肝」轉喻

轉喻原因或結果			
慣用語		釋　義	
肝を嘗む		臥薪嘗膽	
轉喻情感			
慣用語	釋　義	慣用語	釋　義
肝を冷やす	膽戰心驚	肝膽を作る	擔心、失望
肝を煎る	擔心	肺肝を摧く	非常痛苦
轉喻思想			
慣用語	釋　義	慣用語	釋　義
肝を砕く	煞費苦心	肝胆を傾ける	敞開心胸
肝胆を砕く	絞盡腦汁	肝脳を絞る	盡力解決問題

上表中，關於日語「肝」的轉喻表現共有三種情形：

1. **轉喻原因或結果**：如「肝を嘗む」轉喻臥薪嘗膽，是由出自於中國史書中，以越王勾踐戰敗不忘所受苦難的故事，轉喻刻苦自勵的情形。

2. **轉喻情感**：在定義當中，有提到日語「肝」能轉喻為情感的表現。如「肝を冷やす」肝冷掉轉喻膽戰心驚、「肝を煎る」肝被煎轉喻擔心；又如「肺肝を摧く」肺跟肝被粉碎，轉喻非常痛苦，此皆是將肝的遭遇，轉喻到人的情感中。

3. **轉喻思想**：辭典當中亦提到，「肝」不僅能指稱情感，還能轉喻為思想，和「心」具有一樣的功能。如「肝を砕く」轉喻費心、「肝脳を絞る」擠壓肝跟腦，由此轉喻絞盡腦汁、費盡腦力，竭盡心思。

滿欣在內臟器官詞語中有「內心」義的中提到〔註61〕：

> 內臟器官本身的生理特點，使內臟器官詞語有了各自不同的概念意
> 義。共同點在於都是「內臟」，與「心」屬於同一個層次的器官，如
> 漢語中將其統稱為「五臟六腑」基於這樣都是「內」的視角，當「心」
> 有「內心」義後，它們都有可能受到「心」的影響，產生一個共同
> 的派生義「內心」。

這也就驗證了在「內部器官」的身體詞當中，如本文所探討的詞彙當中有
「心肝、心腸」……等都是用來二個內部器官合併為一代表探討內在的「思想」。

第三節　「髮」身體詞

本節探討「髮」一詞，髮為「頭」上物，亦屬身體的一部分，且不管古今
有關「髮」的隱喻都十分豐富，因此特闢此章專門探討。原本應依序從華語、
閩南語到日語，做出三種語言分別探討，但閩南語辭典中並無收錄「髮」的隱
喻相關詞彙〔註62〕，故在此僅探討華語及日語。

在前一章敘述「研究範疇」時已說明：「髮」的隱喻詞彙有不少是以其他
字詞與「髮」搭配所形成的隱喻，而並非「髮」本身具有隱喻現象，例如「束
髮」表隱喻「成童的年齡」；「披髮」表隱喻「不受世俗禮教的約束」；「落髮」
表隱喻「出家」。這些「動詞＋身體詞」的述賓結構形成與「髮」相關的詞語，
因為也具有隱喻性，且非與此一器官搭配必有其搭配義存在，因此本文以為這
些「髮」部相關詞語也應納入討論之中。

本文所見關於「髮」的詞語中，有出現「髮」亦有其他字詞搭配「髮」形
成的隱喻性詞語，其中的「髮」並不具隱喻現象，但是以「髮」的相關動作來
隱喻，當中如「**性質相似喻**」，華語有「毫毛」以「毫」極小、極細微的性質映
射到「髮」用來隱喻「極少的數量」，又如「蓬髮」以「蓬」散亂為喻，指人「頭
髮散亂」的情形；「**方位空間喻**」的「維度空間喻」類型，如「髮際」隱喻頭髮
之間的空間、距離，此處以「際」有「彼此之間」作為隱喻空間用。

〔註61〕滿欣：《漢語內臟器官詞語意義分析》，（桂林：廣西師範大學語言學及應用語言學
系碩士學位論文，2007 年），頁 25。

〔註62〕於教育部《臺灣閩南語常用詞辭典》中，搜尋結果僅有「洗髮精」一詞，因無隱喻
現象，故未收錄探討之。

　　轉喻方面來看，在「部分代部分」類型中「原因結果轉喻」的情形，華語如「結髮」是以夫妻結合儀式中將兩人的頭髮「結」在一起，以此轉喻「永結同心」的結果。從上述舉例能知，這邊出現的「髮」指的為人類頭上的「毛」，不具隱喻性，但由「髮」與其他詞語搭配所形成的詞語則具有隱喻性質。

一、華語「髮」的隱喻探討

　　關於「髮」一詞，辭典中的定義如下表：

表 7-3-1　華語「髮」釋義及詞例

	釋　義	詞　例
1	人類頭上的毛	如：「頭髮」、「白髮」、「黑髮」、「毫髮無傷」。《孝經·開宗明義章》：「身體髮膚，受之父母，不敢毀傷，孝之始也。」唐·杜甫〈贈衛八處士〉詩：「少壯能幾時，鬢髮各已蒼。」
2	比喻為山上的草木	《莊子·逍遙遊》：「窮髮之北，有冥海者，天池也。」

　　由在教育部辭典可知道「髮」的定義除了指人頭上的毛髮，或用來比喻草木，就沒有列其他意思，事實上並非如此簡單。以下將「髮」分為隱喻與轉喻兩部分來探討。

（一）隱喻類型

　　以下將華語「髮」的詞語分為實體隱喻及空間方位隱喻兩大類來探討。

1. 實體隱喻

實體隱喻可整理出以下幾種情形。

　　（1）形狀相似隱喻，這類詞例不多，包含「髮腳」、「髮菜」、「一髮〔註63〕」等詞彙。其中如「髮菜」髮菜又稱髮狀念珠藻，因其色黑而細長，如人的頭髮而得名，為形狀相似喻。再如頭髮的底端，也就是兩鬢稱「髮腳」，「鬢」指耳旁兩頰上的頭髮，因為鬢角外觀如人坐在頭頂上而兩腳垂下之形。

　　（2）性質相似隱喻，所見如下：

表 7-3-2　華語「髮」性質相似隱喻

披髮	被髮	絲髮	素髮	髮匪	絲髮之功	心細如髮	絲恩髮怨
禿髮	蓬髮	毫髮	毛髮	髮蠟	髮光可鑑	毛髮之功	細不容髮

〔註63〕形容遠山微茫。

如以「髮」具有如絲特性隱喻「細、小」，如「絲髮之功」隱喻微小的功勞，「心細如髮」隱喻心思極為細密。

2. 空間方位隱喻

在此只有出現「維度空間」一類。

表 7-3-3　華語「髮」維度空間

髮廊	髮際	窮髮	剃髮鋪	理髮店	理髮廳

上述「髮際」用來隱喻頭髮之間的空間、距離，「際」有「彼此之間」的義涵。「窮髮」指荒遠無草木的地方，表窮鄉荒僻、偏遠之義，隱喻該空間草木極少。又如表中其他剩餘的詞彙都是在指修剪頭髮時，所使用的場所空間，以指涉修剪、整理頭髮的處所，在此其實不只理「髮」還有「洗頭」、「修容」等其他活動，因此可列為「空間隱喻」如「剃髮鋪、理髮店」皆為「空間」的隱喻。

綜合上述「髮」的隱喻現象，可歸兩種類型、五種情形，表現如下：

1. 實體隱喻：共出現兩種情形：

（1）形狀相似隱喻：「一髮」隱喻觀看遠山時，山在視覺下變得十分微茫，而如一根頭髮；「髮菜」與頭髮形狀相似得名；「髮腳」以兩鬢尾端與兩腳外觀相似，皆為形狀相似隱喻。

（2）性質相似喻：「髮」具有如絲特性隱喻「細、小」，如「絲髮之功」隱喻微小的功勞，「心細如髮」隱喻心思極為細密。

2. 空間方位隱喻：僅有「維度空間隱喻」。其中「髮際」隱喻頭髮之間的空間、距離；「窮髮」隱喻草木極少的地方。

（二）轉喻類型

可將轉喻分為三類探討，所見如下。

1. 部分代全體轉喻

華語「髮」的部分代全體表現只有一種情形。

表 7-3-4　華語「髮」轉喻為人

髮姐	落髮	白髮	銀髮族	削髮為僧	戴髮含齒	白髮紅顏
削髮	鶴髮	華髮	白髮齊眉	童顏鶴髮	雞膚鶴髮	白髮蒼顏
黑髮	髮妻	皓髮	削髮披緇	碧眼金髮	白髮蒼蒼	齒落髮白

上表中如「戴髮含齒〔註64〕」為長著「頭髮」和「牙齒」（頭髮與牙齒為身體的一部分），以此來轉喻「人」（整個人的身體），為部分轉喻全體的類型。

又如「髮姐」轉喻為服務顧客設計髮型、理髮、洗髮或修整容貌的小姐，此外有許多詞彙指出家人〔註65〕。因出家〔註66〕進行剃度，可得知將剃頭「轉喻」為出家，包含比丘、比丘尼，故常以「落髮、削髮、祝髮」，將頭髮剃掉轉喻出家人。

再如以亞洲人而言，若無刻意染髮改變，髮色均為黑髮，隨著年紀增長、歲月摧殘，髮色才會變白，這樣的性質隱喻出身體的年紀，因此如「銀髮族」轉喻老年人，以髮色來隱喻年紀，為華語中特別的現象，以「白髮、華髮、銀髮」轉喻老年人；「黑髮」轉喻年輕人、用老年人才有的身體外觀性質，由此語義延伸，其中最多的是用來「髮」形容老人的年紀或是其外觀的特性，如「白髮齊眉」轉喻年紀老邁；「白髮蒼蒼」指滿頭銀白色的頭髮，也用以轉喻人的年老，而「白髮朱顏」髮雖斑白，臉色卻仍紅潤；「雞膚鶴髮」指其外型白髮皺皮，亦轉喻老人的容貌。

2. 全體代部分轉喻

「髮」的「全體代部分」中詞例不多，如下

表 7-3-5　華語「髮」全體代部分

髮帶	髮髻	髮夾	髮型	髮釵	髮飾	髮網

上表如「髮帶、髮髻、髮夾」皆用來指裝飾於頭髮的物品，即稱髮上物。

3. 部分代部分轉喻

根據謝健雄〔註67〕及連金發〔註68〕，部分代部分轉喻中，可歸納兩種轉喻

〔註64〕長著頭髮和牙齒。指人。《列子‧黃帝》：「戴髮含齒，倚而趣者，謂之人。」也作「含齒戴髮。」

〔註65〕男性出家人為比丘（俗稱和尚），女性為比丘尼（俗稱尼姑），不足二十歲男性為沙彌，不足二十歲女性為沙彌尼。

〔註66〕身出家：表示雖然在佛門中的形式皈依、剃度、穿僧衣、受三壇大戒、於佛教僧團寺廟之中居住，表面上看起來是出家人的模樣，這就是所謂的身出家。

〔註67〕謝健雄：〈當代臺灣漢語慣用轉喻：認知語言學取徑〉，《人文暨社會科學期刊》，（2008 年第 1 期）。

〔註68〕連金發：〈臺灣閩南語〈頭〉的構詞方式〉，殷允美、楊懿麗、詹惠珍（編），《第五屆中國境內語言暨語言學國際研討會論文集》。（臺北：中研院語言所籌備處，1999 年）。

表現。

（1）「髮」轉喻原因或結果，所見如下：

表 7-3-6　華語「髮」轉喻原因或結果

散髮	蒜髮	束髮〔註69〕	垂髮〔註70〕	白髮如新	間不容髮	披髮入山
握髮	結髮	總髮〔註71〕	祝髮〔註72〕	吐哺捉髮	毫髮不差	青山一髮〔註73〕
剃髮	燎髮	綰髮〔註74〕	毫髮無損	千鈞一髮	結髮夫妻	擢髮難數〔註75〕

上表中可見較為特殊的是：古代會依照年紀增長而以特定的髮型來轉喻人的年齡，如「束髮、結髮、垂髮、綰髮、總髮」，這樣的現象，在現代社會中已經看不到，可由頭髮的造型（因）推知其年齡（果）。

「結髮」指初成年時束髮，在古禮中，洞房之夜，新人各剪下一絡頭髮，綰在一起，作為永結同心的信物，因此用「結髮」轉喻夫妻結合儀式的結果。「蒜髮」指斑白的頭髮，元‧陶宗儀《南村輟耕錄‧卷一八‧宣髮》：「人之年壯而髮斑白者，俗曰蒜髮，以為心多思慮所致。」因太過於用腦、花費心思，使得雖然年輕，但是頭髮都已經變白，在現代則用「少年白」來稱之，是因為用腦導致使得滿頭白髮。

此外「千鈞一髮」用一根頭髮綁住千鈞重的東西，用此來比喻情況十分危急，以脆弱的頭髮綁住極重的物品，用來轉喻事況極為危急的結果。再如「剃髮」除修剪頭髮外，也有落髮出家之義；「燎髮」以燃燒毛髮轉喻事情極為容易。「散髮、披髮入山」，披頭散髮進入山中，轉喻為隱居不出仕。又如「握髮」為周公惟恐失去天下賢人，洗一次頭時使曾多回握著尚未梳理的頭髮以接待賓客，吃一頓飯時，亦數次吐出口中食物，迫不及待的去接待賢士而轉喻求賢心切。

（2）「髮」轉喻情感，所見如下：

〔註69〕成童的年齡，指男子十五歲
〔註70〕比喻兒童或童年。
〔註71〕童年。《文選‧潘岳‧藉田賦》：「被褐振裾，垂髫總髮。」
〔註72〕一、斷髮、剃短頭髮，指未開化者的打扮。二、削髮受戒為僧尼。
〔註73〕蒼茫的青山，遠眺時就像髮絲般細小。
〔註74〕束髮。借指少年。
〔註75〕拔清頭髮，也難以數盡。形容多得難以計數。也作「擢髮莫數」。

表 7-3-7　華語「髮」轉喻情感

髮指	豎人毛髮	髮指眥裂	髮上指冠	髮上衝冠	毛髮倒豎
令人髮指	毛髮俱豎	毛髮森豎	毛髮悚然	怒髮衝冠	擢髮抽腸

　　人心裡面想傳達的情感，可藉由外在或動作或現象來傳達，其中也常以頭髮的特性來轉喻心中的想法。上表中如「髮指」為頭髮向上指，轉喻憤怒，且「髮指」又延伸有了「令人髮指」，這些詞彙都是用來轉喻人心中的情感。

　　又如感到懊悔、後悔的有「擢髮抽腸」，受到驚嚇、害怕的有「毛髮悚然、毛髮聳然」……等，除此之外，其他的多用來轉喻非常生氣的樣子，因生氣造成頭髮直立，藉此表達詞語內心的情感。

　　綜合上述「髮」的轉喻現象，可歸三種類型、四種情形，詞彙表現如下：

　　1. 部分代全體轉喻：僅出現「轉喻為人」如「戴髮含齒」轉喻人類、「落髮、削髮、祝髮」，轉喻出家人。此外以頭髮顏色轉喻不同年紀的人，如「白髮、華髮」轉喻老年人、「黑髮」轉喻年輕人。

　　2. 全體代部分轉喻：僅出現「轉喻髮上物」。如「髮帶、髮髻、髮夾」，皆用來裝飾於頭髮的物品。

　　3. 部分代部分轉喻：共有兩種情形。

　　（1）轉喻原因或結果：如「蒜髮」轉喻用腦過度導致白髮、又如「披髮入山」轉喻為隱居不出仕；「握髮」轉喻求賢心切；「千鈞一髮」轉喻情況十分危急。再如以特定的髮型來轉喻年齡，如「束髮、結髮、垂髮、縮髮、總髮」的髮型，推知其實際年紀。

　　（2）轉喻情感：用來轉喻情感的有三種類型，以表示生氣憤怒最多，如以頭髮往上豎立代表如「毛髮森豎」；因害怕使得身上的毛髮自己站立，以及「擢髮抽腸」指拔下頭髮、抽出肚腸，用來轉喻內心的愧疚、懊悔。

　　前文提及「髮」的轉喻詞語中，這些「動詞＋髮」的述賓結構形成與「V髮」的述賓式結構詞語，一來也具有隱喻性，二來也顯示此動詞賓語選擇與「髮」搭配而不與其他器官搭配，若搭配其他器官則無法表示原有的意義，可見「髮」在其中也有其「搭配義」存在。

二、日語「髮」的隱喻探討

依據 Weblio 辭典所見，日語關於「髮」的理解，如下表〔註76〕：

表 7-3-8　日語「髮」釋義及詞例

	釋　義	詞　例
1	人の頭に生える毛。頭髮（生長在人頭上的毛。頭髮）	「髮が伸びる」「髮を結う」
2	頭の毛を結った形。髮形（頭髮綁出的形狀。髮型）	「今日の髮はよく似合う」

對於「髮」的理解，日語當中多華語相似，同樣指稱的生長在人頭頂上的毛髮，日語中出現「髮」的慣用語，分為隱喻與轉喻兩部分來探討。

（一）隱喻類型

在日語關於「髮」的慣用語中有兩類，實體隱喻包含：一是「性質相似隱喻」。二是空間方位隱喻則又延伸出「時間隱喻」。

表 7-3-9　日語「髮」隱喻

實體隱喻（性質相似喻）		空間方位隱喻（時間隱喻）	
髮上ぐ	結髮，隱喻元配夫妻	間髮を容れず	馬上
髮の長きは七難隱す	一白遮三醜		

上表中，可以將隱喻的情形分為兩種類型。

1. 實體隱喻

即「性質相似隱喻」。其中如「髮上ぐ」意思是「髮を結う」（結髮），隱喻元配夫妻。相較於華語中，較為特別的慣用語為「髮の長きは七難隱す」解釋是「女の髮の長いことは、他の欠点を隱してしまう。色の白いは七難隱す。」直譯為「女人的長髮掩蓋了其他缺點。顏色的白色隱藏七個缺點」，用長頭髮可以遮掩住其他地方的特性，隱喻蓋住其他的缺點；又膚色白的女性即使面容不姣好，但光靠膚色也能看起來美麗，可對應於華語中的「一白遮三醜」。

2. 空間方位隱喻

即「時間隱喻」。其中「間髮を容れず」意思是「あいだに髮の毛一本も

入れる余地がない意。」字面上義為（沒有一根頭髮的空間），用來隱喻時間很短，馬上，無拖延的意思。華語也有「間不容髮」一詞語，但距離十分相近，中間不能容納一絲毫髮，隱喻情勢危急。

（二）轉喻類型

日語慣用語的例句中，僅出現「部分代全體」及「部分代部分」兩類，日語「髮」的轉喻表現如下。

表 7-3-10　日語「髮」轉喻

部分代全體（轉喻為人）		部分代部分（轉喻原因或結果）	
髮を下ろす	削髮為僧	髮をはやす	長大，成為成人
部分代部分（轉喻情感）		後ろ髮を引かれる	轉喻一個人心中有所牽掛，不能斷然放下
怒髮冠を衝く	怒髮衝冠		

上表中，可以將轉喻的情形分為兩種類型。

1. 部分代全體轉喻

僅有一種情形「轉喻為人」。日本與華人文化相近，也有出家人、和尚，「髮を下ろす」意思是「髮を切って仏門に入る。剃髮（ていはつ）する。髮を結わずに、下に垂らす。」（剪了頭髮，進入佛門），即轉喻出家人。

2. 部分代部分轉喻

共有兩種情形。

（1）轉喻原因或結果：如「後ろ髮を引かれる」，意思是「心残りだったり未練があったりする、という意味の表現。」（直譯：表示遺憾或缺乏經驗的表達），後面的頭髮像是被拉住（原因），推知是無法順利前進（結果），藉此來比喻一個人心中有所牽掛，不能斷然放下。又「髮をはやす」意思是「髮をのばす。」（頭髮生長），用來指長大成人，小孩子在剛出生的時候沒有頭髮，必須經過歲月的累積（原因），才能使頭髮留長、變長（結果），因此用來轉喻長大，成為成人。

（2）轉喻情感：如「怒髮冠を衝く」怒髮衝冠、轉喻生氣，與華語相同，不多贅述。

以上是本章探討「內部身體詞及其他隱喻」，主要探討內部身體詞包括「心、肝」；其他身體詞則探討「髮」。綜合本文隱喻詞彙的研究成果，比較

華、閩、日三種語言異於其他語言詞彙的特色表現，它們自有的特殊詞彙現象，如下：

（一）華語特殊「內部器官」身體詞及其他隱喻「髮」

1. 因為「心」和「靈」有相同的意義，被視為思維器官。從認知上來說，「心」就被映射為思維或想法，成為精神思維的象徵，如「嘔心吐膽」嘔出心、吐出膽，轉喻費盡心血，歷盡辛苦。再者如「操心、心念、心想」表示展開思想活動；「多心」表示起疑心，這些實際都是「心」轉喻為思維的結果。故有許多華語詞彙透過「心」的動作，轉喻成在大腦、心中的想法及思想，甚至是計策、意念等。

2.「肝」的隱喻中，以龍、鳳的身體器官為喻，如「龍肝豹胎、鳳髓龍肝」隱喻稀有珍貴的食品。

3. 若將身體內部看不到的器官取出，則隱喻為能證明自己的忠誠度，如以「忠肝義膽」隱喻赤膽忠心，見義勇為、「肝膽相照」隱喻赤誠相處。

4. 空間方位隱喻中，以「肺肝」，隱喻內心深處，以「肝膽胡越」，隱喻雖近猶遠。

5. 由華語當中的「髮」的隱喻，可看出古代婚禮習俗，如以「結髮」轉喻夫妻。如古代常常以「髮」的狀態轉喻不同年紀時期，依照年紀增長，以特定的髮型來轉喻年齡，如「束髮、結髮、垂髮、綰髮、總髮」，這樣的現象在現代社會中已經看不到。

6. 今日社會反倒常用又頭髮顏色轉喻不同年紀的人，如「白髮、華髮、銀髮」轉喻老年人、「黑髮」轉喻年輕人。

（二）閩南語特殊「內部器官」身體詞及其他隱喻「髮」

1. 閩南語「心」的隱喻當中，較特殊的詞彙如「石磨仔心」一詞，是以石磨軸心轉喻人際關係中被夾處中間左右為難受折磨的人。

2. 再看感情轉喻，閩南語當中亦有許多情感轉喻詞彙異於華語的用法，如「心花開」轉喻心花怒放、心情愉悅；「慼心」轉喻因怨恨而傷心、絕望；「清心」轉喻寒心、灰心；「懊心」轉喻煩心；「搥心肝」轉喻痛心、悔恨或憤怒；「心狂火著」轉喻生氣，都用「心」相關詞彙隱喻。

（三）日語特殊「內部器官」身體詞及其他隱喻「髮」

1. 日語「心」的慣用語中，會以「心臟」隱喻「膽量」，如以「心臟が強

い」隱喻大膽、「心臓が弱い」隱喻膽小，以換過不好、邪惡的心臟「心を入れ替える」隱喻改邪歸正。

2. 情感轉喻中，如「心が晴れる」將心隱喻太陽，放晴轉喻開朗。

3. 還有很特別的是華語表有勇氣用「膽」隱喻，日語卻是用「肝」來隱喻。日語常以「肝」隱喻「膽量」，如「肝が据わる」隱喻有膽；「肝が太い」隱喻大膽、「肝が小さい」隱喻膽小。又如「肝を潰す、肝を消す」隱喻嚇破膽。此外，日語當中將想要記住的事情深記在腦中，除了用「心」，還有以「肝」作為慣用語，如「肝を砕く」轉喻費心、「肝に銘じる」轉喻銘記在心。

4. 關於日語「髮」較特別的說法，如「髮の長きは七難隱す」隱喻用長頭髮可以遮掩住其他地方的特性蓋住缺點，如華語中的「一白遮三醜」。

第八章　構詞研究

　　本章整理身體複合詞「構詞」表現，以了解複合詞的身體詞內部組成結構及其語義關係。本文探討的「身體詞」為具體看得到的部位，除具備實際意義的單純詞外，多與其他語素組合成為「複合詞」，例如本文探討的身體部位「頭」來說，「頭」為「名詞」，但經隱喻擴展後「頭」包含名詞也可作抽象名詞，包含具體與抽象兩部分，「名詞」指「實體」的「頭部」或指代「人」；「抽象名詞」因「頭」位於人的最上方位置，又可引申為「抽象」的「事物頂端或末稍」、「事情的端始或結束點」等。

　　若作「形容性」看，「頭」可以指「最前的」、「最先的」、「第一的」，放在其他名詞前做修飾定語。「頭」為形容詞指第一的、最上的，是因為「頭」所處的空間為人體最上方，由此映射隱喻，取為「頭」與「第一」、「最上」的相似性而形成「隱喻」。

　　當「頭」與其他字詞結合後，又會產生變化，也就是筆者欲探討關於複合詞的「結構」問題，不同的字詞、詞性會有不一樣的「構詞表現」，如用來指具體事物的詞彙如「丫頭」：「丫」為名詞，指物體分叉的地方、「頭」為名詞，代指人，構詞為「名詞」＋「名詞」組成的詞「偏正」結構，本指喻古代女孩頭上常梳的丫形髮髻，進一步轉喻稱女孩為「丫頭」。從實體開始，經隱喻映射使語義延伸到抽象的事物上，如「頭獎」：「頭」為形容性詞語，指第一的事物、

「獎」為中心語，是為「形容性定語」＋「名詞」組成的中心語「偏正」結構，詞性不同，構詞方法不同衍生出的詞義也稍有差異。

漢語詞語的構成意義來看，可由「構詞法」及「構形法」兩方面看，所謂「構詞法」指的是「構成詞語的方法」，如「頭疼、頭暈」為「主謂式複合詞」王錦慧、何淑貞指出〔註1〕：「前後兩個語素的結構關係類似句法結構的主謂關係。前一個語素是陳述的對象，後一語素對前一語素進行陳述、說明或形容。」，如上述所舉「頭疼」一詞中「頭」為陳述的對象，也就是主語；「疼」則是用來補充、說明關於「頭」的狀態。「構形法」主要探討的是「詞的變化」，張壽康〔註2〕提到「構形主要探討詞的重疊、增添輔助詞（大部分是）助詞、嵌詞等方式所表示的語法意義。」，以名詞「頭目」為例，可以借助「們」來表示名詞「數」的變化，指「人名詞」加「們」後即成為「複數」形式。竺家寧〔註3〕：

> 有的學者主張區分構詞法與構形法，也有學者認為，對漢語而言，這樣的分別是不必要的。所謂構詞法，是研究詞素構成詞的方法，例如有偏正式、動補式、派生詞……等等。而構形法是研究詞的屈折變化。

潘文國、葉步青、韓洋將漢語構詞法分為五個方面來看〔註4〕，包含：「分詞法、析詞法、造詞法、用詞法及借詞法。」林香薇提到〔註5〕：

> 「析詞法」是就既成詞的結構平面來觀察其組合成分，以及成分間的聯結方式。「造詞法」是研究新詞形成的方法，除了探討新詞產生或發展的途徑，並對造成一個詞所使用的語言材料和手段作分析，以說明詞所形成的原理或理據。前者屬於「靜態描寫」為共時的研究，後者則是對詞生成過程的「動態分析」為歷時研究的性質。

〔註1〕 王錦慧、何淑貞：《華語語法教學》，（臺北：文鶴出版社，2017年），頁28。
〔註2〕 張壽康：《構詞法和構形法》，（湖北：湖北教育出版社，1985年）。
〔註3〕 竺家寧：《漢語詞彙學》，（臺北：五南出版社，2008年），頁6。
〔註4〕 潘文國、葉步青、韓洋：《漢語的構詞法研究》，（臺北：臺灣學生書局，1993年），頁10～13。
〔註5〕 林香薇：《臺灣閩南語複合詞研究》，（臺北：國立臺灣師範大學國文學系博士學位論文，2001年），頁27。

其他如葉蜚聲、徐通鏘〔註6〕、邱湘雲〔註7〕、竺家寧〔註8〕、李子瑄、曹逢甫〔註9〕等人，都有提及構詞的結構。上述學者都先將詞彙分為「單純詞」和「合成詞」兩大類，合成詞中的「複合詞」較為複雜也是構詞的重點，詞素的組合如果不是因為音韻上的考量，則多半是因為語義上的考量而結合的，這種非音韻因素結合而成的詞彙稱為「合成詞」。

關於「合成詞」詳細的內容及定義：「合成詞〔註10〕」的形成方式主要是由兩個或兩個以上的詞素結合而形成的，王錦慧、何淑貞〔註11〕：「根據構詞法則，包含重疊式、附加式、複合式三類。」一是「複合詞（compound words）」由兩個或兩個以上的詞素結合而成，例如海洋、火車。又可分為五種結構：包含「主謂複合詞（subject-predicate compound）」，如：山崩、髮指、心疼；「述賓複合詞（verb-subject compound）」，如：算命、留心、出名；「述補複合詞（verb-complement compound）」，如：睡著、跌倒、看透；「偏正複合詞（或主從複合詞）」，如：牛肉、步行、雪白、口試、學生；「並列複合詞（parallel compound 或平行複合詞）」，如：手足、車馬、貴重、呼吸、依靠、早晚、始終。二是「派生詞（devivation words）」由一個實語素和詞虛語素（詞綴）組合而成的，例如桌子、老鼠、木頭，又可分三種結構：「前綴」：如小狗、老頭、第一；「後綴」：如木頭、桌子、嘴巴；中綴：如動一動、七嘴八舌、傻裡傻氣。三是「重疊詞（reduplicated words）」可分為「疊音」和「疊義」兩大類〔註12〕，「疊音詞」是借用兩個相同的字構詞，以描摹一種聲音或形容某一狀態，如伐木「丁丁」、「關關」雎鳩；「疊義詞」的兩個成分都是實詞，屬於兩個個別的詞素，親人的稱呼常用疊字的方式，如「爸爸」、「媽媽」。

由上可知，只要是複合詞就涉及詞彙內部語素組成結構的探討。楊秀芳在探討閩南語構詞時提及〔註13〕：

〔註6〕 葉蜚聲、徐通鏘：《語言學綱要》，（臺北：書林出版社，1993 年）。

〔註7〕 邱湘雲：《海陸客家話和閩南語構詞對比研究》，（高雄：國立高雄師範大學國文學系博士學位論文，2006 年）。

〔註8〕 竺家寧：《漢語詞彙學》，（臺北：五南出版社，2008 年）。

〔註9〕 李子瑄、曹逢甫：《漢語語言學》，（臺北：正中書局股份有限公司，2009 年）。

〔註10〕 李子瑄、曹逢甫：《漢語語言學》，（臺北：正中書局股份有限公司，2009 年），頁 83 ～95。

〔註11〕 王錦慧、何淑貞：《華語語法教學》，（臺北：文鶴出版社，2017 年），頁 22。

〔註12〕 竺家寧：《漢語詞彙學》，（臺北：五南出版社，2008 年），頁 280、292。

〔註13〕 楊秀芳：《臺灣閩南語語法稿》，（臺北：大安出版社，1991 年），頁 157～170。

語位結合形成合成詞的方式，有重疊、附加、複合三種類型。「重疊」指的是重複同一個語位兩次或三次，以構造成詞的辦法。「附加」是指詞根和詞頭或詞尾黏合的構詞方式，該合成詞的語意主要由詞根表達，詞頭詞尾只有抽象的語法意義。「複合」是兩個或兩個以上的詞根分組成合成詞的構詞方式。

楊秀芳將閩南語構詞分為重疊、附加（派生）、複合三種類型，而李子瑄、曹逢甫〔註14〕則分為單純詞和合成詞兩類。重疊詞方面，楊秀芳提出〔註15〕：

重疊指的是重複同一個語位兩次或三次，以構造成詞的辦法。重疊之前，這個語位可能不能獨用，重疊之後纔成能讀用的詞。例如「事」不能獨用，「事事」可以做為主語，成為一個能獨用的詞。

必須要重疊之後組成才能使用的詞彙，如書中提及閩南語例「事事攏愛倚靠儂」、「日日消磨」，這邊的重疊詞有「每一」的意思，可作為主語用。

複合詞方面，楊秀芳及李子瑄、曹逢甫皆有提「複合詞」且將其分為五類，包含「並列式複合詞」、「偏正式複合詞」、「主謂式複合詞」、「述賓式複合詞」及「述補式複合詞」。楊秀芳所提之「附加詞」即為李子瑄、曹逢甫所述的「派生詞」。

閩南語的構詞方法大致同於華語，汪金后研究閩南語也將閩南語構詞分出〔註16〕：「主謂式複合詞、並列式複合詞、偏正式複合詞、述賓式複合詞、述補式複合詞。」筆者認為其論文中較為不足之處是未提及「派生詞」的構詞介紹，僅以單純詞及合成詞談論構詞，如論文中提及閩南語「塗跤〔註17〕」一詞，汪金后將其歸納於「相關義並列複合詞」；筆者以為「塗跤」該詞指的是地面、地上、地板，其重點在前面的「塗（土、地）」，後面的「跤（腳）」已虛化變成詞綴，一如「灶跤」、「亭仔跤」等，其中的「跤」語義衍伸而漸虛化為詞綴與本義的「腳」已無關聯，前後二語素並非同義或反義詞的「並列是複合詞」。

〔註14〕李子瑄、曹逢甫：《漢語語言學》，（臺北：正中書局股份有限公司，2009年）。
〔註15〕楊秀芳：《臺灣閩南語語法稿》，（臺北：大安出版社，1991年），頁157。
〔註16〕汪金后：《臺灣閩南語「跤」和「手」的構詞與語意研究》，（新竹：國立新竹教育大學臺灣語言與語文教育研究所碩士學位論文，2016年），頁8～10。
〔註17〕汪金后：《臺灣閩南語「跤」和「手」的構詞與語意研究》，（新竹：國立新竹教育大學臺灣語言與語文教育研究所碩士學位論文，2016年），頁41～42。

本所探討主題為「身體詞」，「重疊詞」較少見，僅見「頭頭」一詞，因此筆者探討構詞僅有「複合詞」及「派生詞（附加詞）」身體詞兩類。本章將分為兩個重點來探討，一是「詞性分類」由詞性組合探討本文「身體詞」構詞表現，二是「語法構詞」，依探討的身體部位分別探討，第一節「頭部身體詞構詞研究」；第二節「五官身體詞構詞研究」；第三節「口部身體詞構詞研究」；第四節「四肢身體詞構詞研究」；第五節「內部器官及其他身體詞構詞研究」。

第一節　頭部身體詞構詞研究

本文提及的「頭部」包含「頭」、「首」兩部份，以「頭」、「首」為詞根所構成的詞語，以下由所形成的「詞性分類」及「語法構詞」兩方面來看。

一、「頭」身體詞的構詞

（一）「頭」與「名詞」搭配所構成的詞語

「頭部」身體詞中，以「頭」為構詞語素所形成的詞語，所見如下：

表 8-1-1　「頭」與「名詞」搭配所構成的詞語

構詞形式	華　　語	閩南語
名詞＋頭	龜頭、蠅頭、丫頭、孩子頭、大姊頭	馬頭、奶頭、日頭、蓮花頭、火車頭
頭＋名詞	頭頂、頭尾、頭目、頭髮菜、頭腦派	頭家、頭兄、房頭、頭家娘

上表中的詞彙構成，為身體詞「頭」加名詞的詞語，其前面搭配的名詞，大多都是「簡單名詞」，可將所見分為兩種類型來看：

1. 名詞＋身體詞「頭」

華語二字詞彙的「龜頭」、「蠅頭」、「龍頭」；三字格詞「孩子頭」、「大姊頭」等，皆是名詞加名詞（頭）的形式，如「蠅頭」意指蒼蠅的頭部，以其本身渺小的性質，隱喻微細的事物，「龜頭」及「蠅頭」兩者屬於「偏正」類型，其中「頭」為後語素，是「中心語」之所在，此「頭」隱喻事物的一部分。

再者以「頭」作為詞綴的派生詞，在身體詞運用中最為常出現，如上表中的「日頭」為太陽，當中「頭」字已虛化無義，「日頭」是僅剩「日」義，屬「派生」結構。

「頭」的三字格詞的詞語，可拆為「二字名詞」＋「頭」的類型，如這邊的華語詞例「孩子」、「大姊」為名詞，皆屬「頭」轉喻「人」，為「偏正」結構。又如「火車頭」有二義，一指車站，二指火車最前車廂，是定中式「偏正」結構，此處的「頭」是中心語，轉喻空間處所。

2. 身體詞「頭」＋名詞

表中的「頭」＋「名詞」的類型大多用來轉喻為人的詞，如「頭目」、「丫頭」、「頭家」、「頭兄」為「偏正」結構。此外，「頭」位於人體最上方，「頂」指頭的最上部，「頭頂」兩者同義；「尾」則是最後、末端，與「頭」相反，「頭頂」的重點在「頂」為同義「偏正」複合詞；「頭尾」為反義複合詞，「頭尾」隱喻指頭部和尾端，即事情的開始和結束，卻屬反義「並列」複合詞。

另外「頭」＋「名詞」，「頭」為前語素當修飾語，則多表示「第一、重要的」的意思，如「頭目」等。

（二）「頭」與「形容詞」搭配所構成的詞語

「頭部」身體詞中，以「頭」為構詞語素所形成的詞語，所見如下：

表 8-1-2 「頭」與「形容詞」搭配所構成的詞語

構詞形式	華　　語	閩南語
形容詞＋頭	昏頭、甜頭、後頭	忝頭、有擋頭
頭＋形容詞	頭疼、頭暈	頭大、頭疼

上表中的詞彙構成，為身體詞加形容詞的詞語，可將所見分為兩種類型：

1. 形容詞＋身體詞「頭」

華語二字詞彙「形容詞」＋「身體詞」的表現，這有是以形容語素加名詞「頭」語素所構成，有的形成「述賓」結構如「昏頭」為形容詞，也有定中式「偏正」結構如「甜頭」。閩南語則有「忝頭〔註18〕」一詞，用「忝」形容程度深或嚴重用來修飾「頭」。

2. 身體詞「頭」＋形容詞

至於「頭」＋「形容詞」的則多為「主謂結構」如「頭疼」，用來轉喻原因

〔註18〕忝頭：音讀（thiám-thâu）：一指非常疲累。例：逐日都作穡作甲真忝頭。Ta̍k jit to tsoh-sit tsoh kah tsin thiám-thâu.（每天都工作做得很疲累。）二指情況很嚴重。例：伊予個老爸拍甲真忝頭。I hōo in lāu-pē phah kah tsin thiám-thâu.（他被他爸爸打得很嚴重。）

或結果，「頭」感覺到「痛」構成「頭疼」、以昏亂的「暈」加「頭」形成「頭暈」是「主謂結構」；閩南語中亦同，以「頭」變「大」構成因思想混亂導致「頭大」隱喻傷腦筋，這類詞語形成為名詞素（頭）加形容詞素的「主謂」結構，用來形容頭腦內部的狀態。

（三）「頭」與「動詞」搭配所構成的詞語

表 8-1-3　「頭」與「動詞」搭配所構成的詞語

構詞形式	華　語	閩南語
動詞＋頭	砍頭、垂頭、探頭	叩頭、出頭、搖頭
頭＋動詞		頭轉客

上表中的詞彙構成，為身體詞加動詞的詞語，可將所見分為兩種類型：

1. 動詞＋身體詞「頭」

本文所見華語二字詞彙僅出現「動詞」＋「頭」的表現，如「砍」、「垂」、「探」接續「頭」由動作轉喻狀態。閩南語中「叩」、「出」、「搖」皆為動詞，屬於動詞語素加名詞語素（頭）的述賓結構。

2. 身體詞「頭」＋動詞

語料所見僅在閩南語出現「頭轉客[註19]」一詞，其結構為「頭」＋「轉客」屬「偏正結構」形式，這邊的「頭」為前語素當修飾語代表「第一的」，用來指第一次作為客人回娘家，再看「轉客」為「動詞」＋「名詞」的「述賓」結構。

綜合上述詞類的分類，可知上述多數出現的詞彙為「頭」作為中心語，而以「頭」字在前當修飾語的反而較少見。

複合詞中的類型中本應有五種結構，但本論文當中探討的主軸為「身體詞」，因此在構詞的詞性當中，至少有一個名詞（身體詞），林香薇於構詞中提及[註20]：

> 語言單位裡內部結構與外部功能未必完全一致。功能相同的結構，
> 內部構造不一定相同，比如動詞性的結構不一定是述賓結構，它

[註19] 出嫁的女兒結婚後第三日或十二日第一次回娘家。
[註20] 林香薇：《臺灣閩南語複合詞研究》，（臺北：國立臺灣師範大學國文學系博士學位論文，2001 年），頁 39。

也可以是述補結構。述補式的結構為動詞,在動詞的詞彙可分為兩種類型。動詞素+動詞素,如:翹倒;動詞素+形詞素,如:看輕。

「身體詞」所形成的詞語沒有「動詞語素+動詞語素」的述補結構,本文中不存在便可不討論。

(四)「頭」與「副詞」搭配所構成的詞語

較為特別的是閩南語中「歹剃頭」一詞,應先有「剃頭」再形成「歹剃頭」一詞,其中「歹」作為「副詞」指「很難去做」,「剃頭」為「動詞」,指「剪髮」,加上「頭」構成「歹剃頭」屬狀中式「偏正結構」表狀態,用來轉喻人難取悅。

關於「頭」詞彙的構詞表現所見有四類複合詞,加上派生詞、重疊詞則可將其分為以下六類,所見如下:

1. 主謂複合詞:頭疼、頭暈、頭大。
2. 述賓複合詞:砍頭、垂頭、探頭、叩頭、出頭、搖頭、頭轉客。
3. 偏正複合詞:龜頭、光頭、亂頭、臭頭、頭頂、頭胎、孩子頭、歹剃頭。
4. 並列複合詞:頭尾(反義並列)。
5. 派生詞詞綴:日頭、刀頭、骨頭、路頭、寢頭(後綴)。
6. 重疊式複合詞:頭頭。

二、「首」身體詞的構詞

(一)「首」與「名詞」搭配所構成的詞語

「頭部」身體詞中,以「首」為構詞語素所形成的詞語較少,所見如下:

表 8-1-4 「首」與「名詞」搭配所構成的詞語

構詞形式	華　語	閩南語
名詞+首	匕首、綯首、龍首、蓬首、亂首	自首
首+名詞	首級、首惡、首尾、首先、首輪片	首頁、首都

歸納表「首」的詞彙形式,三字格詞僅在華語中出現,閩南語收錄的詞彙

較少，皆為「首＋名詞」的二字詞彙類型，並無三字詞。可將所見分兩種類型：

1. 名詞＋身體詞「首」

華語語料，名詞＋身體詞「首」如「絞首」隱喻繩索絞首的死刑，「絞」為繩索、「首」為人的頭部；「龍首」轉喻狀元，「龍」為古代帝王的象徵，常用來隱喻首領或豪傑才俊，此處「首」以頭轉喻為人，形成「偏正」結構。

「首尾」同「頭尾」，隱喻事物的始末，「首」為最上面或開端，「尾」為最下方或尾端，二者組合形成反義「並列」結構。其中「蓬首」指頭髮散亂，如飛「蓬」為散亂的蓬草，用以修飾「首」的樣貌；「亂」具有無條理秩序之義，「亂首」一詞中的「首」作為「人的頭部」，指頭髮散亂的樣子；作為人則指「作亂的首領」。

若以「開端、開始」義看，則為「禍亂的根源」是一義多詞，形成「偏正」結構，「亂首」可用來隱喻人的樣貌、最高的地位或事物的源頭，「首」在此為「源頭」的隱喻。

2. 身體詞「首」＋名詞

華語及閩南語詞例中，如「首」在人體中居最上，映射到空間隱喻則具有「第一」之義，如「首頁」隱喻第一頁的畫面，為「Homepage」的義譯。

「首都」隱喻一個國家政治決策的中心都市，「都」為大城市，「首＋名詞」中，「首」為語素當修飾語，都有「第一個、重要的」意涵，也形成「偏正」結構。又如「首」可從空間延伸域至時間域，除「第一」、「最上面」兩義外，還有「開端」之義，如「首次」、「首先」，屬「偏正」複合詞。

（二）「首」與「形容詞」搭配所構成的詞語

「頭部」身體詞中，以「首」為構詞語素構成的形容詞形式較少，且只有「形容詞」＋「首」一類。華語如「首富」；閩南語如「特首」。華語「首富」一詞，這邊的「首」作為形容詞為「第一的」之義。「富」當名詞作「財產、財物」，用來指「最有錢的人」，為「形容詞」＋「名詞」組成的「偏正」複合詞。

閩南語「特首」中「特」為形容詞指「與眾不同的、超出一般的」，「首」作名詞用指「領袖、帶頭的人」，形成一詞指「行政長官」，屬「偏正」複合詞。

（三）「首」與「動詞」搭配所構成的詞語

以「首」為構詞語素搭配動詞語素形成的詞語，如下：

表 8-1-5 「首」與「動詞」搭配所構成的詞語

構詞形式	華　語	閩南語
動詞＋首	懸首、獻首、濡首、拜稽首	叩首
首＋動詞	首薦、首肯	首領

上表中詞彙構成，為身體詞「首」加動詞的詞語，可將所見分為兩種類型：

1. 動詞＋身體詞「首」

以上與「首」和動詞組合的詞語如「懸首」，指殺人而懸其首級以示眾「獻首」獻上他人首級，以示歸誠投降；「濡首」指頭部浸漬，隱喻沉湎於酒中而失去常態，這些「動詞＋首」用來說明「首」相關的動作狀態，屬「述賓」結構。

文言文中常用的「拜稽首」的構詞形式為「拜（動詞）＋稽首（名詞）」，結構也是「述賓」複合詞，其中「稽首」又可分成「稽（動詞）」＋「首（名詞）」的述賓式構詞。閩南語「叩首」指伏身跪拜，以頭叩地，形成「述賓」結構。

2. 身體詞「首」＋動詞

「首」作為人的頭部，可以映射到空間當中，作「第一」之義，如「首薦」指以第一次的推薦，又如「首肯」為「動詞」指許可、答應，形成「偏正」複合詞，都是以「首」為修飾語，其後動詞為中心語的「偏正式」複合詞。

（四）「首」與「副詞」搭配所構成的詞語

「首先」在華語及閩南語的詞彙當中皆有收錄，隱喻一開始的時間點，指最先。「先」一詞為副詞當中心語，「首」再修飾「先」形成「首（在）先」是狀中式「偏正結構」。

綜合本節所述，關於「首」詞彙的構詞類型，所見如下：

1. 述賓複合詞：懸首、獻首、濡首、叩首、拜稽首。

2. 偏正複合詞：蓬首、亂首、匕首、首先、首肯、首都、首惡、首領。

3. 並列複合詞：首尾（反義）。

第二節　五官身體詞構詞研究

　　本文提及的「五官」包含「眼（目）」、「耳」、「鼻」、「眉」等，以「五官」為語素所構成的詞，以下由「詞性分類」及「語法構詞」兩方面來看。

一、「眼」身體詞的構詞

（一）「眼」與「名詞」搭配所構成的詞語

　　「五官」身體詞中，以「眼」為構詞語素所形成的詞語，所見如下：

表 8-2-1　「眼」與「名詞」搭配所構成的詞語

構詞形式	華　　語	閩南語
名詞＋眼	泉眼、字眼、榜眼、節骨眼、颱風眼	字眼、千里眼
眼＋名詞	眼袋、眼波、眼下、眼鏡猴	眼力、眼光

　　上表中詞彙構成，為身體詞「眼」加名詞的詞語，可將所見分為兩種類型：

1. 名詞＋身體詞「眼」

　　「眼」當名詞時，以其外型如「孔穴」，如「泉眼」作名詞指「水的源頭」，華閩語都有出現「字眼」一詞，以「眼」為中心語用來指「關鍵、要點」所在，「字眼」指詩文中精要的字，以前者字詞修飾「眼」，形成「偏正」結構。

2. 身體詞「眼」＋名詞

　　如「眼」作為眼睛看和名詞「袋」合成「眼袋」隱喻下眼皮因哭泣、年老而呈現浮腫的部位，是以「眼」修飾「袋」的「偏正」複合詞。

　　華語三字詞「節骨眼」，可拆成「節骨（名詞）」＋「眼（名詞）」，構成同義「偏正」結構，其中「節骨」皆為關鍵處，再修飾「眼」。

　　閩南語詞例中「眼」用來指視覺，如「眼力」、「眼光」皆以「眼」修飾後者「力」、「光」，為「偏正」結構。三字詞中僅收錄一則「千里眼」，可拆成「千里（名詞）」＋「眼（名詞）」的「偏正」結構，「千里」為名詞加中心語「眼」形成的「偏正」式複合詞。

（二）「眼」與「形容詞」搭配所構成的詞語

　　「五官」身體詞中，以「眼」為構詞語素所形成的詞語，所見如下：

表 8-2-2 「眼」與「形容詞」搭配所構成的詞語

構詞形式	華　　語	閩南語
形容詞＋眼	醉眼、冷眼、斜眼、青白眼	慧眼
眼＋形容詞	眼生、眼白、眼前、眼紅、眼禿刷	眼前、眼神

上表中詞彙構成，為身體詞「眼」加形容詞的詞語，可將所見分兩種類型：

1. 形容詞＋身體詞「眼」

此處的「眼」指的都是「眼睛」，無上述中具有「孔穴」、「關鍵」……等義。「醉眼」指醉後視線模糊的眼睛；「冷眼」則為不受歡迎及淡漠、不熱烈；「斜眼」轉喻冷淡、輕視的眼光，皆構成形容詞修飾名詞的「偏正」複合詞。

至於華語三字詞彙表現，如「青白眼」可拆成「青白（形容詞）」＋「眼（名詞）」的「偏正」結構。

閩南語表現「眼」搭配形容詞僅有二字詞彙，這邊的「眼」同樣指人的眼睛，如「慧眼」為形容詞加名詞組成的「偏正」複合詞。

2. 身體詞「眼」＋形容詞

華語的「眼生」轉喻見而不識或不熟悉；又如「眼前」指眼睛所看到的當下，隱喻現在當下這個時間點，「眼」＋形容詞形成「主謂」結構。又如「紅」作為動詞指使變紅、呈現紅色，眼的狀態逐漸變紅組成「眼紅」轉喻看見別人有名有利時而心生嫉妒或激怒的樣子，為名詞加形容詞的「主謂」結構。

閩南語中用形容詞「前」指在正面的、臉所向的一面「眼前」指面前、現在的時間，是以「眼」＋修飾中心語「前」的「偏正」結構。

（三）「眼」與「動詞」搭配所構成的詞語

「五官」身體詞中，以「眼」為構詞語素所形成的詞語，所見如下：

表 8-2-3 「眼」與「動詞」搭配所構成的詞語

構詞形式	華　　語	閩南語
動詞＋眼	順眼、礙眼、刺眼、一眨眼、鑽錢眼	順眼
眼＋動詞	眼饞、眼辨	

上表中詞彙構成，為身體詞「眼」加動詞的詞語，可將所見分為兩種類型：

1. 動詞＋身體詞「眼」

本論文所蒐集的語料中，「眼」動詞結合而成表眼睛的動作狀態，如「礙眼」指看了不順眼，有所妨礙；「刺眼」轉喻惹人注目且使人覺得不順眼，皆是屬於「述賓」結構。

華語「眼」組成的三字詞僅有「動詞＋眼」類型，如「一眨眼」、「一晃眼」可拆成「一」＋「眨眼」＋「晃眼」的構詞結構，「一」作為副詞指剛才、剛剛，用以修飾後面的動詞詞組「眨眼」、「晃眼」，「一眨眼」、「一晃眼」構成副詞＋動詞詞類的「狀中式偏正結構」，用以表示時間的狀態指眼睛眨眼的時間短暫，隱喻時間過得很快；又如「鑽錢眼」可以分解成動詞「鑽」＋「錢眼」的「偏正」結構名詞，舊時銅錢外為圓形，內有方形的孔洞以便穿繩，「鑽錢眼」本身為轉喻人貪財愛錢，是「述賓」複合詞。

閩南語有「順眼」一詞華語也有。「順眼」指眼睛看了適合不違和，非常合意，屬於「述賓」結構。

2. 身體詞「眼」＋動詞

華語中如「眼饞」隱喻羨慕而極欲得到，「眼辨」指眼能明辨隱喻眼力好，皆為「眼＋動詞」類型的「主謂」複合詞。

綜合本節所述，關於「眼」詞彙的構詞類型，所見如下：

1. 主謂複合詞：眼生、眼白、眼饞、眼辨。
2. 述賓複合詞：順眼、礙眼、刺眼、一眨眼、一晃眼、鑽錢眼。
3. 偏正複合詞：榜眼、醉眼、眼袋、眼下、眼前、節骨眼、颱風眼、眼鏡猴。

二、「目」身體詞的構詞

（一）「目」與「名詞」搭配所構成的詞語

「五官」身體詞中，以「目」為構詞語素所形成的詞語，所見如下：

表 8-2-4　「目」與「名詞」搭配所構成的詞語

構詞形式	華　語	閩南語
名詞＋目	青目、題目、米苔目	手目、竹目、項目、羊仔目、雞仔目
目＋名詞	目標、目波、目光、目擊者	目空、目籠、目色

上表中詞彙構成，為身體詞「目」加名詞的詞語，可將所見分為兩種類型：

1. 名詞＋身體詞「目」

「目」作為名詞含數種意思，當作「眼睛」者居多。如「青目」表示人正視時黑眼珠在中間樣，隱喻受到青睞。「目」除了指眼睛外還有經語義衍伸「名稱」、「標題」義，以其所在位置為五官的最上方，因此常隱喻上方的「標題」尋找資料，如「題目」為文章或詩篇的標名，其他如「名目」、「綱目」也都是屬於「偏正」結構類型。

華語中三字格詞「目」皆指「眼睛」，如「米苔目」本寫作「米篩目」，以米漿篩過孔穴而形成的米食，「米苔＋目」形成「偏正式」複合詞。

2. 身體詞「目」＋名詞

華語中如「目擊者」可拆成「目擊（動詞）」＋「者（名詞）」的結構，其中「目擊」為「主謂」結構，而「目擊＋者」形成「偏正式」複合詞。

閩南語詞例中「目空」為眼睛的孔洞，即為眼窩；「目箍」指眼睛外圍即眼眶；又如「目色」指眼色、眼神，這樣的類型都屬於為「名詞」＋「名詞」形成的「偏正」複合詞。

三字詞彙中，兩則都是以動物的眼睛狀態隱喻到人身上構成「偏正」結構，用「羊」眼隱喻「人眼」的形狀，如「羊仔目」是為「主謂」結構。「羊仔目」又作「羊目」、「雞仔目」變「雞目」可以成詞，並不會影響其字詞內容，「羊目」及「雞目」則兩者皆屬「名詞」＋「名詞」所構成的「偏正」結構類型。

（二）「目」與「形容詞」搭配所構成的詞語

「五官」身體詞中，以「目」為構詞語素所形成的詞語，所見如下：

表 8-2-5 「目」與「形容詞」搭配所構成的詞語

構詞形式	華　　語	閩南語
形容詞＋目	醒目、滿目、土目、大節目、真面目	深目、鈍目、戇目
目＋形容詞	目生、目前、目今	目前

上表中詞彙構成，為身體詞「目」加形容詞的詞語，可將所見分兩種類型：

1. 形容詞＋身體詞「目」

「形容詞」＋「目」類型中，如「醒目」為顯明、清楚義；「滿目」指全、遍、整個義；「土目」指本地的、地方性的、區域的，皆為「形容詞」＋「名詞」組成的「偏正」複合詞。華語「目」三字詞彙表現有兩則，且只有「形容詞」＋「目」類型，如「大節目」可分解為「大（形）＋節目（名）」、「真面目」為「真（形）＋面目（名）」的「偏正」結構，而「節目」及「面目」又能拆成「名詞」＋「名詞」的「偏正」複合詞。

閩南語中如「戇目」為閩南語較特別用法，指笨、傻，「鈍目」與「戇目」相似，用來形容笨拙緩慢，「戇目」喻眼力遲鈍、認不出人；「鈍目」喻視力不好，皆為「偏正」結構類型。

2. 身體詞「目」＋形容詞

「目」＋「形容詞」類型中，「目生」指眼睛看到卻不熟悉的樣子，為「主謂」結構。又如「目前」、「目今」兩字都是指現在的、當前的，用在眼上隱喻最近、眼前、當下的時間，為「目」＋「形容詞」所組成的「狀中式偏正」結構，用以表示時間的狀態。

（三）「目」與「動詞」搭配所構成的詞語

「五官」身體詞中，以「目」為構詞語素所形成的詞語，所見如下：

表 8-2-6　「目」與「動詞」搭配所構成的詞語

構詞形式	華　　語	閩南語
動詞＋目	瞑目、眩目、顯目、瞬目、屬耳目、遮耳目	注目、過目、影目
目＋動詞	目睭、目聽、目逆	目瞤仔、目空赤

上表中詞彙構成，為身體詞「目」加動詞的詞語，可將所見分為兩種類型：

1. 動詞＋身體詞「目」

本論文所蒐集的語料中，「動詞」＋「目」的類型，如「閉目」、「瞑目」指人死時的狀態；「眩目」指光彩耀眼奪目，又如「瞬目」指眨眼之間隱喻時間短暫，為動詞加名詞的「述賓」複合詞。

閩南語較特別的詞彙如「影目」指搶眼、顯眼，「影」在閩南語中指「看一眼」，用在眼睛就變成吸引他人的行為，屬「動詞」＋「名詞」的「述賓」結構。

2. 身體詞「目」＋動詞

「目」＋「動詞」的表現如「目睹」是指親眼看見；「目逆」喻注視前來的人或物，皆為「目」＋「動詞」的「主謂」結構。三字格詞如「屬、遮（動詞）」加上「耳目（名詞）」形成「述賓」結構，再從細部看「耳目」，為「名詞」＋「名詞」的同義「並列」結構。

閩南語三字詞中如「目䀢仔」指眼睛閉上的動作，後用來隱喻時間很短。「目䀢仔」可拆解「目（名）」＋「䀢（動）」的「主謂」結構加上派生詞「仔（後綴）」所構成。「目空赤」則為「目空（名）」＋「赤（動）」的「偏正」複合詞，指生氣嫉妒使眼睛變紅。

綜合本節所述，關於「目」詞彙的構詞類型，所見如下：

1. 主謂複合詞：目生、目䀢。
2. 述賓複合詞：瞬目、注目、過目、影目、遮耳目。
3. 偏正複合詞：青目、題目、目空、目前、目今、目箍、目色、目擊者。
4. 並列複合詞：耳目（同義）。
5. 派生詞詞綴：目䀢仔（後綴）。

三、「耳」身體詞的構詞

（一）與「耳」搭配所構成的「名詞」形式

「五官」身體詞中，以「耳」為構詞語素所形成的詞語，所見如下：

表 8-2-7 「耳」與「名詞」搭配所構成的詞語

構詞形式	華　語	閩南語
名詞＋耳	木耳、帽耳、牛耳、招風耳	木耳、順風耳、噪人耳
耳＋名詞	耳蝸、耳卜、耳福、耳脖子、耳刀兒、耳根子	

上表中詞彙構成，為身體詞「耳」加名詞的詞語，可將所見分為兩種類型：

1. 名詞＋身體詞「耳」

上表中「耳」作為名詞，有時指兩旁附有以便於提攜的把手，形狀像耳朵之物，也用「耳」稱之。「名詞」＋「耳」的類型，如「木耳」為形狀像耳朵的植物；「帽耳」指帽子邊護耳的部分，又如「牛耳」，皆為「偏正」結構類型。

又華語三字詞如「招風耳」可拆成「招風（動詞）」＋「耳」的「偏正」結構，而「招風」為動詞，其結構為「招（動詞）」＋「風（名詞）」的「述賓」式複合詞。

閩南語詞例僅有「名詞」＋「耳」的詞語，「順風耳」構詞結構同「招風耳」，屬「偏正」結構；又「噪人耳」可以分為「噪人」＋「耳」組成的「偏正」複合詞。

2. 身體詞「耳」＋名詞

「耳」＋「名詞」的表現，如「耳蝸」指耳朵形狀、「耳福」皆形成「偏正」結構類型。又如「耳刀」屬於「名詞」＋「名詞」的「偏正」複合詞。

（二）「耳」與「形容詞」搭配所構成的詞語

「五官」身體詞中，以「耳」為構詞語素所形成的詞語，所見如下：

表 8-2-8　「耳」與「形容詞」搭配所構成的詞語

構詞形式	華　語	閩南語
形容詞＋耳		大耳
耳＋形容詞	耳生、耳尖、耳背、耳朵軟	耳空輕、耳空重

上表中詞彙構成，為身體詞「耳」加形容詞的詞語，可將所見分兩種類型：

1. 形容詞＋身體詞「耳」

華語無詞例，閩南語「形容詞」＋「耳」的表現，如形容詞「大」＋「耳」指人不辨真假、輕信片面之詞，為「偏正」結構類型。

2. 身體詞「耳」＋形容詞

上表中華語的表現只有「耳」＋「形容詞」形式，如以「耳生」形容不常聽見、「耳尖」指聲音頻率高而刺耳、「耳背」喻聽力不好，皆為「主謂」結構。三字格詞如「耳朵軟」可看成「耳朵（名詞）」＋「軟（形容詞）」的「主謂」複合詞。

至於閩南語「耳」＋「形容詞」有兩則三字詞彙，為「耳空（名詞）」＋「輕、重（形容詞）」的「主謂」複合詞，表示人的聽覺靈敏程度，如「耳空」的構詞則為「名詞」＋「名詞」是「主謂」複合詞。

（三）「耳」與「動詞」搭配所構成的詞語

「五官」身體詞中，以「耳」為構詞語素所形成的詞語，所見如下：

表 8-2-9 「耳」與「動詞」搭配所構成的詞語

構詞形式	華　語	閩南語
動詞＋耳	刺耳、拂耳、洗耳	入耳、噪耳、搵大耳
耳＋動詞	耳語、耳鑒	目瞤仔、目空赤

上表中詞彙構成，為身體詞「耳」加動詞的詞語，可將所見分為兩種類型：

1. 動詞＋身體詞「耳」

「動詞」＋「耳」的表現，如「刺耳」、「拂耳」、「洗耳」表與耳相關「刺耳」隱喻聲音尖銳或吵雜或言語不中聽，聽了使人感到不舒服，為「述賓」複合詞。

閩南語僅有「動詞」＋「耳」一類，如「入耳」形容聽到、悅耳及中聽；「噪耳」形容讓人聽了感到難受，其構詞為「述賓」複合詞。又有三字詞的表現如「搵大耳」指哄騙、屬「述賓」複合詞。

2. 身體詞「耳」＋動詞

「耳」＋「動詞」如「耳語」指說話或議論、「耳鑒」指為審察，皆為「偏正」複合詞。

綜合本節所述，關於「耳」詞彙以「語法構詞」的觀點來看，所見如下：

1. 主謂複合詞：耳生、耳尖、耳背、耳空輕、耳空重。

2. 述賓複合詞：注目、過目、影目、入耳、噪耳、遮耳目。

3. 偏正複合詞：木耳、帽耳、牛耳、大耳、耳蝸、耳福、順風耳、噪人耳。

四、「鼻」身體詞的構詞

（一）「鼻」與「名詞」搭配所構成的詞語

「五官」身體詞中，以「鼻」為構詞語素所形成的詞語，所見如下：

表 8-2-10 「鼻」與「名詞」搭配所構成的詞語

構詞形式	華　語	閩南語
名詞＋鼻	屬鼻、楯鼻、觜鼻、新聞鼻	針鼻、凹鼻、虎鼻師、獅仔鼻
鼻＋名詞	鼻凹糖	鼻龍

上表中詞彙構成，為身體詞「鼻」加名詞的詞語，可將所見分為兩種類型：

1. 名詞＋身體詞「鼻」

「名詞」＋「鼻」的類型中，如「楯鼻」指欄杆、「觜鼻」指人、獸或器物的口，是「偏正」複合詞，取「鼻」突出能握之處者如「楯鼻」。三字格表現，如「新聞鼻」隱喻指具備敏銳的判斷能力，足以分辨社會上所發生的事件是否有新聞價值，為「偏正」結構。

閩南語「名詞」＋「鼻」的表現如「針鼻」指尖銳似針形的東西，為「名詞」＋「名詞」構成的「偏正」複合詞；又「凹鼻」用來修飾人鼻塌樣，為「形容詞」＋「名詞」構成的「偏正」複合詞。「鼻」＋「名詞」類型如「鼻龍」形容鼻瘜肉，為「名詞」＋「名詞」的「偏正」複合詞。

2. 身體詞「鼻」＋名詞

華語中如「鼻凹糖」隱喻騙人的甜言蜜語；閩南語三字詞彙中，如「獅仔鼻」前面已述之，「仔」字為詞綴無義，「獅鼻」同屬於「偏正」結構。

（二）「鼻」與「形容詞」搭配所構成的詞語

「五官」身體詞中，以「鼻」為構詞語素所形成的詞語，所見如下：

表 8-2-11 「鼻」與「形容詞」搭配所構成的詞語

構詞形式	華　語	閩南語
形容詞＋鼻	酸鼻、塌鼻子、趴鼻子	實鼻、蛀鼻、好鼻獅
鼻＋形容詞	鼻酸	鼻芳

上表中詞彙構成，為身體詞「鼻」加形容詞的詞語，可將所見分兩種類型：

1. 形容詞＋身體詞「鼻」

上表中的如「酸鼻」指悲痛，這邊收錄「酸鼻」、「鼻酸」雖義同，但構詞卻不一樣：「酸鼻」為「形容詞」＋「鼻」的「偏正」複合詞。

三字格詞中如「塌鼻子」、「趴鼻子」，這兩詞屬於後綴派生詞，「子」為後

綴無義，「塌鼻子」、「趴鼻子」都是用來修飾鼻子的外觀，是為「偏正」複合詞。

閩南語在「形容詞」＋「鼻」表現如「實」為閩南語較特別用法，指裝滿、塞滿的樣子用來修飾；「蚀鼻」指被腐蝕的指鼻子外觀塌陷狀，此皆是為「形容詞」＋「名詞」的「偏正」複合詞，又「好鼻獅」亦為「偏正」結構。

2. 身體詞「鼻」＋形容詞

華語「鼻酸」同「酸鼻」義，為「鼻」＋「形容詞」的「主謂」複合詞。

閩南語「鼻」＋「形容詞」的表現，如「鼻芳」指為向他人展示好東西或透露讓人羨慕的「鼻」為動詞、「芳」指芳香之物，屬於「主謂」結構。

（三）「鼻」與「動詞」搭配所構成的詞語

「五官」身體詞中，「鼻」為與動詞搭配僅華語中收錄，且皆為「動詞」＋「名詞」的類型，如「觸鼻」、「穿鼻」、「碰鼻」、「落鼻祖」、「牽鼻子」。閩南語的詞彙則沒收錄這類語料。

這類的「鼻」指稱對象皆為「人鼻」，以與鼻相關之動詞來形容動作或狀態。如「觸鼻」指氣味攻鼻；「碰鼻」指遭受挫折，為「述賓」式複合詞。

三字詞「牽鼻子」當中的「子」做為後綴已失去意思，為後綴「派生詞」，「牽鼻子」為「動詞」＋「名詞」所組成的「述賓」複合詞。又如以「落鼻祖」，可看成「落（動詞）」＋「鼻祖（名詞）」的「述賓」複合詞，「鼻祖」的構詞方法則是「名詞」＋「名詞」的「偏正」複合詞。

綜合本節所述，關於「鼻」詞彙的構詞類型，所見如下：

1. 主謂複合詞：鼻酸。

2. 述賓複合詞：觸鼻、蚀鼻、穿鼻、碰鼻、鼻芳、落鼻祖。

3. 偏正複合詞：實鼻、針鼻、酸鼻、楄鼻、凹鼻、鼻祖、新聞鼻、好鼻獅。

4. 派生詞詞綴：鼻子、牽鼻子、塌鼻子、趴鼻子、獅仔鼻。

五、「眉」身體詞的構詞

（一）「眉」與「名詞」搭配所構成的詞語

「五官」身體詞中，以「眉」為構詞語素所形成的詞語，所見如下：

表 8-2-12　「眉」與「名詞」搭配所構成的詞語

構詞形式	華　語	閩南語
名詞＋眉	柳眉、芝眉、蛾眉、柳葉眉、臥蠶眉	花眉、月眉、指甲眉
眉＋名詞	眉梢、眉睫、眉批	

上表中詞彙構成，為身體詞「眉」加名詞的詞語，可將所見分為兩種類型：

1. 名詞＋身體詞「眉」

「眉」原義指人的眉毛，更延伸出了「上端」義，「眉」以其他物體的外型或樣貌加上「眉」所組成的詞彙甚多。「名詞」＋「眉」的表現如以「柳眉」、「芝眉」、「蛾眉」，用來形容美人細長而彎曲是為「偏正」結構。華語有三字詞「名詞」＋「眉」的情形，皆為「偏正」複合詞，如「柳葉眉」、「臥蠶眉」。

閩南語中僅有「名詞」＋「眉」的表現同華語，如以「花眉」、「月眉」屬「偏正」複合詞；三字詞如「指甲眉」一詞也是「偏正」結構，再加「眉」形成「指甲眉」名詞「偏正」複合詞。

2. 身體詞「眉」＋名詞

「眉」＋「名詞」的類型則是以「眉」做為限定語修飾後面所指，如「眉梢」指眉毛末端，是「偏正」複合詞；「眉睫」指眉毛和睫毛，喻近在眼前之事，後引申為緊迫的狀況，是「並列」複合詞。

（二）「眉」與「形容詞」搭配所構成的詞語

所見僅有華語中「形容詞」＋「眉」的類型，如「濃眉」、「秀眉」、「赤眉」、「白眉神」等皆屬「偏正」結構。二字詞彙的構詞方式以前者形容詞「濃」、「秀」、「赤」修飾「眉」的特徵，為「形容詞」＋「名詞」構成「偏正」複合詞；三字詞如「白眉神」可拆解「白眉（名詞）」＋「神（名詞）」的「偏正」結構。

（三）「眉」與「動詞」搭配所構成的詞語

「五官」身體詞中，以「眉」為構詞語素所形成的詞語，所見如下：

表 8-2-13　「眉」與「動詞」搭配所構成的詞語

構詞形式	華　語	閩南語
動詞＋眉	列眉、畫眉、燃眉	徛眉
眉＋動詞	眉立、眉開、眉語	

上表中詞彙構成，為身體詞「眉」加動詞的詞語，可將所見分為兩種類型：

1. 動詞＋身體詞「眉」

動詞形式中，僅出現二字詞彙。華語中「動詞」＋「眉」類型，如「列眉」用來指事情如眉毛般整齊排列，喻所見為真，毫無疑慮；還有以「畫眉」喻夫妻恩愛，「燃眉」喻情況危急，屬「述賓」結構。閩南語所見一例為「徛眉」指眉毛站立、豎眉樣，為「述賓」結構。

2. 身體詞「眉」＋動詞

「眉」＋「動詞」的表現，是將眉毛當作主體的實體隱喻，如「眉立」中「眉」站立、「眉開」眉似開啟、「眉語」指話語，為「主謂」結構。

綜合本節所述，關於「眉」詞彙以「語法構詞」的觀點來看，所見如下：

1. 主謂複合詞：眉立、眉開。

2. 述賓複合詞：列眉、畫眉、燃眉、徛眉。

3. 偏正複合詞：蛾眉、眉批、月眉、眉梢、眉睫、柳葉眉、臥蠶眉、指甲眉。

第三節　口部身體詞構詞研究

本文論及的「口部」身體詞包含「嘴（口）」、「舌」、「牙」、「齒」等，由「詞性分類」及「語法構詞」兩方面來看其詞彙組合結構。

一、「嘴」身體詞的構詞

（一）「嘴」與「名詞」搭配所構成的詞語

「口部」身體詞中，以「嘴」為構詞語素所形成的詞語，所見如下：

表 8-3-1 「嘴」與「名詞」搭配所構成的詞語

構詞形式	華　　語	閩南語
名詞＋嘴	面嘴、山嘴、三瓜嘴、烏鴉嘴	刀喙、風喙口、破格喙
嘴＋名詞	嘴子、嘴臉	喙口、喙桮、喙花、喙下斗

上表中詞彙構成，為身體詞「嘴」加名詞的詞語，可將所見分為兩種類型：

1. 名詞＋身體詞「嘴」

其中「山嘴」是「偏正」結構，以嘴「外型凸出」部分修飾「山」，指山腳伸出的尖端部分。華語三字詞如「三瓣嘴」、「烏鴉嘴」都是屬於「偏正」複合詞，再來看前者名詞的部分，如「三瓣」為「名詞」＋「名詞」構成的「偏正」結構；「烏鴉」則為「單純詞」，非「複合詞」。

2. 身體詞「嘴」＋名詞

華語詞語「嘴子」為「派生詞」，後者的「子」為後綴已無存在義；華語「嘴臉」指「人的外貌」，為同義「並列」結構。

閩南語詞例皆為「偏正」複合詞，用詞較特別者，「喙桸」，指鳥類扁嘴。又三字詞如「風喙口」為「偏正」複合詞。

(二)「嘴」與「形容詞」搭配所構成的詞語

「口部」身體詞中，以「嘴」為構詞語素所形成的詞語，所見如下：

表 8-3-2 「嘴」與「形容詞」搭配所構成的詞語

構詞形式	華　語	閩南語
形容詞＋嘴	缺嘴、鐵嘴、貧嘴、大嘴巴	飫喙、闊喙、卯喙、好喙斗、歹喙斗
嘴＋形容詞	嘴快、嘴甜、嘴緊、嘴不好、嘴喳喳	喙白、喙臭、喙空

上表中詞彙構成，為身體詞「嘴」加形容詞的詞語，可將所見分兩種類型：

1. 形容詞＋身體詞「嘴」

如「缺嘴」指強硬、勁悍精銳的，「貧嘴」有話多可厭之義，屬「偏正」複合詞，重點在於後面的中心語「嘴」。

三字詞中如「大嘴巴」可分為「大（形容詞）」＋「嘴巴（名詞）」的「偏正」複合詞，「嘴巴」則為「派生詞」，李子瑄、曹逢甫[註21]：「『巴』已完全虛化為名詞後綴，僅在下例詞裡出現。如：啞巴、嘴巴、尾巴、下巴、結巴、泥巴。」因此上述可知，「巴」為後綴無義；又「嘴不好」其結構為「嘴（名詞）」＋「不好（形容詞）」的「主謂」結構。

〔註21〕李子瑄、曹逢甫：《漢語語言學》，（臺北：正中書局股份有限公司，2009 年），頁83。

閩南語中有幾則用字較為特別，如「飫嘴〔註22〕」指吃厭了、吃怕了；用嘴來形容人嘴的外型詞彙，如「闊嘴」指寬大、寬鬆、「卯嘴」指沒牙齒而嘴唇往內凹陷的樣子，為「主謂」複合詞。閩南語三字詞彙皆用來隱喻胃口，以「好、壞（形容詞）」＋「喙斗（名詞）」所組成的「偏正」結構，「喙斗」為「名詞」＋「名詞」構成的「偏正」複合詞。

2. 身體詞「嘴」＋形容詞

「嘴」＋「形容詞」的構詞，「嘴」在此義多數指「話語」，如「快嘴」指說話不假思索，藏不住話而洩露祕密，反之「緊嘴」為嚴密、不放鬆，指說話嚴謹，這樣的構詞形式為「偏正」結構。較為特別者如「嘴喳喳」為「主謂」複合詞。這邊的謂語「喳喳」為擬聲詞，用來形容鳥噪叫聲或低聲說話的聲音，從疊詞的意義特徵與語法功能來看，形容詞類的疊詞可以使「意義上有強化、加重的現象〔註23〕」，藉由重疊的語法功能，能使該形容詞變得更加生動。

（三）「嘴」與「動詞」搭配所構成的詞語

「口部」身體詞中，以「嘴」為構詞語素所形成的詞語，所見如下：

表 8-3-3　「嘴」與「動詞」搭配所構成的詞語

構詞形式	華　語	閩南語
動詞＋嘴	吃嘴、打嘴、貪嘴、說破嘴、碎嘴子	接喙、收喙、應喙
嘴＋動詞	嘴吃屎、嘴啃地	

上表中詞彙構成，為身體詞「嘴」加動詞的詞語，可將所見分為兩種類型：

1. 動詞＋身體詞「嘴」

整理本論文所蒐集的語料中，「動詞」＋「嘴」的類型如「吃嘴」、「打嘴」、「貪嘴」作為動詞修飾嘴的狀態，如「吃嘴」指愛吃美味或奇特的食物、「打嘴」為打耳光、打臉頰，用來轉喻丟臉、出醜狀態，屬於「述賓」結構。

華語三字詞「動詞」＋「嘴」表現，如「說破嘴」為「說（動詞）」＋「破

〔註22〕 音讀 uì。指東西吃太多而感到厭膩。例：食甲會飫 tsiàh kah ē uì（吃到會怕）、飫飫 uì-uì（覺得有點膩）。

〔註23〕 李子瑄、曹逢甫：《漢語語言學》，（臺北：正中書局股份有限公司，2009 年），頁90。

嘴（名詞）」構成「述賓」複合詞，「碎嘴子」可分解成「碎（動詞）」＋「嘴子（名詞）」的「述賓」複合詞。

　　閩南語語料所見僅有「動詞」＋「喙」的表現，其中如以「接（接著）」＋「喙（話語）」、「收（癒合）」＋「喙（傷口）」、「應（頂撞）」＋「喙（話語）」，皆為「述賓」複合詞。

2. 身體詞「嘴」＋動詞

　　「嘴」＋「動詞」的表現不論是華語或閩南語中都未見收錄詞彙，三字詞中都是將「嘴」置於前者接續後面的動作，可拆成「嘴（名詞）」＋「吃屎（動詞）」、「嘴（名詞）」＋「啃地（動詞）」的「述賓」式，皆喻人跌倒時的醜樣。

　　綜合本節所述，關於「嘴」詞彙以「語法構詞」的觀點來看，所見如下：

　　1. 主謂複合詞：喙白、喙臭、嘴快、嘴甜、嘴緊、嘴喳喳、嘴吃屎、嘴啃地。

　　2. 述賓複合詞：打嘴、貪嘴、接喙、收喙、應喙、說破嘴。

　　3. 偏正複合詞：面嘴、山嘴、嘴臉、喙口、喙桮、喙斗、烏鴉嘴、破格喙。

　　4. 並列複合詞：嘴臉、喙桮（同義）。

　　5. 派生詞詞綴：嘴子、嘴巴（後綴）。

二、「口」身體詞的構詞

（一）「口」與「名詞」搭配所構成的詞語

　　「口部」身體詞中，以「口」為構詞語素所形成的詞語，所見如下：

表 8-3-4　「口」與「名詞」搭配所構成的詞語

構詞形式	華　語	閩南語
名詞＋口	鐵口、炮口、瓶口、鎗口、兩口兒	海口、渡口、糞口、尻川口、巷仔口
口＋名詞	口袋、口德、口福、口水歌	口面、口試、口氣

　　上表中詞彙構成，為身體詞「口」加名詞的詞語，可將所見分為兩種類型：

1. 名詞＋身體詞「口」

　　關於「口」義，從人的「口」延伸到東西的「出入處」，還有能表示破裂處。「口」作為名詞，與其他名詞如「炮」、「瓶」、「鎗」組合成「偏正」複合

詞。華語三字詞「兩口兒」可再分解成「兩口（偏正）」＋「兒（派生）」同屬「偏正」複合詞。

閩南語詞例中，「名詞」＋「口」表現中，「口」都是用來指內外相通的出入之處，前面的修飾語「海」、「渡」、「糞」用來修飾中心語「口」，重點在於像是「口」的處所，為「偏正」結構。

2. 身體詞「口」＋名詞

當「口」作為「話語」時，如「口德」指說話時宜有的修養、分寸、「口福」指享用飲食的福氣，皆為「偏正」結構。三字詞中如「口水歌」結構是「口水（偏正）」＋「歌」，亦為「偏正」複合詞。

閩南語三字詞又如「尻川口」、「巷仔口」皆為「偏正」結構。

（二）「口」與「形容詞」搭配所構成的詞語

「口部」身體詞中，以「口」為構詞語素所形成的詞語，所見如下：

表 8-3-5 「口」與「形容詞」搭配所構成的詞語

構詞形式	華　語	閩南語
形容詞＋口	滿口、歹口、軟口湯、這口氣	啞口、小口
口＋形容詞	口沉、口吃、口鈍	

上表中詞彙構成，為身體詞「口」加形容詞的詞語，可將所見分兩種類型：

1. 形容詞＋身體詞「口」

上表中「口」都指「人的嘴巴」無其他義。「形容詞」＋「口」的表現如「歹口」喻說話不中聽，為「偏正」複合詞。三字詞彙「軟口湯」解析成「軟口（形容詞）」＋「湯（名詞）」的「偏正」形式；「這口氣」同樣可以將其結構為分成「這口（偏正）」＋「氣（名詞）」的「偏正」結構。

閩南語表現僅有二字詞彙，此處的「口」指的是人的嘴，如「啞口」為沒聲音的嘴喻啞巴；「小口」人的嘴巴小，喻飯量少、食量小，以前面的形容詞修飾中心語言「口」，構成「偏正」複合詞。

2. 身體詞「口」＋形容詞

「口」＋「形容詞」類型如「沉」指重，構成「口沉」指口味重；「口吃」說話結巴、言語困難的樣子，以口修飾指說話不流利，為「主謂」複合詞。

（三）「口」與「動詞」搭配所構成的詞語

「口部」身體詞中，以「口」為構詞語素所形成的詞語，所見如下：

表 8-3-6　「口」與「動詞」搭配所構成的詞語

構詞形式	華　　語
動詞＋口	張口、杜口、絕口、誇海口、探口風
口＋動詞	口饞、口辯

上表中詞彙構成，為身體詞「口」加動詞的詞語，可將所見分為兩種類型：

1. **動詞＋身體詞「口」**

本文語料所見僅有華語詞彙而閩南語未見。上表中的「口」都是指「人口」，與動詞結合而成的口的動作狀態。「動詞」＋「口」類型如「張口」指開口，隱喻說話、要求、飲食、唱歌等動作；反之，「杜口」一詞指閉口不言，皆為「述賓」結構。華語三字詞出現「動詞」＋「口」類型，如「誇海口」、「探口風」都為「動詞」＋「名詞」結合而成的「述賓」式複合詞。

2. **身體詞「口」＋動詞**

「口」＋「動詞」的表現如「如饞」、如「辯」作為述語，皆屬於「主謂」結構。

綜合本節所述，關於「口」詞彙以「語法構詞」的觀點來看，所見如下：

1. 主謂複合詞：口沉、口吃、口鈍。
2. 述賓複合詞：張口、杜口、絕口、誇海口、探口風。
3. 偏正複合詞：炮口、瓶口、口試、口氣、啞口、小口、軟口湯、尻川口。
4. 派生詞詞綴：巷仔口（中綴）。兩口兒（後綴）。

三、舌部身體詞的構詞

（一）「舌」與「名詞」搭配所構成的詞語

「口部」身體詞中，以「舌」為構詞語素所形成的詞語，所見如下：

表 8-3-7　「舌」與「名詞」搭配所構成的詞語

構詞形式	華　　語
名詞＋舌	喉舌、筆舌、火舌、牛舌餅、鴨舌帽
舌＋名詞	舌人、舌狀花

上表中詞彙構成，為身體詞「舌」加名詞的詞語，可將所見分為兩種類型：

1. 名詞＋身體詞「舌」

「舌」這類詞語，僅見於華語，閩南語中未收錄此類詞彙。「名詞」＋「舌」的表現如「喉舌」為咽喉與口舌；「筆舌」指筆和舌，都用以表達人的思想及意念，隱喻言論或文章，為「並列」式複合詞，王用源〔註24〕：

> 漢語並列式複合詞可從兩個詞根的意義關係進行分類，從某個義位上看，有的相同、相近，有的相關，有的相反、相對。根據詞根之間的意義關係，可分為四種情形：同義或近義、意義相關、意義相反、意義相關或相反。

由上可知，「喉舌」與「筆舌」兩組詞彙為意義相關的詞根並列而成，兩詞皆屬同義「並列」結構。再如「火舌」為「偏正」複合詞。

華語三字詞中「名詞」＋「舌」類型，皆以舌狀物作修飾語，用來修飾後面的物品，如「牛舌餅」、「鴨舌帽」、「舌狀花」可拆解成「牛舌（名詞）」＋「餅（名詞）」、「鴨舌（名詞）」＋「帽（名詞）」的「偏正」結構。

2. 身體詞「舌」＋名詞

華語二字詞語如「舌人」指翻譯語言的人，這邊以「言語」的「舌」修飾「人」，喻擅長語言或說話的人，為「偏正」結構。三字詞中如「舌狀花」可再分為「舌狀（名詞）」＋「花（名詞）」的「偏正」結構。

（二）「舌」與「形容詞」搭配所構成的詞語

「口部」身體詞中，以「舌」為構詞語素所形成的詞語，所見如下：

表 8-2-8 「舌」與「形容詞」搭配所構成的詞語

構詞形式	華　　語	閩南語
形容詞＋舌	長舌、木舌、長舌婦、大舌頭	大舌
舌＋形容詞	舌本	

上表中詞彙構成，為身體詞「舌」加形容詞的詞語，可將所見分兩種類型：

〔註24〕王用源：〈從語素和句法角度看漢英複合詞構詞的差異〉，收錄於《英語辭彙學縱橫專輯一：文化接觸》，張紋禎編著，天津大學出版社，2011 年 7 月版，頁 1。

1. 形容詞＋身體詞「舌」

上表中的「舌」大多轉喻成抽象的「話語」，與原本生理的「舌」或形狀無關，如以「長」修飾「舌」構成「長舌」一詞為「偏正」複合詞，「長」指空間、距離大，用以隱喻好扯閒話，搬弄是非，又可進階構成三字詞彙，以「長舌」修飾「婦」合成「長舌婦」屬於「偏正」複合詞，指喜歡挑撥是非的女人；又如以「木」具有呆笨的意思修飾「舌」，表緘默不語，又古代鐘鈴內有木「舌」為發出聲響的工具；以「舌」的外型形容物品，或以舌的特性表「口才（舌）」，皆屬「偏正」結構。

閩南語詞彙「舌」和形容詞搭配，僅收錄一則「大舌」，以形狀「大」修飾主語「舌」，造成口吃、結巴，屬「偏正」結構。

2 身體詞「舌」＋形容詞

「舌本」一詞用「舌」當作主語，舌本表舌根的部位，該類型為「偏正」式複合詞。

（三）「舌」與「動詞」搭配所構成的詞語

「口部」身體詞中，以「舌」為構詞語素所形成的詞語，所見如下：

表 8-3-9 「舌」與「動詞」搭配所構成的詞語

構詞形式	華　語	閩南語
動詞＋舌	瞑目、眩目、顯目、瞬目、屬耳目、遮耳目	注目、過目、影目
舌＋動詞	目睹、目聽、目逆	目睭仔、目空赤

本文僅出現以動詞修飾「舌」的情形，而無「舌＋動詞」者。如以「舌」與「舌」結合，指閉口不言或咬斷舌頭，表吞舌自盡的動作狀態，為「動詞」＋「名詞」的「述賓」構詞。

三字詞中如「咬舌頭」，可拆成為「咬（動詞）」＋「舌頭（名詞）」，合成「述賓」複合詞。閩南語這類詞彙構詞多與華語同，以前面的動作＋主語「舌」表其狀態。

綜合本節所述，關於「舌」詞彙以「語法構詞」的觀點來看，所見如下：

1. 述賓複合詞：吞舌、咬舌、吐舌、觸舌、咬舌、費脣舌、咬舌頭、擢舌根。

2. 偏正複合詞：火舌、舌人、舌本、牛舌餅、舌狀花、長舌婦、大舌頭。

3. 並列複合詞：喉舌（同義）。

4. 派生詞詞綴：舌頭（後綴）。

四、「牙」身體詞的構詞

（一）「牙」與「名詞」搭配所構成的詞語

「口部」身體詞中，以「牙」為構詞語素所形成的詞語，所見如下：

表 8-3-10 「牙」與「名詞」搭配所構成的詞語

構詞形式	華　語
名詞＋牙	狼牙、虎牙、犬牙、狼牙棒、狼牙拍
牙＋名詞	牙祭、牙婆、牙儈、牙盤日

上表中詞彙構成，為身體詞「牙」加名詞的詞語，可將所見分為兩種類型：

1. 名詞＋身體詞「牙」

本文這類構語僅見華語詞例，多以動物的修飾人的「牙」的形狀，如以「狼牙」、「虎牙」、「犬牙」肉食性動物為限定修飾語，具有尖端、銳利的外觀可用以形容人的牙齒外觀特徵。

三字詞「名詞」＋「牙」的表現為「狼牙」＋「棒」、「拍」所構成，「狼牙」前面已談過，為「名詞」＋「名詞」的「偏正」名詞複合詞，再以該名詞修飾欲凸顯的詞，合成「狼牙棒」、「狼牙拍」，兩者都為武器名。

2. 身體詞「牙」＋名詞

又如「牙」組成「打牙祭」隱喻享用豐盛的菜餚，構成「偏正」複合詞；華語詞語再如「牙盤日」可分為「牙盤」＋「日」的構詞現象，「牙盤」兩字皆為名詞，指雕琢精巧的盤子，古時或用以盛食祭祀，為「偏正」式名詞，用來修飾「日」指特定的祭祀日，形成「偏正」式複合詞。

（二）「牙」與「形容詞」搭配所構成的詞語

「口部」身體詞中，以「牙」為構詞語素所形成的詞語，所見如下：

表 8-3-11 「牙」與「形容詞」搭配所構成的詞語

構詞形式	華　語	閩南語
形容詞＋牙	奶牙、尾牙、獠牙、老掉牙	頭牙、尾牙
牙＋形容詞	牙慧、牙癢癢	

上表中詞彙構成，為身體詞「牙」加形容詞的詞語，可將所見分兩種類型：

1. 形容詞＋身體詞「牙」

形容詞修飾「牙」，多形容人的牙齒或外貌，如「獠牙」指面貌凶惡的人；「奶牙」喻小兒最初生長，未經脫換的牙齒，構成「偏正」複合詞。

華語三字詞彙如「老掉牙」可分析成「老（形容詞）」＋「掉牙（名詞）」的「偏正」複合詞。

閩南語僅有「形容詞」＋「牙」的類型，以最前的「頭」及最末端的「尾」修飾「牙」表一年之中特定的日子，隱喻第一次「頭牙」及最後一次「尾牙」的祭祀日，構詞法為「偏正」複合詞。

2. 身體詞「牙」＋形容詞

華語中較為特別的詞彙如「牙慧」，指別人說過的話或見解，又「牙」為發聲器官之一，是將他人說過的話加以運用，其構詞方式為「偏正」結構。三字詞語中，其中如「牙癢癢」為「主謂」複合詞。

（三）「牙」與「動詞」搭配所構成的詞語

「口部」身體詞中，以「牙」為構詞語素所形成的詞語，所見如下：

表 8-3-12　「牙」與「動詞」搭配所構成的詞語

構詞形式	華　語
動詞＋牙	咬牙、齜牙、磨牙、塞牙縫、借齒牙
牙＋動詞	牙推

上表中詞彙構成，為身體詞「牙」加動詞的詞語，可將所見分為兩種類型：

1. 動詞＋身體詞「牙」

本論文的語料，在這類詞語僅見於華語詞彙。如「咬牙」轉喻成極為憤怒；「磨牙」喻喜歡爭辯或囉嗦的狀態屬於「述賓」結構；三字詞彙如「塞牙縫」為「偏正」複合詞。

2. 身體詞「牙」＋動詞

「牙推〔註25〕」則為「偏正」複合詞。

〔註25〕對占卜算命的術士及江湖醫生的稱呼。《劉知遠諸宮調・第一》：「我女兒曾有牙推算，不久咱門風也改換。」元・關漢卿《拜月庭》第二折：「誰想他百忙裡臥枕著床，內傷外傷，怕不大傾心吐膽，盡筋竭力把個牙推請。」也作「牙槌」。

綜合本節所述，關於「牙」詞彙以「語法構詞」觀點來看，所見如下：

1. 主謂複合詞：牙癢癢。

2. 述賓複合詞：咬牙、齜牙、磨牙、塞牙縫、借齒牙。

3. 偏正複合詞：狼牙、虎牙、犬牙、牙祭、牙婆、牙慧、老掉牙、狼牙棒、牙盤日、牙後慧。

五、「齒」身體詞的構詞

（一）「齒」與「名詞」搭配所構成的詞語

關於「齒」的名詞形式詞彙收錄也少，華語僅有「馬齒」、「脣齒」、「齒劍」三則、閩南語有「角齒」一例。「馬齒」為「偏正」複合詞，「馬齒徒長」隱喻年歲長而一事無成；「脣齒」指嘴脣與牙齒，因兩者位置相近，隱喻關係密切，形成同義「並列」複合詞；又「齒劍」，為「偏正」結構。

閩南語詞例中，如「角齒」中的「角」，指獸類頭上或鼻前長出的硬質突狀物，用來修飾「齒」形成鋒利的犬齒、虎牙，構成「偏正」式複合詞。

（二）「齒」與「形容詞」搭配所構成的詞語

「齒部」身體詞中，本文語料「齒」部份，所見如下：

表 8-3-13 「齒」與「形容詞」搭配所構成的詞語

構詞形式	華　語	閩南語
形容詞＋齒	齊齒、暮齒、鐵齒	幼齒、鐵齒
齒＋形容詞	齒尊、齒冷	

上表中詞彙構成，為身體詞「齒」加形容詞的詞語，可將所見分兩種類型：

1. 形容詞＋身體詞「齒」

上表中以形容詞修飾「齒」的類型，如「齊齒」隱喻同年、同歲；「暮齒」隱喻暮年、晚年；「鐵齒」在華語及閩南語中都有出現，以「鐵」堅定不變和「齒」搭配，指人固執嘴硬，屬「偏正」複合詞。

2. 身體詞「齒」＋形容詞

「齒」當作主語的表現，如「齒尊」具有顯貴的，稱人的敬辭，通常加在與對方有關的人事物上，構成「齒尊」是長者的敬稱、年紀大；「齒冷」指開口

笑久了，則牙齒變冷，故稱譏笑為「齒冷」，其構詞為「主謂」複合詞。

（三）「齒」與「動詞」搭配所構成的詞語

本文所見的「齒」的動詞形式詞彙較少，華語僅有「眷齒」、「沒齒」、「嚼齒」三則，閩南語則無例。「眷」作為動詞，指的是關心、照顧，構成「眷齒」指眷顧舉用；「沒齒」為牙齒消失，喻終身、永遠；又「嚼齒」指咬牙切齒的動作，轉喻成痛恨、憤慨的樣子，皆屬「述賓」複合詞。

綜合本節所述，關於「齒」詞彙以「語法構詞」的觀點來看，所見如下：

1. 主謂複合詞：齒尊、齒冷。
2. 述賓複合詞：眷齒、沒齒、嚼齒。
3. 偏正複合詞：馬齒、脣齒、齒劍、角齒、齊齒、暮齒、鐵齒、幼齒。
4. 並列複合詞：脣齒（同義）。

第四節　四肢身體詞構詞研究

本文提及的「四肢」身體詞分為「手部身體詞」：（手、掌）及「足部身體詞」：（腳、足），共兩大類，以「四肢」為詞根所構成的詞，以下由「詞性分類」及「語法構詞」兩方面來看。

一、「手」身體詞的構詞

（一）「手」與「名詞」搭配所構成的詞語

「四肢」身體詞中，以「手」為構詞語素所形成的詞語，所見如下：

表 8-4-1　「手」與「名詞」搭配所構成的詞語

構詞形式	華　語	閩南語
名詞＋手	把手、雲手、外手、親手足、神槍手	二手、車手、敵手、三肢手、單跤手
手＋名詞	手風、手足、手下	手底、手面、手下、手尾錢、手路菜

上表中詞彙構成，為身體詞「手」加名詞的詞語，可將所見分為兩種類型：

1. 名詞＋身體詞「手」

上表中以「手」作為中心語，以其他名詞來修飾「手」，華語中如「把手」、

「雲手」、「外手」；閩南語如「二手」、「車手」、「敵手」，皆為「偏正」複合詞。三字詞的部分，如「親手足」為「親（名）」＋「手足（名）」的「偏正」複合詞，而「手足」以手和腳隱喻兄弟，屬於同義「並列」複合詞；再如「神槍手」則能拆解成「神（形）」＋「槍手（名）」的「偏正」結構。

2. 身體詞「手」＋名詞

若把「手」當作修飾語，修飾其他名詞，如可見「手下」，在華語與閩南語中皆有出現，或指手的下方，喻稱隸屬於主人而地位較低者，屬於「偏正」式構詞，又「手足」先前已提過，兩者意思相近為同義「並列」複合詞。

（二）「手」與「形容詞」搭配所構成的詞語

「四肢」身體詞中，以「手」為構詞語素所形成的詞語，所見如下：

表 8-4-2　「手」與「形容詞」搭配所構成的詞語

構詞形式	華　語	閩南語
形容詞＋手	赤手、空手、毒手	穤手、緊手、冇手、歹手爪
手＋形容詞	手軟、手癢、手黏	手賤

上表中詞彙構成，為身體詞「手」加形容詞的詞語，可將所見分兩種類型：

1. 形容詞＋身體詞「手」

上表中，以形容詞修飾「手」的表現，華語中如「赤手」、「空手」、「毒手」；閩南語如「穤手」、「緊手」、「冇手」。「赤」為空無的，與「手」構成「赤手」指兩手空空；「穤」指不好的，故以「穤手」稱左撇子，皆為「偏正」複合詞。

閩南語三字詞中如「歹手爪」，汪金后[註26]：「並列式複合詞每一成分間有並列關係。手爪原意為手或手指，引申為行為、習慣，為同義並列複合詞。」其結構是「歹（形容詞）」＋「手爪（名詞）」的「偏正」式結構，「手爪」為「並列」同義複合詞。

2. 身體詞「手」＋形容詞

華語中以「手」作為主語，形容詞作謂語的表現如「手軟」、「手癢」、「手黏」，用來指「手」具備的特性；閩南語則以「手賤」喻手癢，為「主謂」結構。

[註26] 汪金后：《臺灣閩南語「跤」和「手」的構詞與語意研究》，（新竹：國立新竹教育大學臺灣語言與語文教育研究所碩士學位論文，2016 年），頁 38。

（三）「手」與「動詞」搭配所構成的詞語

「四肢」身體詞中，以「手」為構詞語素所形成的詞語，所見如下：

表 8-4-3　「手」與「動詞」搭配所構成的詞語

構詞形式	華　語	閩南語
動詞＋手	得手、分手、經手、下毒手、留後手	沐手、伸手、大出手、楔手縫
手＋動詞	手勢、手照	手勢

上表中詞彙構成，為身體詞「手」加動詞的詞語，可將所見分兩種類型：

1. 動詞＋身體詞「手」

上述詞彙中不少是「動詞＋手」以作為賓語的表現情形。華語中有「得手」、「分手」、「經手」；閩南語如「沐手」、「伸手」，以「手」作為動作的直接對象，屬於「述賓」式結構。三字格詞則如「下毒手」為「述賓」結構。又如閩南語中「楔手縫」，可拆成「楔（動）」＋「手縫（名）」組成的「述賓」結構，其中「手縫」為「名詞」加「名詞」的「偏正」複合詞。

2. 身體詞「手」＋動詞

以「手」作為主語，後面的動詞用來修飾前面「手」的類型較少，華語如「手勢」一詞閩南語亦有收錄，以及「手照」皆屬「主謂」複合詞。

綜合本節所述，關於「手」詞彙以「語法構詞」的觀點來看，所見如下：

1. 主謂複合詞：手軟、手癢、手黏、手賤、手勢、手照。
2. 述賓複合詞：得手、分手、經手、沐手、伸手、下毒手、楔手縫。
3. 偏正複合詞：把手、手底、手面、手下、親手足、手尾錢。
4. 並列複合詞：手足、手爪（同義）。

二、「掌」身體詞的構詞

（一）「掌」與「名詞」搭配所構成的形式

「四肢」身體詞中，以「掌」為構詞語素所形成的詞語，所見如下：

表 8-4-4　「掌」與「名詞」搭配所構成的詞語

構詞形式	華　語	閩南語
名詞＋掌	股掌、車掌、指掌、掌灶的、掌案的	車掌
掌＋名詞	掌印、掌心、掌班、掌中戲	掌聲

上表中詞彙構成，為身體詞「掌」加名詞的詞語，可將所見分為兩種類型：

1. 名詞＋身體詞「掌」

上表中如「名詞＋掌」的構詞表現，華語如「股掌」、「指掌」；「車掌」一詞在華語及閩南語中皆有出現，為「掌」的「偏正」複合詞結構。

2.「掌」＋名詞

三字詞中，如「掌灶的」、「掌案的」為「的」字「派生」結構。李子瑄、曹逢甫[註27]：

> 後綴是加在詞根後面的成分，又稱為「詞尾」。和前綴一樣，這類的
> 詞素也大多沒有詞彙意義，主要的功能就是附加在詞根之後，也便
> 形成一個多音節詞。「的」稱為「從屬後綴」，表從屬關係。

從上可知，這樣的詞彙其實就為「掌灶」、「掌案」，屬於「偏正」複合詞結構；「掌中戲」可作「掌中（名）」＋「戲（名）」的「偏正」結構，此處「掌中」亦為名詞加名詞的「偏正」複合詞。

（一）「掌」與「形容詞」搭配所構成的詞語

關於「掌」的形容詞形式表現，華語僅有「魔掌」、「獨掌」兩則，閩南語無詞例。如「魔掌」指惡勢力；「獨掌」指一人之力或獨自掌握、統籌，皆屬於「偏正」複合詞。

（二）「掌」與「動詞」搭配所構成的詞語

「四肢」身體詞中，以「掌」為構詞語素所形成的動詞，所見如下：

表8-4-5 「掌」與「動詞」搭配所構成的詞語

構詞形式	華　語	閩南語
動詞＋掌	主掌、翻掌、反掌	合掌
掌＋動詞	掌握	掌握、掌管

上表中詞彙構成，為身體詞「掌」加動詞的詞語，可將所見分為兩種類型：

1. 動詞＋身體詞「掌」

上表中以「掌」作為賓語的情形，華語如「主掌」、「翻掌」、「反掌」；閩南

〔註27〕李子瑄、曹逢甫：《漢語語言學》，（臺北：正中書局股份有限公司，2009年），頁92～93。

語詞彙如「合掌」，以前面的及物加賓語的「掌」，屬於「述賓」結構。

2. 身體詞「掌」＋動詞

「掌」當「名詞」指人的「手」，若當「動詞」則有「管理、主持」義，為本文「身體詞」中的特例。華語及閩南語都有出現「掌握」一詞，為「名詞」＋「動詞」的類型，指在其權限內及控制，屬於「主謂」結構；「掌管」可解釋為「掌握、管理」為「動詞」＋「動詞」，兩字都指「管理、主持」，為同義「並列」複合詞。

綜合本節所述，關於「掌」詞彙以「語法構詞」的觀點來看，所見如下：

1. 述賓複合詞：主掌、翻掌、反掌、合掌。
2. 偏正複合詞：股掌、車掌、指掌、掌印、掌心、掌班、掌聲、掌中戲。
3. 並列複合詞：掌管（同義）。
4. 派生詞詞綴：掌灶的、掌案的（後綴）。

三、「腳」身體詞的構詞

（一）「腳」與「名詞」搭配所構成的詞語

「四肢」身體詞中，以「腳」為構詞語素所形成的詞語，所見如下：

表 8-4-6　「腳」與「名詞」搭配所構成的詞語

構詞形式	華　　語	閩南語
名詞＋腳	鬢腳、鋏腳、馬腳、八字腳、半籃腳	鬢跤、龜跤、山跤、八字跤、柱仔跤
腳＋名詞	腳板、腳跟、泥腳、腳脖子	跤縫、跤兜、跤仔、跤尾飯、跤尾紙

上表中詞彙構成，為身體詞「腳」加名詞的詞語，可將所見分為兩種類型：

1. 名詞＋身體詞「腳」

華語中如「鬢腳」、「馬腳」；閩南語如「鬢跤」、「龜跤」、「山跤」，以前面的「名詞」特性修飾後者「腳」，組成「偏正」結構。至於三字詞類型，如華語「八字腳」、閩南語「八字跤」是「八字（名詞）」＋「腳、跤（名詞）」的「偏正」結構；又「柱仔跤」也是「柱仔（名詞）」＋「跤（名詞）」的「偏正」結構。

2. 身體詞「腳」＋名詞

「腳」＋「名詞」華語中有「腳板」、「腳跟」、「泥腳」；閩南語如「跤縫」、

「跤兜」，同為「偏正」複合詞，「跤仔」則屬後綴「派生詞」。

三字詞的表現，華語如「腳脖子」為「偏正」結構；閩南語「跤尾飯」、「跤尾紙」可分成兩部分，「跤尾（名詞）」＋「飯、紙（名）」為「偏正」結構，而「跤尾」亦為「名詞」＋「名詞」的「偏正」複合詞。

（二）「腳」與「形容詞」搭配所構成的詞語

「四肢」身體詞中，以「腳」為構詞語素所形成的詞語，所見如下：

表 8-4-7　「腳」與「形容詞」搭配所構成的詞語

構詞形式	華　　語	閩南語
形容詞＋腳	醒目、滿目、土目、大節目、真面目	深目、鈍目、戀目
腳＋形容詞	目生、目前、目今	目前

上表中詞彙構成，為身體詞「腳」加形容詞的詞語，可將所見分兩種類型：

1. 形容詞＋身體詞「腳」

上表中「形容詞＋腳」的詞彙表現，華語中如「跛腳」、「小腳」、「挺腳」；閩南語如「瘸跤」、「躼跤」、「跛跤」，以形容詞修飾「腳」表示「腳」的狀態，屬於「偏正」複合詞。

三字詞中，閩南語如「大跤胴」指小腿肚粗大的腿形、蘿蔔腿，可將其分解成「大（形容詞）」＋「跤胴（名詞）」的「偏正」結構，「跤胴」為名詞加名詞的「偏正」複合詞；又「軟跤蝦」是「軟跤（形容詞）」＋「蝦（名）」的「偏正」結構，「軟跤」為形容詞加名詞的「偏正」複合詞。

2. 身體詞「腳」＋形容詞

「腳」＋「形容詞」的詞彙表現相較之下較少，如華語「腳硬」以剛強形容腳，喻人命好；較為特別的一詞為閩南語「跤梢」指地位低賤，汪金后指出〔註 28〕：「『跤梢』原意是腳的皮屑，也是殘餘無用之物，引申為低劣、笨拙、低位卑賤之意，另外『跤梢間仔』指低俗的妓女戶。」為「偏正」複合詞。

（三）「腳」與「動詞」搭配所構成的詞語

「四肢」身體詞中，以「腳」為構詞語素所形成的詞語，所見如下：

〔註 28〕汪金后：《臺灣閩南語「跤」和「手」的構詞與語意研究》，（新竹：國立新竹教育大學臺灣語言與語文教育研究所碩士學位論文，2016 年），頁 49。

表 8-4-8　「腳」與「動詞」搭配所構成的詞語

構詞形式	華　　　語	閩南語
動詞＋腳	插腳、收腳、失腳、露馬腳、打牆腳	勹跤、停跤、插一跤

整理本文關於「腳」和動詞搭配形式，僅有「動詞＋腳」的類型。華語中如「插腳」、「收腳」、「失腳」；閩南語如「勹跤」、「停跤」，「腳」作為賓語對象被前面的動作影響，如「失腳」喻走路不小心而跌倒，又能引申為失意、受挫折，為「述賓」結構。

三字詞中，華語如「露馬腳」指洩漏真相，可將其分解成「露（動詞）＋「馬腳（名詞）」的「述賓」結構，而「馬腳」為名詞加名詞的「偏正」複合詞；閩南語中「插一跤」意為參加其中一部分，可作「插（動詞）」＋「一跤（名詞）」的「述賓」複合詞，「一跤」為「代詞」＋「名詞」構成的「偏正」複合詞。

綜合本節所述，關於「腳」詞彙以「語法構詞」的觀點來看，所見如下：

1. 主謂複合詞：腳硬。
2. 述賓複合詞：插腳、收腳、失腳、勹跤、停跤、露馬腳、打牆腳、插一跤。
3. 偏正複合詞：鬢腳、跤縫、跤梢、半籃腳、腳脖子、柱仔跤、跤尾飯。
4. 派生詞詞綴：跤仔（後綴）。

四、「足」身體詞的構詞

關於「足部」的詞彙，前面收錄華語詞彙，沒有找到閩南語詞彙，故在此只探討華語「足」的構詞。

（一）「足」與「名詞」搭配所構成的詞語

「四肢」身體詞中，以「足」為構詞語素所形成的詞語，所見如下：

表 8-4-9　「足」與「名詞」搭配所構成的詞語

構詞形式	華　　　語
名詞＋足	天足、鼎足、蛇足、千里足
足＋名詞	足跡、足下、足繭

「名詞＋足」是以其他各物修飾「足」的表現，如「天足」指未經纏裹之

天然足;「蛇足」指多餘無用,屬於「偏正」複合詞。三字格詞如「千里足」喻才能傑出的人,可拆「千里(名詞)」＋「足(名詞)」的「偏正」結構。

(二)「足」與「形容詞」搭配所構成的詞語

僅有收錄「義足」一詞。「義」具有假的、有其名而非真、非親之意,如詞彙中「義父」、「義母」並非親生父母,這邊以「義」修飾「足」合成「義足」指代替殘缺的假腳,為「偏正」複合詞。

(三)「足」與「動詞」搭配所構成的詞語

本文所見關於「足」的動詞形式詞彙不多只有「動詞」＋「足」的表現,如「涉足」、「立足」、「禁足」、「鼎折足」、「立足地」等詞彙,屬「述賓」結構。

三字格詞的類型,如「鼎折足」喻大臣不能勝任國事,以致國家傾覆,可將其分解成「鼎(名詞)」＋「折足(動詞)」的「主謂」結構;「折足」一詞又能分析成「動詞」加「名詞」的「述賓」複合詞;又「立足地」喻為容身之處,是「立足(動詞)」＋「地(名詞)」的「偏正」結構,「立足」指站得住腳,生存下去或站在某種立場,屬「述賓」結構。

綜合本節所述,關於「足」詞彙以「語法構詞」的觀點來看,所見如下:
1. 主謂複合詞:鼎折足、立足地。
2. 述賓複合詞:涉足、立足、禁足。
3. 偏正複合詞:義足、足跡、足下、足繭、天足、鼎足、蛇足、千里足。

第五節　內部器官及其他構詞研究

本論文探論的內部器官包含「心、肝」兩個器官,其他構詞為則選擇身體詞中的「髮」,以這些身體詞詞根所構成的詞,以下由「詞性分類」及「語法構詞」兩方面來看。

一、「心」身體詞的構詞

(一)「心」與「名詞」搭配所構成的詞語

「內部」身體詞中,以「心」為構詞語素所形成的詞語,所見如下:

表 8-5-1　「心」與「名詞」搭配所構成的詞語

構詞形式	華　語	閩南語
名詞＋心	地心、核心、圓心、豆腐心、好奇心	信心、內心、民心、自尊心
心＋名詞	心地、心脊、心血、心肝肉	心火、心情、心腹

上表中詞彙構成，為身體詞「心」加名詞的詞語，可將所見分為兩種類型：

1. 名詞＋身體詞「心」

上表中「名詞＋心」的表現是用其他名詞修飾中心語「心」，華語的「心」具有「中央、中間」義，如「地心」指地球的中心點、「圓心」指圓形的中心點；閩南語如「信心」、「內心」、「民心」，皆是「偏正」複合。

三字詞彙中如「豆腐心」為心軟似豆腐一般，喻心地善良易受感動，可將其分解成「豆腐（名詞）」＋「心（名詞）」的「偏正」結構；「心肝肉」指疼愛的人，構詞為「心肝（名詞）」＋「肉（名詞）」的「偏正」結構。

2. 身體詞「心」＋名詞

「心」＋「名詞」的類型，華語中如「心地」、「心血」；閩南語如「心火」「心情」，同樣屬「偏正」結構。華語「心脊」指心與脊骨，都是人體中重要的部分，喻親信的人；閩南語「心腹」為心和腹，喻親信可靠的人，這兩組都是同義「並列」複合詞。

（二）「心」與「形容詞」搭配所構成的詞語

「內部」身體詞中，以「心」為構詞語素所形成的詞語，所見如下：

表 8-5-2　「心」與「形容詞」搭配所構成的詞語

構詞形式	華　語	閩南語
形容詞＋心	二心、誠心、細心、黑心腸、冰雪心	私心、小心、真心、大細心、烏心肝
心＋形容詞	心亂、心窄、心慌	心爽、心軟、心酸、心憒憒

上表中詞彙構成，為身體詞「心」加形容詞的詞語，可將所見分兩種類型：

1. 形容詞＋身體詞「心」

「形容詞＋＋心」的詞彙表現，華語如「二心」、「誠心」、「細心」；閩南語如「私心」、「小心」、「真心」，以形容詞修飾中心語「心」，為「偏正」複合詞。

華語三字詞類型，如「黑心腸」喻人心地陰險毒辣，其結構為「黑（形容詞）」＋「心腸（名詞）」的「偏正」結構；又如「冰雪心」喻冰雪般堅貞皎潔的品性，其結構為「冰雪（形容詞）」＋「心（名詞）」組合成的「偏正」結構。

閩南語有「大細心」指偏心，可將其分解成「大細（名詞）」＋「心（名詞）」的「偏正」結構；「烏心肝」是「烏（形容詞）」＋「心肝（名詞）」的「偏正」結構。

2. 身體詞「心」＋形容詞

「心」＋「形容詞」的表現，華語如「心亂」、「心窄」、「心慌」；閩南語如「心爽」、「心軟」、「心酸」，這邊都是以「心」做為主語，以後面的形容詞說明狀態，為「主謂」複合詞。閩南語詞彙「心憒憒」指心煩意亂，也是「主謂」複合詞，只是謂語「憒憒」為「重疊」複合詞，在意義上有強化、加重的作用。

（三）「心」與「動詞」搭配所構成的詞語

「內部」身體詞中，以「心」為構詞語素所形成的詞語，所見如下：

表 8-5-3 「心」與「動詞」搭配所構成的詞語

構詞形式	華　　語	閩南語
動詞＋心	放心、擔心、掛心	入心、過心、關心、捶心肝
心＋動詞	心痛、心儀、心焦	心悶、心花開

上表中詞彙構成，為身體詞「心」加動詞的詞語，可將所見分為兩種類型：

1. 動詞＋身體詞「心」

關於「動詞」＋「心」的詞彙表現，華語中如「放心」、「擔心」、「掛心」；閩南語如「入心」、「過心」，「關心」，如「放心」隱喻能開拓胸襟、使人安心，為「述賓」結構。閩南語三字詞如「捶心肝」，其構詞為「捶（動詞）」＋「心肝（名詞）」的「述賓」結構。

2. 身體詞「心」＋動詞

閩南語詞語以「心花開」喻心花怒放、心情愉悅樣，「心花（名詞）」＋「開（動詞）」也是「偏正」複合詞。

綜合本節所述，關於「心」詞彙以「語法構詞」的觀點來看，所見如下：

1. 主謂複合詞：心亂、心窄、心慌、心爽、心軟、心酸、心憒憒。

　　2. 述賓複合詞：放心、擔心、掛心、入心、過心、關心、捶心肝。

　　3. 偏正複合詞：地心、圓心、信心、心火、心情、豆腐心、心肝肉、自尊心。

　　4. 並列複合詞：核心、心臂、心腹、心肝（同義）。

二、「肝」身體詞的構詞

　　由於「肝」的詞彙常與「心」一起同出現使用，加上二、三字詞的語料較少，本節將放在一起探討，與「肝」搭配的卻只有名詞及動詞，無形容詞形式，故不再分依照詞性形式分開論述，閩南語僅有「心肝」一例，已於上節討論，因此這裡僅探討華語的構詞。

　　「肝＋名詞」形式者，如「肝膽」、「肺肝」、「肝氣」，為「偏正」複合詞。三字詞彙如「驢肝肺」指心地不良，其結構為「驢（名詞）」＋「肝肺（名詞）」的「偏正」結構而「肝肺」兩義相近，為同義「並列」複合詞。

　　「肝＋動詞」形式的類型，華語如「動肝火」指發怒、生氣，其結構為「動（動）」＋「肝火（名）」的「述賓」結構，「肝火」兩詞皆為名詞，但為「偏正」複合詞。

　　綜合本節所述，關於「肝」詞彙以「語法構詞」的觀點來看，所見如下：

　　1. 述賓複合詞：動肝火。

　　2. 偏正複合詞：肝火、肝膽、肝氣、驢肝肺。

　　3. 並列複合詞：肝肺（同義）。

三、「髮」身體詞的構詞

　　閩南語「髮」的詞彙無隱喻現象，故本文僅對華語「髮」作隱喻探討。

　　華語以「髮」為構詞語素所形成的名詞，如「髮油」、「髮廊」、「髮際」為「偏正」複合詞，另外「蓬髮」、「絲髮」、「髮絲」、「毫髮」是在指如「絲」的髮，因此皆為「偏正」結構。

　　以「髮」為構詞語素搭配形容詞所形成的「形容詞」形式，如「禿髮」、「素髮」，用來形容為「髮」的狀態，如「禿」形容物體沒有毛、髮；「素」指白色，以形容詞與「髮」構成「偏正」複合詞。

　　三字詞彙如「銀髮族」為銀白色頭髮的一族，指老年人，其結構為「銀髮

（名詞）」＋「族（名詞）」的「偏正」結構，「銀髮」為「形容詞」加「名詞」的「偏正」結構。

以「髮」為構詞語素和「動詞」搭配的形式，如「束髮」將頭髮束起來，喻成童的年齡；「披髮」指披頭散髮，不受世俗禮教約束的樣子，是動詞＋賓語中心語「髮」，為「述賓」合詞。

綜合本節所述，關於「髮」詞彙以「語法構詞」的觀點來看，所見如下：

1. 述賓複合詞：束髮、披髮、落髮、結髮。

2. 偏正複合詞：絲法、毫髮、總髮、窮髮、髮絲、髮際、髮妻、銀髮族。

第九章　結　論

　　隱喻的使用情形在生活中無所不在，也是人類概念生成中重要的一個機制，許多日常生活中運用到的詞語，從短語、成語甚至是俗諺語及句子，都經常運用到人的認知思維而造就出有隱喻的詞彙，透過自身經驗的事物和思考的邏輯，讓隱喻成為一種表徵。身體詞的隱喻現象，不僅能讓我們了解國家的民族文化，更能夠深層明瞭語言的歷時變化，這樣的多元面貌融入至日常生活元素，抒發了人的思想情感。

　　語言的運用離不開隱喻，是因為人們常透過自身的語言經驗累積，藉由認知概念，表達基於自己身體經驗的認知內容，以經驗映射到其他事物的認知上，使得我們能夠更加認識所想表達的意涵。

　　本文研究華語、閩南語及日語三個語言中的身體，分別探討身體詞的隱喻表現情形，分為兩小節說明：第一節總結本文主要觀點和研究結論所得，希望能夠拋磚引玉，讓往後的研究者對於隱喻詞彙現象能更加了解，也讓身體詞的隱喻研究受到更多的重視。如能夠理解並運用，往後不論是對外華語教學、對內母語教學或學術研究皆有極大的幫助，臺灣近年對於母語的提倡及教學越來越重視，尤其是閩南語及客語方言研究，對於學術研究者而言，能夠開啟不同的研究方向，也能夠使研究層面更深、更廣。第二節為本文的應用及展望，並提出未來研究的建議方向。

第一節　研究結果

　　筆者於碩士論文時，撰寫了《華語與閩南語手足三字格認知隱喻研究》，本文進一步做全面性的深究，從認知隱喻學的角度來探討各部位身體詞語的隱喻表現，希望能夠讓人更加瞭解並掌握生活中常使用的身體詞彙，又能理解其背後「不明顯」的認知隱喻意涵，達到詞語一出就使說話者及聽眾能夠瞬間心領神會，進而達到真正能彼此交流的目的。

　　本文研究身體詞從「頭部」、「五官」、「口部」、「四肢」到「內部器官的心肝」及「位於頭上的髮」涉及了更多方面的部位；詞彙亦增加「二字詞彙」及「四字成語」，使得本探討內容更具全面性，從詞彙「詞義」的隱喻方式先談，再來看「詞形」的構詞方式。

　　以下整理本文身體詞的研究結果，從華語、閩南語及日語三種語言當中，依身體部位器官來看分成「隱喻」、「轉喻」兩部分，將研究所見做一總結。

一、「頭部」身體詞表現

表 9-1-1 「頭」隱喻表現

類　　型	映射方式	華　　語	閩南語	日　　語
實體隱喻	動物相關的事物	龜頭	馬頭魚〔註1〕	
	隱喻物品	土饅頭	大頭菜	
	隱喻具體事物	蠅頭	烏頭仔車	頭堅し
	隱喻抽象事物	彩頭	霉頭	頭を冷やす
	隱喻動物特性	龍頭蛇尾		頭の黑い鼠
	隱喻其他特性	鐵頭功	擋頭	頭を冷やす
空間方位隱喻	隱喻最上面、第一個	最上方：鼻頭 最重要：頭版	最上方：褲頭 最重要：頭上仔	
	隱喻事物的端點	兩端	彼頭	
	隱喻維度空間	一維：斷頭路 二維：頭前 三維：心頭	一維：頂頭 二維：水源頭 三維：心肝頭	頭痛の種
	隱喻時間	頭七	頭旬	頭を回らす

〔註1〕辭典中原本收錄的詞彙為「馬頭」，這邊指的實則為長得像馬頭的「魚」，擔心產生歧義，故以「馬頭魚」呈現於語料中。

上表中可以看到：「頭」的隱喻表現，以「實體隱喻」較為多見，其中以華語出現的隱喻情形最為精彩，閩南語次之，日語慣用語較少。

表 9-1-2　「頭」轉喻表現

類　型	映射方式	華　語	閩南語	日　語
部分代全體	轉喻為人	一般人：對頭 技藝職業：教頭 領袖特質：巨頭 外貌特徵：光頭	一般人：厝頭家 技藝職業：桌頭 領袖特質：賊頭 外貌特徵：擴頭	一般人：頭が固い 技藝職業：頭を剃る
	轉喻完整性	頭眼	穡頭	頭の天辺から足の爪先まで
全體代部分	轉喻思想	頭緒	無頭神	頭が古い
	轉喻頭上物	頭面	頭帛	
部分代部分	轉喻原因或結果	頭疼	倒頭栽	目頭を押さえる
	轉喻動作狀態	斷頭	刉頭	頭を振る
	轉喻情感	喜悅：搖頭晃腦 憤怒：臉紅頭脹 悲傷：低頭喪氣 苦惱：摸頭不著 膽怯：縮頭縮腦	喜悅：笑頭笑面 憤怒：風火頭 悲傷：憂頭結面	憤怒：頭から湯気を立てる 膽怯：頭から水を浴びたよう 害羞：頭を掻く
	轉喻其他	頭銜	麵頭	

上表中可以看到：「頭」的轉喻表現，以「部分代部分」轉喻較為多見，較為特別的是「部分代全體」中「轉喻為人」華語及閩南語都有四種「人」的情形，但日語中僅出現兩種。

表 9-1-3　「頭」構詞表現

類　型	詞　例
主謂複合詞	頭疼、頭暈、頭大
述賓複合詞	砍頭、垂頭、探頭、叩頭、出頭、搖頭、頭轉客
偏正複合詞	龜頭、光頭、亂頭、臭頭、頭頂、頭胎、孩子頭、夕剃頭
並列複合詞	頭尾（反義並列）
派生詞詞綴	日頭、刀頭、骨頭、路頭、寢頭（後綴）
重疊式複合詞	頭頭

上表中可以看到：「頭」的構詞表現，以「偏正」複合詞較為多見，較為特別之處在於華語及閩南語中皆有以「頭」作為詞綴形成的詞語。此外，還有出

現「重疊式」複合詞。

表 9-1-4 「首」隱喻表現

類　型	映射方式	華　語	閩南語	日　語
實體隱喻	動物相關的事物	石首魚		
	隱喻物品	匕首		首が危ない
	隱喻刑罰	首身分離		
	隱喻動物特性	一蛇二首		
	隱喻其他特性	亂首		首が飛ぶ
空間方位隱喻	隱喻主要的、第一個	主要的：首頁 第一個：首輪	首頁	
	隱喻維度空間	一維：門首 二維：側首 三維：首都	首都	
	隱喻時間	回首	首先	

　　上表中可以看到：「首」的隱喻表現，以「實體隱喻」較為多見，其中僅有華語「首」的隱喻詞語與動物相關，日語未以「首」隱喻至空間或時間。

表 9-1-5 「首」轉喻表現

類　型	映射方式	華　語	閩南語	日　語
部分代全體	轉喻為人	一般人：黔首 技藝職業：教首 領袖特質：元首 外貌特徵：蓬首	領袖特質：特首	
全體代部分	轉喻殘餘部分	屍首		
部分代部分	轉喻原因或結果	首丘	自首	首が回らない
	轉喻動作狀態	搔首弄姿	叩首	首を捻る
	轉喻情感	遲疑：首鼠 憤怒：痛心疾首 悲傷：垂首喪氣 得意：昂首望天 期盼：翹首盼望 其他：搔首抓耳		首を長くする

　　上表中可以看到：「首」的轉喻表現，以「部分代部分」轉喻較為多見，較為特別的是「部分代全體」中「轉喻為人」華語出現的類型最多；閩南語中未

出現「首」轉喻情感的詞語；日語中未有以「首」轉喻為人的慣用語。

表 9-1-6　「首」構詞表現

類　型	詞　例
述賓複合詞	懸首、獻首、濡首、叩首、拜稽首
偏正複合詞	蓬首、亂首、匕首、首先、首肯、首都、首惡、首領
並列複合詞	首尾（反義）

上表中可以看到：「首」的構詞表現，僅有三種類型，且以「偏正」複合詞較為多見，較特別的是以「首尾」反義詞構成的「並列」結構。

二、「五官」身體詞表現

表 9-2-1　「眼」隱喻表現

類　型	映射方式	華　語	閩南語	日　語
實體隱喻	動物相關的事物	馬眼		
	隱喻事物孔洞	炮眼		
	隱喻動物特性	龍睜虎眼		
	隱喻重要關鍵	詩眼	字眼	
空間方位隱喻	隱喻維度空間	眼簾		眼中に無い
	隱喻時間	一眨眼	眼前	

上表中可以看到：「眼」的隱喻表現，以「實體隱喻」較為多見，其中用「眼」隱喻「重要關鍵」的詞彙僅在華語及閩南語中才有出現，日語僅有「維度空間」隱喻的慣用語表現。

表 9-2-2　「眼」轉喻表現

類型	映射方式	華　語	閩南語	日　語
部分代全體	轉喻為人	一般人：四眼田雞 外貌特徵：桃花眼		
部分代部分	轉喻原因或結果	紅眼病		
	轉喻動作狀態	合眼	順眼	
	轉喻情感	喜悅：眉歡眼笑 憤怒：瞪眼 悲傷：眼穿腸斷 期盼：眼巴巴 其他：翻白眼		
	轉喻能力	眼色	眼光	眼を付ける

　　上表中可以看到：「眼」的轉喻表現，以「部分代部分」轉喻較為多見，僅有華語中以「眼」轉喻為「人」，閩南語及日語中未有「轉喻為人」及「轉喻情感」的表現。

表 9-2-3　「眼」構詞表現

類　型	詞　例
主謂複合詞	眼生、眼白、眼饞、眼辨
述賓複合詞	順眼、礙眼、刺眼、一眨眼、一晃眼、鑽錢眼
偏正複合詞	榜眼、醉眼、眼袋、眼下、眼前、節骨眼、颱風眼、眼鏡猴

　　上表中可以看到：「眼」的構詞表現，僅有三種類型，且以「偏正」複合詞較為多見。

表 9-2-4　「目」隱喻表現

類　型	映射方式	華　語	閩南語	日　語
實體隱喻	隱喻似「目」形狀	米苔目	羊仔目	臺風の目
	隱喻動物特性	比目魚	鷹仔目	鵜の目鷹の目
	隱喻顏色特性	青目	白目	
	隱喻其他特性	反目	戇目	目を肥やす
空間方位隱喻	隱喻標題	題目	項目	
	隱喻維度空間	滿目	目的	目と鼻の間
	隱喻時間	瞬目	目瞤仔	目の玉の黒い內

　　上表中可以看到：「眼」的隱喻表現，以「實體隱喻」較為多見，其中可用「眼」的隱喻「重要關鍵」是華語及閩南語中才有出現，日語僅有「維度空間」隱喻的慣用語表現。

表 9-2-5　「目」轉喻表現

類　型	映射方式	華　語	閩南語	日　語
部分代全體	轉喻為人	土目、六案孔目		
	轉喻完整性	面目		
部分代部分	轉喻原因或結果	雀屏中目		罰は目の前
	轉喻動作狀態	目不轉睛		目を塞ぐ
	轉喻情感	喜悅：悅目 憤怒：瞋目 悲傷：愁眉苦目 情慾：目挑心招	喜悅：喙笑目笑 嫉妒：目空赤	喜悅：目を細くする 憤怒：目から火が出る 驚訝：目玉が飛び出る
	轉喻能力	目光	影目	見る目がある
	轉喻其他	注目禮		

　　上表中可以看到：「目」的轉喻表現，以「部分代部分」轉喻較為多見，其中三種語言皆以「目」轉喻為「情感」的表現最為豐富。

表 9-2-6　「目」構詞表現

類　型	詞　例
主謂複合詞	目生、目瞤
述賓複合詞	瞬目、注目、過目、影目、遮耳目
偏正複合詞	青目、題目、目空、目前、目今、目箍、目色、目擊者
並列複合詞	耳目（同義）
派生詞詞綴	目瞤仔（後綴）

　　上表中可以看到：「目」的構詞表現，共出現五種類型，且以「偏正」複合詞較為多見，其中「耳目」皆屬五官為「同義」並列複合詞，「目瞤仔」中的「仔」在閩南語中常出現作為「詞綴」。

表 9-2-7　「耳」隱喻表現

類　型	映射方式	華　語	閩南語	日　語
實體隱喻	形狀相似隱喻	帽耳	木耳	
	性質相似隱喻	耳熟	耳空重	
空間方位隱喻	隱喻維度空間	耳際		

　　上表中可以看到：「耳」的隱喻表現，以「實體隱喻」較為多見，「維度空間」僅出現於華語，日語中未出現「耳」的隱喻慣用語。

表 9-2-8　「耳」轉喻表現

類　型	映射方式	華　語	閩南語	日　語
部分代部分	轉喻原因或結果	掩耳盜鈴		耳に胼胝ができる
	轉喻動作狀態	側耳		耳を立てる
	轉喻情感	自然的變化：耳熱 動作的表現：搔耳捶胸		耳が汚れる
	轉喻能力	耳聰	順風耳	耳が肥える

　　上表中可以看到：「耳」的轉喻表現，僅出現「部分代部分」轉喻，閩南語「耳」僅有轉喻為「能力」的詞語。

表 9-2-9 「耳」構詞表現

類　型	詞　例
主謂複合詞	耳生、耳尖、耳背、耳空輕、耳空重
述賓複合詞	注目、過目、影目、入耳、噪耳、遮耳目
偏正複合詞	木耳、帽耳、牛耳、大耳、耳蝸、耳福、順風耳、噪人耳

上表中可以看到：「目」的構詞表現，共出現三種類型，且以「偏正」複合詞較為多見。

表 9-2-10 「鼻」隱喻表現

類　型	映射方式	華　語	閩南語	日　語
實體隱喻	形狀相似隱喻	楯鼻	針鼻	鼻筋が通る
	隱喻外貌性質	鼻青臉腫	蛙鼻	鼻が胡坐をかく
	隱喻行為性質	碰鼻		鼻が高い

上表中可以看到：「鼻」的隱喻表現，僅出現「實體隱喻」，閩南語中未出現以「鼻」隱喻行為特性的詞語。

表 9-2-11 「鼻」轉喻表現

類　型	映射方式	華　語	閩南語	日　語
部分代全體	轉喻為人	鼻塌嘴歪	啄鼻仔	
部分代部分	轉喻原因或結果	刺鼻	實鼻	鼻毛を抜く
	轉喻動作狀態			鼻に掛ける
	轉喻情感	悲傷：鼻酸 痛苦：揢鼻皺眉 輕視：嗤之以鼻 憤怒：鼻中出火		得意：小鼻をうごめかす 難過：酸鼻を極める 色慾：鼻の下が長い
	轉喻能力	新聞鼻	好鼻獅	

上表中可以看到：「鼻」的轉喻表現，以「部分代部分」轉喻較為多見，閩南語未有以「鼻」轉喻為「動作」及「情感」的詞語，日語中未出現「轉喻為人」的慣用語。

表 9-2-12 「鼻」構詞表現

類　型	詞　例
主謂複合詞	鼻酸

述賓複合詞	觸鼻、蚛鼻、穿鼻、碰鼻、鼻芳、落鼻祖
偏正複合詞	實鼻、針鼻、酸鼻、楯鼻、凹鼻、鼻祖、新聞鼻、好鼻獅
派生詞詞綴	鼻子、牽鼻子、塌鼻子、趴鼻子、獅仔鼻

上表中可以看到：「鼻」的構詞表現，共出現四種類型，且以「偏正」複合詞較為多見，「主謂」複合詞最少，較為特別的是「鼻子」為「派生」結構。

表 9-2-13 「眉」隱喻表現

類　型	映射方式	華　語	閩南語	日　語
實體隱喻	形狀相似隱喻	蛾眉月	指甲眉	
	隱喻行為狀態	齊眉		
	隱喻其他性質	眉尾相結	徛眉	
方位空間隱喻	隱喻維度空間	眉批		
	隱喻時間		月眉	

上表中可以看到：「眉」的隱喻表現以「實體隱喻」較為多見，日語中未出現以「眉」隱喻的慣用語，「維度空間」僅在華語詞彙出現，「隱喻時間」僅有閩南語詞語收錄。

表 9-2-14 「眉」轉喻表現

類　型	映射方式	華　語	閩南語	日　語
部分代全體	轉喻為人	濃眉		
部分代部分	轉喻原因或結果	燃眉		眉に唾をつける
	轉喻情感	喜悅：眉飛色舞 憤怒：柳眉剔豎 悲傷：皺眉 苦惱：眉繭		憤怒：眉を顰める 放心：眉を開く 擔心：眉を曇らす
	轉喻能力			眉毛を読まれる

上表中可以看到：「眉」的轉喻表現，以「部分代部分」轉喻較為多見，以「眉」轉喻為「人」僅出現於華語中，閩南語未有轉喻詞語。

表 9-2-15 「眉」構詞表現

類　型	詞　例
主謂複合詞	眉立、眉開
述賓複合詞	列眉、畫眉、燃眉、徛眉
偏正複合詞	蛾眉、眉批、月眉、眉梢、眉睫、柳葉眉、臥蠶眉、指甲眉

上表中可以看到：「眉」的構詞表現，共出現三種類型，以「偏正」複合詞較為多見。

三、「口部」身體詞表現

表 9-3-1 「嘴」隱喻表現

類　型	映射方式	華　語	閩南語	日　語
實體隱喻	形狀相似隱喻	山嘴	喙口	
	性質相似隱喻		刀喙	
方位空間隱喻	隱喻維度空間		喙下斗	

上表中可以看到：華語「嘴」的隱喻表現僅有「實體隱喻」中的「形狀相似」，以隱喻形狀如「嘴」之物，「方位空間隱喻」僅在閩南語中收錄。

表 9-3-2 「嘴」轉喻表現

類　型	映射方式	華　語	閩南語	日　語
部分代全體	轉喻為人	行為狀態：大嘴巴 技藝職業：名嘴 外貌特徵：長嘴獠牙		
	轉喻完整性	嘴臉		
全體代部分	轉喻話語	貧嘴	拍喙鼓	
部分代部分	轉喻原因或結果	自打嘴巴		
	轉喻動作狀態	張嘴		
	轉喻情感	憤怒：努脣脹嘴 讚嘆：咂嘴	觀喙	

上表中可以看到：「嘴」的轉喻表現，僅出現以「部分代部分」轉喻較為多見，以「嘴」轉喻為「人」僅出現於華語中，又以「嘴」轉喻「話語」，也是「嘴」最常出現的隱喻詞語類型。

表 9-3-3 「嘴」構詞表現

類　型	詞　例
主謂複合詞	喙白、喙臭、嘴快、嘴甜、嘴緊、嘴喳喳、嘴吃屎、嘴晴地
述賓複合詞	打嘴、貪嘴、接喙、收喙、應喙、說破嘴
偏正複合詞	面嘴、山嘴、嘴臉、喙口、喙桮、喙斗、烏鴉嘴、破格喙
並列複合詞	嘴臉、喙桮（同義）
派生詞詞綴	嘴子、嘴巴（後綴）

上表中可以看到：「嘴」的構詞表現，共有五種類型，以「主謂」及「偏正」複合詞較為多見，另外「並列」複合詞中詞語，都是以兩個五官器官搭配構成的詞語，因同為「五官」，「同義」並列結構，又「嘴」常與「巴」搭配形成「嘴巴」一詞，其中「巴」作為後綴無實義。

表 9-3-4　「口」隱喻表現

類　　型	映射方式	華　　語	閩南語	日　語
實體隱喻	形狀相似隱喻	炮口		
	性質相似隱喻	刀口		
方位空間隱喻	隱喻維度空間	山口	尻川口	

上表中可以看到：以「實體隱喻」最為多見，閩南語「口」詞語僅出現隱喻「維度空間」，日語慣用語中未有隱喻表現。

表 9-3-5　「口」轉喻表現

類　　型	映射方式	華　　語	閩南語	日　語
部分代全體	轉喻為人	一般人：兩口 行為狀態：口蜜腹劍 外貌特徵：血盆大口	一般人：大家口 行為狀態：啞口	
	轉喻完整性	牲口		
全體代部分	轉喻話語	口無遮攔	口氣	口がうまい
部分代部分	轉喻原因或結果	滅口	報戶口	
	轉喻動作狀態	杜口		
	轉喻情感	喜悅：笑口常開 擔憂：提心在口		
	轉喻食慾		胃口	

上表中可以看到：「口」的轉喻表現，以「部分代部分」轉喻較為多見，華語較為特別的是以「牲口」轉喻牲畜類的總稱，屬於「全體代部分」表現；閩南語則是以「口」轉喻「食慾」如「胃口」；日語僅出現「轉喻話語」一類，「轉喻話語」的表現亦是三種語言中出現最多的類型。

表 9-3-6　「口」構詞表現

類　　型	詞　　例
主謂複合詞	口沉、口吃、口鈍

述賓複合詞	張口、杜口、絕口、誇海口、探口風
偏正複合詞	炮口、瓶口、口試、口氣、啞口、小口、軟口湯、尻川口
派生詞詞綴	巷仔口（中綴）。兩口兒（後綴）。

　　上表中可以看到：「口」的構詞表現，共有四種類型，以「偏正」複合詞較為多見，另外，也有「口」與派生詞詞綴搭配構成的詞語。

表 9-3-7 「舌」隱喻表現

類　型	映射方式	華　語	閩南語	日　語
實體隱喻	形狀相似隱喻	火舌		
	性質相似隱喻	齒亡舌存		舌が縺れる

　　上表中可以看到：華語「舌」的隱喻表現最為多見，閩南語「舌」未有隱喻表現，日語「舌」慣用語中僅出現「性質相似」隱喻，以舌「縺れる」糾纏在一起的性質隱喻「口吃」。

表 9-3-8 「舌」轉喻表現

類　型	映射方式	華　語	閩南語	日　語
部分代全體	轉喻為人	一般人：喉舌 技藝職業：舌辯之士		
全體代部分	轉喻話語	嚼舌根		舌が回る
部分代部分	轉喻原因或結果	咬舌	大舌	舌を食う
	轉喻動作狀態		觸舌	舌鼓を打つ
	轉喻情感	恐懼：結舌 擔憂：咋舌	驚訝：吐舌	驚訝：舌を吐く 不屑：舌を鳴らす

　　上表中可以看到：「舌」的轉喻表現，以「部分代部分」轉喻較為多見。其中「轉喻為人」的情形僅出現於華語；閩南語的詞語僅有「部分代部分」轉喻，日語出現最為多的慣用語是「轉喻話語」。

表 9-3-9 「舌」構詞表現

類　型	詞　例
述賓複合詞	吞舌、咬舌、吐舌、觸舌、咬舌、費脣舌、咬舌頭、擺舌根
偏正複合詞	火舌、舌人、舌本、牛舌餅、舌狀花、長舌婦、大舌頭
並列複合詞	喉舌（同義）
派生詞詞綴	舌頭（後綴）

上表中可以看到：「舌」的構詞表現，共有四種類型，以動詞修飾「舌」的「述賓」複合詞較為多見，華語中也常以「頭」作為詞綴搭配構成詞語。

表 9-3-10　「牙」隱喻表現

類　型	映射方式	華　語	閩南語	日　語
實體隱喻	形狀相似隱喻	簷牙		
	性質相似隱喻	犬牙相錯		
方位空間隱喻	隱喻維度空間	牙道		
	隱喻時間	尾牙	做牙	

上表中可以看到：華語「牙」的隱喻表現最為完整，以「牙」的外型或具「尖」的性質隱喻情形最多，閩南語「牙」則以「時間」隱喻最多，日語未以「牙」作為詞彙使用，而是以「齒」替代。

表 9-3-11　「牙」轉喻表現

類　型	映射方式	華　語	閩南語	日　語
部分代全體	轉喻為人	一般人：爪牙 技藝職業：房牙子	青面獠牙	
全體代部分	轉喻話語	牙慧		
部分代全體	轉喻原因或結果	笑掉大牙		
	轉喻情感	顫抖：打牙戰 憤恨：牙癢癢		

上表中可以看到：「牙」的轉喻表現，以「部分代部分」轉喻較為多見。其中「轉喻為人」的情形包含四種特性的人，藉由「牙」轉喻「話語」的詞語也是華語當中最常使用的轉喻情形；閩南語僅有「轉喻為人」的詞語。

表 9-3-12　「牙」構詞表現

類　型	詞　例
主謂複合詞	牙癢癢
述賓複合詞	咬牙、齜牙、磨牙、塞牙縫、借齒牙
偏正複合詞	狼牙、虎牙、牙祭、牙婆、牙慧、老掉牙、牙盤日、牙後慧

上表中可以看到：「牙」的構詞表現，共有三種類型，以「偏正」複合詞最為多見，此外「牙癢癢」雖為「主謂」結構，其中「癢癢」為「重疊」結構。

表 9-3-13 「齒」隱喻表現

類　　型	映射方式	華　　語	閩南語	日　　語
實體隱喻	形狀相似隱喻		角齒	
	性質相似隱喻	脣亡齒寒		奧歯に剣

上表中可以看到：僅出現「實體隱喻」，華語「齒」的隱喻表現最為完整；閩南語以「角齒」隱喻「外型」尖銳，是華語及日語未出現的隱喻情形；日語慣用語僅有「性質相似」隱喻。

表 9-3-14 「齒」轉喻表現

類　　型	映射方式	華　　語	閩南語	日　　語
部分代全體	轉喻為人	一般人：齠年稚齒 外貌特徵：朱脣皓齒 行為狀態：馬齒徒長	一般人：幼齒 行為狀態：鐵齒	
全體代部分	轉喻話語	啟齒		歯に衣着せぬ
部分代全體	轉喻原因或結果	沒齒難忘	屎桮齒	歯を没す
	轉喻情感	憤怒：切齒 恐懼：齒擊		歯の根が合わない

上表中可以看到：「齒」的轉喻表現，華語「轉喻為人」的情形包含四類，閩南語卻只有兩類；華語及日語皆有以「齒」轉喻「話語」但閩南語未收錄詞語；日語「齒」的慣用語中未見「轉喻為人」的表現。

表 9-3-15 「齒」構詞表現

類　　型	詞　　例
主謂複合詞	齒尊、齒冷
述賓複合詞	眷齒、沒齒、嚼齒
偏正複合詞	馬齒、脣齒、齒劍、角齒、齊齒、暮齒、鐵齒、幼齒
並列複合詞	脣齒（同義）

上表中可以看到：「齒」的構詞表現，共有四種類型，以「偏正」複合詞最為多見，「脣齒」都在人的「口」中，屬同義「並列」結構。

四、「四肢」身體詞表現

表 9-4-1 「手」隱喻表現

類　型	映射方式	華　語	閩南語	日　語
實體隱喻	形狀相似隱喻	怪手	怪手	
	顏色相關隱喻	黑手黨		
	性質相似隱喻	一手遮天	穤手	片手落ち
方位空間隱喻	隱喻維度空間	下手	正手爿	
	隱喻時間	翻手之間	落尾手	

　　上表中可以看到：以「實體隱喻」最為多見，與「顏色」相關的隱喻僅出現於華語；日語慣用語僅有「性質相似」隱喻。

表 9-4-2 「手」轉喻表現

類　型	映射方式	華　語	閩南語	日　語
部分代全體	轉喻為人	一般人：牽手 技藝職業：歌手 外貌特徵：良質美手 行為狀態：胼手胝足	一般人：手下 技藝職業：選手 外貌特徵：手幼 行為狀態：右手	手を借りる
	轉喻完整性	洗手間		
全體代部分	轉喻手中物	伸手牌	手尾錢	手中に帰する
	生產者代生產品	手工	手痕	手を加える
部分代全體	轉喻原因或結果	唾手可得	拍手銃	手が回る
	轉喻動作狀態	動手腳	勼手	手を上げる
	轉喻情感	喜悅：抺手 慌張：手足無措 憤怒：搏手		害怕、不安：手に汗握る
	轉喻能力	拿手菜	手尾力	お手の物
	轉喻其他	手刺		

　　上表中可以看到：「手」的轉喻表現，以「部分代部分」最為多見，華語及閩南語「轉喻為人」都有四種不同特性的人，但日語僅出現一種；閩南語未收錄「轉喻情感」的詞語，其中身體詞「手」轉喻「生產物」也是轉喻特色之一。

表 9-4-3 「手」構詞表現

類　型	詞　例
主謂複合詞	手軟、手癢、手黏、手賤、手勢、手照
述賓複合詞	得手、分手、經手、沐手、伸手、下毒手、楔手縫
偏正複合詞	把手、手底、手面、手下、親手足、手尾錢
並列複合詞	手足、手爪（同義）

上表中可以看到：「手」的構詞表現，以「偏正」複合詞最為多見，其中「手足」皆為人的「四肢」而「手爪」則為「手」與「手指」屬同義「並列」結構。

表 9-4-4 「掌」隱喻表現

類　型	映射方式	華　語	閩南語	日　語
方位空間隱喻	隱喻時間			掌を返す

上表中可以看到：華語及閩南語未見隱喻詞語；日語僅有「隱喻時間」慣用語，以翻動手掌的時間隱喻「短暫」。

表 9-4-5 「掌」轉喻表現

類　型	映射方式	華　語	閩南語	日　語
部分代全體	轉喻為人	一般人：獨掌 技藝職業：掌櫃	技藝職業：車掌	掌中の珠
部分代部分	轉喻原因或結果	反掌之易	掌聲	掌を指す
	轉喻動作狀態	合掌	磨拳擦掌	
	轉喻情感	喜悅：鼓掌 憤怒：握拳透掌		
	轉喻能力	魔掌	掌握	掌の中

上表中可以看到：「掌」的轉喻表現，以「部分代部分」中「轉喻為人」最為多見，僅見華語收錄「轉喻情感」的詞語，以「掌」轉喻人所擁有的「能力」也是較為特別之處。

表 9-4-6 「掌」構詞表現

類　型	詞　例
述賓複合詞	主掌、翻掌、反掌、合掌
偏正複合詞	把股掌、車掌、指掌、掌印、掌心、掌班、掌聲、掌中戲
並列複合詞	掌管（同義）
派生詞詞綴	掌灶的、掌案的（後綴）

上表中可以看到：「掌」的構詞表現，以「偏正」複合詞最為多見，其中「手掌管」皆指「掌控」屬同義「並列」結構，較為特別的是以「的」作為詞綴。

表 9-4-7　「腳」隱喻表現

類　　型	映射方式	華　語	閩南語	日　語
實體隱喻	形狀相似隱喻	鬢腳	八字跤	
	動物相關隱喻	馬腳		
	隱喻人的外型	小腳	瘸跤	
	隱喻人的動作	抱佛腳		
	隱喻阻礙	絆腳石		
	性質相似隱喻	腳硬	跤梢	
方位空間隱喻	隱喻基礎	牆腳		
	隱喻維度空間	落腳點	樓跤	
	隱喻時間	年跟腳		

上表中可以看到：以「實體隱喻」最為多見，較為特別的是以「腳」受到牽制或難以行動的特質隱喻「阻礙」，此外「腳」位於人體最下面，在「方位空間」中可用來隱喻「基礎」，日語無收錄「腳」的慣用語。

表 9-4-8　「腳」轉喻表現

類　　型	映射方式	華　語	閩南語	日　語
部分代全體	轉喻為人	一般人：熟腳 技藝職業：國腳 行為狀態：軟腳蝦	一般人：厝跤 行為狀態：跛跤 外貌特徵：躼跤仔 技藝職業：水跤	
	轉喻完整性	陣腳		
全體代部分	轉喻酬勞	腳價		
部分代部分	轉喻原因或結果	拆牆腳	跤尾飯	
	轉喻動作狀態	下腳	勼跤	
	轉喻情感	憤怒：跺腳 悔恨：捶胸頓腳	趒跤頓蹄	
	轉喻其他	拳腳（轉喻能力） 踏腳（轉喻物品）		

上表中可以看到：「腳」的轉喻表現，以「部分代部分」最為多見，特別之

處為華語以「腳」勞動轉喻工作得到「酬勞」詞語不少；閩南語「轉喻情感」詞語僅見轉喻「生氣」，日語無收錄「腳」的慣用語。

表 9-4-9 「腳」構詞表現

類　型	詞　例
主謂複合詞	腳硬
述賓複合詞	插腳、收腳、失腳、勾跤、停跤、露馬腳、打牆腳、插一跤
偏正複合詞	鬢腳、跤縫、跤梢、半籃腳、腳脖子、柱仔跤、跤尾飯
派生詞詞綴	跤仔（後綴）

上表中可以看到：「腳」的構詞表現，以「述賓」複合詞最為多見，以「腳」作為賓語對象被前面的動作影響所構成的詞語，較為特別的是以閩南語「跤仔」為派生詞。

表 9-4-10 「足」隱喻表現

類　型	映射方式	華　語	閩南語	日　語
實體隱喻	形狀相似隱喻	弓足		
	動物相關隱喻	蛇足		
	隱喻人的外型	跛足		
	隱喻人的動作	失足		足を洗う
	隱喻重要特性	三足鼎立		
	隱喻其他性質	抱大足桿		足が重い
方位空間隱喻	隱喻基礎			足場を固める
	隱喻維度空間	立足地		
	隱喻時間	躇足		

上表中可以看到：以「實體隱喻」最為多見，尤其華語在「足」的表現種類豐富；閩南語中未收錄「足」的詞語；日語以「足」隱喻「基礎」，華語則是以「腳」。

表 9-4-11 「足」轉喻表現

類　型	映射方式	華　語	閩南語	日　語
部分代全體	轉喻為人	一般人：二足 技藝職業：白足 行為狀態：霑體塗足		
部分代部分	轉喻原因或結果	削足適履		足が棒になる
	轉喻動作狀態	落足		足を伸ばす

轉喻情感	期盼：翹足引領 悔恨：拊膺頓足 憤怒：頓足捶胸		足を空

　　上表中可以看到：「足」的轉喻表現，以「部分代部分」最為多見，華語於「轉喻情感」中種類較多；閩南語中未收錄「足」的詞語；日語無收錄「轉喻為人」的慣用語。

表 9-4-12　「足」構詞表現

類　型	詞　例
主謂複合詞	鼎折足、立足地
述賓複合詞	涉足、立足、禁足
偏正複合詞	義足、足跡、足下、足繭、天足、鼎足、蛇足、千里足

　　上表中可以看到：「足」的構詞表現，以「偏正」複合詞最為多見。

五、「內部器官及其他」身體詞表現

表 9-5-1　「心」隱喻表現

類　型	映射方式	華　語	閩南語	日　語
實體隱喻	顏色相關隱喻	灰心	烏心肝	
	容器隱喻	心窄		
	性質相似隱喻	心醉	大細心	心を入れ替える
	隱喻專一	誓無二心	全心	
方位空間隱喻	隱喻中央	圓心	中心	
	隱喻內心深處	心窩	心肝窟仔	

　　上表中可以看到：以「實體隱喻」最為多見，較為特別的是「心」只有一個，以此隱喻「專一」，僅華語收錄以「心」當作「容器隱喻」的詞語；日語「心」僅出現「性質相似」隱喻。

表 9-5-2　「心」轉喻表現

類　型	映射方式	華　語	閩南語	日　語
部分代全體	轉喻為人	一般人：心肝 溫度特性：冰心 人的意志：鐵心 動物特性：狼心	一般人：貼心 溫度特性：熱心 人的意志：好心 行為狀態：石磨仔心	心を一にする

部分代部分	轉喻原因或結果	嘔心吐膽		心を奪う
	轉喻動作狀態	掛心	過心	心を開く
	轉喻情感	悲傷：透骨酸心 痛苦：亂箭攢心 害怕：驚心 焦急：心急如焚 喜悅：心花怒放 其他：臉紅心跳	悲傷：清心 焦急：懆心 悔恨：捶心肝 憤怒：心狂火著	悲傷：心が痛む 喜悅：心が晴れる 擔心：心に懸かる 期待：心が弾む 憤怒：怒り心頭に発する
	轉喻思想	工心計	煞心	心に任せる
	轉喻能力	心數	心血	心知る

　　上表中可以看到：「心」的轉喻表現，以「部分代部分」最為多見，在「轉喻為人」的類型中，又可將人的「心」分為不同性質來看；閩南語中未收錄「轉喻原因或結果」的詞語；日語「轉喻為人」的慣用語僅有一種類型。

表 9-5-3　「心」構詞表現

類　　型	詞　　例
主謂複合詞	心亂、心窄、心慌、心爽、心軟、心酸、心懵懵
述賓複合詞	放心、擔心、掛心、入心、過心、關心、捶心肝
偏正複合詞	地心、圓心、信心、心火、心情、豆腐心、心肝肉、自尊心
並列複合詞	心臂、心腹、心肝（同義）

　　上表中可以看到：「心」的構詞表現，以「偏正」複合詞最為多見，又華語「心臂」指心與脊骨；閩南語「心腹」為心和腹，都是同義「並列」複合詞。

表 9-5-4　「肝」隱喻表現

類　　型	映射方式	華　　語	閩南語	日　　語
實體隱喻	性質相似隱喻	龍肝豹胎	豬肝色	肝を潰す
方位空間隱喻	隱喻維度空間	肝膽胡越		
	隱喻內心深處	肺肝		肝に銘じる

　　上表中可以看到：以「方位空間隱喻」最為多見，如華語「肝膽胡越」隱喻「維度空間」指距離很短；隱喻「內心深處」的詞彙華語及日語皆有出現；日語常以「肝」隱喻「勇氣」。

表 9-5-5 「肝」轉喻表現

類 型	映射方式	華 語	閩南語	日 語
部分代部分	轉喻原因或結果	肝膽塗地		肝を嘗む
	轉喻動作狀態	掛心		
	轉喻情感	憤怒：動肝火 悲傷：肝腸寸斷		擔心：肝を煎る 悲傷：肺肝を摧く
	轉喻其他	肝鬲		肝を砕く

上表中可以看到：「肝」的轉喻表現，僅有「部分代部分」，閩南語中未收錄轉喻的詞語；日語「轉喻為人」的慣用語僅有一種類型。

表 9-5-6 「肝」構詞表現

類 型	詞 例
述賓複合詞	動肝火
偏正複合詞	肝火、肝膽、肝氣、驢肝肺
並列複合詞	肝肺（同義）

上表中可以看到：「肝」的構詞表現，以「偏正」複合詞最為多見，「肝肺」兩義相近，為同義「並列」複合詞。

表 9-5-7 「髮」隱喻表現

類 型	映射方式	華 語	閩南語	日 語
實體隱喻	形狀相似隱喻	髮菜		
	性質相似隱喻	絲恩髮怨		髮の長きは七難隱す
方位空間隱喻	隱喻維度空間	髮際		
	隱喻時間			間髮を容れず

上表中可以看到：以「實體隱喻」最為多見，「維度空間」僅出現在華語，以「髮際」指距離；閩南語未收錄「髮」的隱喻詞語；日語以「髮」之間沒有距離隱喻「時間」短暫。

表 9-5-8 「髮」轉喻表現

類 型	映射方式	華 語	閩南語	日 語
全體代部分	轉喻為人	一般人：戴髮含齒 技藝職業：髮姐 外貌特徵：銀髮		髮を下ろす
全體代部分	轉喻髮上物	髮髻		

部分代部分	轉喻原因或結果	束髮		髮をはやす
	轉喻情感	憤怒：髮指 懊悔：擢髮抽腸 害怕：毛髮悚然		怒髮冠を衝く

上表中可以看到：「髮」的轉喻表現，以「部分代部分」最為多見，華語在現代中常以「髮色」轉喻「人的年齡」，古代又常以「髮型」推知「年齡」結果；閩南語中未收錄「髮」的轉喻詞語；日語在「髮」的慣用語中「轉喻為人」皆指「僧人」。

表 9-5-9 「髮」構詞表現

類　　　型	詞　　　例
述賓複合詞	束髮、披髮、落髮、結髮
偏正複合詞	絲法、毫髮、總髮、窮髮、髮絲、髮際、髮妻、銀髮族

上表中可以看到：「髮」的構詞表現，僅出現兩類，以「偏正」複合詞最為多見。

甚多期刊文章中，常使用某個身體部位做為隱喻現象探討，如「頭」、「眼」……等，美中不足之處為無系統性說明，換言之，文章所舉之例為「隨機」抓取語料分析，可能會使學習者及閱讀文獻者較不容易了解隱喻的生成及背後之義。故筆者在研究中，皆以「辭典」中的詞彙做系統性的分析探討，一來能夠看到大量的詞彙分析，二來都有釋義及例句作為補充說明，便能夠更加清楚隱喻的系統性及分類。

語言詞彙的理解，並非都能由表層的字詞分析獲得，但透過認知隱喻的機制，可加強對詞義的認識，便能在生活中隨心所欲地使用，也能讓現在的學生不要對不認識的詞語「望文生義」。

本論文是由華語、閩南語詞彙及日語慣用語中的身體詞作為出發點，試圖了解臺灣族群在文化背景的語言特色，華語為現在的國語，閩南語則為方言之一。此外，不僅是日治時期受到日本統治提倡學習日語，「哈日」及語言交流的影響下，華語及閩南語中亦有詞語受到影響而直接借用日語詞彙，從這三個語言中能夠探討反映在臺灣人所使用的語言概念，更能知道認知過程究竟為何。

過去人類在體驗認知的基礎上，會運用人體不同的部位進行隱喻造詞，透

過這樣的詞彙生成方式，能夠讓詞語具有系統、普遍、概念……等特性，隱喻不同也會導致造出之詞彙有所差異，更呈現出不一樣的複合詞結構。

　　不同民族的人類會因為生活習慣及成長環境等變異，讓身體詞隱喻出現差異及組織的多樣化，體現於不同的身體器官，在隱喻造詞的過程中有著數量及使用頻率的不同。

　　先前已有許多學者對於認知隱喻提出見解，筆者於論文中吸收了大量的文獻知識並參考這些資料，運用到本文的隱喻理論觀後撰寫、分析，探討華閩日身體詞的隱喻情形。文章主要透過 Lakoff & Johnson〔註2〕所提出的「概念隱喻理論」分析身體詞的隱喻類型，並將隱喻分為「實體隱喻」、「空間方位隱喻」兩大類型，其中「實體隱喻」又細分出「形狀相似喻」、「性質相似喻」；「空間方位隱喻」又可分為「維度隱喻」、「時間隱喻」。此外，又會因應詞彙本身的特性，再歸納出身體詞彙特有的類別，如「頭」有「最上方、第一個」的隱喻方式，因頭屬於身體最高處，將其納入「空間方位隱喻」的分類。再來，根據謝健雄〔註3〕所提出的「認知轉喻」角度，分析身體詞的轉喻類型，並將轉喻分為「部分代全體」、「全體代部分」、「部分代部分」三類。除了以這兩位學者的理論作為主軸外，更會適時加入前人的研究，並將理論提出運用作為輔助，從中不僅能得知認知隱喻的機制，更能體會語言的普遍性及臺灣文化的特殊現象，將詞語展現在臺灣人所使用的詞彙中。

第二節　未來期許

　　筆者結合了華語研究方法以及現代語言學的理論，為華語、閩南語及日語作跨時空、跨語言的研究。「宏觀」而言，本文全面觀察臺灣教育部的國語及閩南語辭典中的身體詞語料，進行二、三、四字的詞彙討論，以及對日語慣用語辭典中的身體詞作為分析探討。不過以「微觀」而言，本文以為可再針對細微的部分做進一步分析，而這有待於後續研究的開發。

　　以下是本文尚未探討，未來可以繼續發展的方向：

〔註2〕 G. Lakoff & M. Johnson. 1980: *Metaphor We Live By*. Chicago: University of Chicago Press.

〔註3〕 謝健雄：〈當代臺灣漢語慣用轉喻：認知語言學取徑〉，《人文暨社會科學期刊》，（2008 年第 1 期）。

一、隱喻部份

認知隱喻的部分，本文分為「隱喻」、「轉喻」，雖「兩者兼具」有談論到，只有在「頭部」身體詞中獨立列出，其他身體詞因較少難以特別列舉出來，僅在詞彙說明中提及。礙於時間與篇幅之故，本文並未多做深究，但或有其他「隱喻、轉喻兩者兼具」，或先隱喻後轉喻，或先轉喻後隱喻的情形，本文未及探討者，日後還可再做深入探討。

二、語言部份

筆者欲想優先探討「臺灣語言」，包括閩南語和客家語，不過筆者雖身為客家人，卻不熟悉客家語，而生長環境皆使用閩南語，且思及未來應用層面廣，因此不揣淺陋以研究閩南語為主，日後或可加入臺灣客家語身體詞探討，以對臺灣語言中的身體詞能有更為全面的了解與掌握。

由於筆者對日語尚嫻熟，因此才以出現在臺灣歷史中的「日語」作為研究對象之一。筆者日後也會為自身不足多努力，為臺灣母語研究再盡心力，讓臺灣的語言能夠保存得更完善、也讓更多人了解母語之美。

三、語料部份

本文探討的語彙並無包含所有身體詞部位，如「臉（顏、面）」、「身」……等，這些身體詞範疇並無著墨。字詞方面，四字以上的俗諺語隱喻表現亦非常豐富，尤其是方言中的表現更為生動，但本文為了因時間及篇幅所限，只針對華、閩的二、三、四字詞彙作為語料，後續研究可針對某一類特殊主題的隱喻方式，做專題探討，如俗語、諺語、歇後語研究，且不一定侷限於身體詞，能有更大的突破。

四、外語部分

筆者雖對日語有著一定程度的理解，又有許多日籍友人，但在探討日語的隱喻生成中，有時會遇到較大的難處，如明知有隱喻現象，卻不知相似性或相同性為何。日本人若非從事相同研究者，亦無法解釋背後的生成原因，如同筆者從事隱喻研究，能知道理論及映射過程，但未具先備知識的日本人同樣無法未筆者解惑。此外，在尋找文獻時都是以華語資料庫收錄的期刊論文為主，因

無日本研究者之身份，難以搜尋、參考到日語的學術研究文章。

五、範疇部份

　　詞彙的選取中，每個語言僅挑選一部辭典作為研究範圍，難免不夠周全，其中收錄的詞彙並非人人熟知，或日常生活中常出現但本文卻未收錄，尤其是閩南語的詞彙，故後續研究可再多挑選辭典，進行多方語料的收集，才能進行更為完整、全面性的研究。

六、構詞部分

　　因構詞方面的觀念不足還未能完全掌握，以致原本文章中的「構詞」分析可能會有其他問題產生，但期望未來能夠繼續鑽研構詞學相關的理論，使自己的研究所見能涉略更廣、更深。

　　以上提供有興趣研究者的後繼者參考，筆者未來也會繼續彌補本文不處。

　　總而言之，本文是為臺灣華語、臺灣閩南語及日語「三語言比較」而作，觀察各語中身體詞的認知隱喻表現情形，現代漢語身體詞研究專書很少見，跨語言的全面性研究更不多見，本文之作是一新的嘗試，藉由整合與比較可以便加凸顯臺灣語言的特色所在。

　　由於筆者才疏學淺，加上前人鮮少有如此之作，使得本論文雖具「廣度」，但「深度」恐怕仍待加強，這是未來本文精進的目標。

　　臺灣近十年來積極推動母語運動，以加強下一代對臺灣本土語言、文化的認同，希望未來能有更多學者投入臺灣語言的研究，這樣不但能讓人了解臺灣語言背後認知思維的特點，更能深耕臺灣民族語言文化研究的多樣性，甚且還能進一步追求認知語言中所呈現的語言藝術之美，由此使深具特色的臺灣語言文化能夠永續傳承。

參考文獻

一、語料及辭典

1. Weblio〔註1〕《Weblio 辭書：辞典・百科事典の検索サービス》https://www.weblio.jp/
2. 八幡啓：《身體表現詞典：身體部位慣用語詞典》，（安徽：中國科學技術大學出版社，2013 年）。
3. 教育部《重編國語辭典修訂本》http://dict.revised.moe.edu.tw/cbdic/
4. 教育部《臺灣客家語常用詞辭典》https://hakka.dict.edu.tw/hakkadict/index.htm
5. 教育部《臺灣閩南語常用詞辭典》https://twblg.dict.edu.tw

二、專　書

1. E. Rosch.1975：*Family Resemblances*：studies in the internal University Press.
2. Edward Sapir 著，陸卓元譯：《言語論》，（北京：商務印書館，2011 年）。
3. G. Lakoff & M. Johnson.1980：*Metaphor We Live By*. Chicago：University of Chicago Press.
4. Lakoff & Johnson 著，周世箴譯：《我們賴以生存的譬喻》，（臺北：聯經出版社，2006 年）。
5. Richard Walker：《人體學習百科》，（臺北，貓頭鷹出版社，2004 年）。
6. 久野暲：《日本文法研究》，（東京：大修館書店，1973 年）。
7. 山梨正明：《比喩と理解》，（東京：東京大学出版会，1988 年）。

〔註1〕 Weblio 辞書とは、複数の辞書や用語集を一度に検索し、一度に表示する、統合型オンライン辞書サービスです。

8. 山梨正明：《認知文法論》，（東京：ひつじ書房，1995 年）。

9. 山梨正明：《認知構文論──文法のゲシュタルト性》，（東京：大修館書店，2009 年）。

10. 王希杰：《漢語詞彙學》，（北京：商務印書館，2017 年）。

11. 王銳：《日語慣用語、諺語詳解》，（北京：外語教學與研究出版社，2011 年）。

12. 古國順：《臺灣客語概論》，（臺北：五南出版社，2005 年）。

13. 吉村公宏：《はじめての認知言語学》，（東京：研究社，2004 年）。

14. 辻幸夫：《認知言語学キーワード事典》，（東京都：研究社，2002 年）。

15. 何三本、王玲玲：《現代語義學》，（臺北：三民書局，1995 年）。

16. 何自然：《認知語用學──言語交際的認知研究》，（上海：上海外語教育出版社，2006 年）。

17. 吳宏：《日語慣用語的認知語義研究─以人體詞慣用語為中心》，（廣東：世界圖書出版公司廣東公司，2013 年）。

18. 吳禮權：《修辭心理學》，（昆明：雲南人民出版社，2001 年）。

19. 李子瑄、曹逢甫：《漢語語言學》，（臺北：正中書局股份有限公司，2009 年）。

20. 李仕春：《漢語構詞法和造詞法研究》，（北京：語文出版社，2011 年）。

21. 李福印：《語義學概論》，（北京：北京大學出版社，2006 年）。

22. 束定芳：《認知語言學研究方法》，（上海：上海外語教育出版社，2013 年）。

23. 束定芳：《認知語義學》，（上海：上海外語教育出版社，2008 年）。

24. 束定芳：《隱喻學研究》，（上海：上海外語教育出版社，2000 年）。

25. 沈家煊：《認知與漢語語法研究》，（北京：商務印書館，2006 年）。

26. 沈陽、馮勝利編：《當代語言學理論和漢語研究》，（北京：商務印書館，2008 年）。

27. 谷口一美：《学びのエクササイズ 認知言語学》，（東京：ひつじ書房，2006 年）。

28. 周長楫：《廈門方言研究》，（福建：福建人民出版社，1998 年）。

29. 定延利之：《認知言語論》，（東京：大修館書店，2000 年）。

30. 竺家寧：《詞彙之旅（新修訂版）》，（臺北：正中書局，2017 年）。

31. 竺家寧：《漢語詞彙學》，（臺北：五南出版社，2008 年）。

32. 邱湘雲：《臺灣華、客、閩語彙研究論集》，（臺北：聯合百科電子，2015 年）。

33. 胡壯麟：《認知隱喻學》，（北京：北京大學出版社，2004 年）。

34. 孫亞：《語用和認知概論》，（北京：北京大學出版社，2008 年）。

35. 崔希亮：《語言理解與認知》，（臺北：學林出版社，2016 年）。

36. 張輝：《熟語及其理解的認知語義學研究》，（北京：軍事誼文出版社，2003 年）。

37. 教育部《重編國語辭典修訂本》http://dict.revised.moe.edu.tw/cbdic/

38. 教育部《臺灣客家語常用詞辭典》https://hakka.dict.edu.tw/hakkadict/index.htm

39. 教育部《臺灣閩南語常用詞辭典》https://twblg.dict.edu.tw

40. 曹逢甫、蔡立中、劉秀瑩：《身體與譬喻──語言與認知的首要介面》，（臺北：文

鶴出版社，2001 年）。

41. 曹煒：《現代漢語詞義學》，（臺北：學林出版社，2001 年）。

42. 陸儉明、沈陽：《漢語和漢語研究十五講》，（北京：北京大學出版社，2003 年）。

43. 楊秀芳：《臺灣閩南語語法稿》，（臺北：大安出版社，1991 年）。

44. 葉蜚聲、徐通鏘：《語言學綱要》，（臺北：書林出版社，1993 年）。

45. 董忠司：《臺灣閩南語辭典》，（臺北：五南圖書出版，2002 年）。

46. 福田稔：《言語の構造と分析——統語論、音声学・音韻論、形態論》，（東京：株式会社開拓社，2018 年）。

47. 趙元任：《漢語口語語法》，（上海：上海外語教育出版社，2013 年）。

48. 趙艷芳：《認知語言學概論》，（上海：上海外語教育出版社，2001 年）。

49. 劉月華：《實用現代漢語語法》，（臺北：師大書苑，1996 年）。

50. 劉宇紅：《認知語言學：理論與應用》，（北京：中國社會科學出版社，2006 年）。

51. 影山太郎：《文法と語形成》，（東京：大修館書店，1993 年）。

52. 潘文國、葉步青、韓洋：《漢語的構詞法研究》，（臺北：臺灣學生書局，1993 年）。

53. 潘文國、葉步青、韓洋：《漢語的構詞法研究》，（臺北：臺灣學生書局，2001 年）。

54. 賴惠玲：《語意學》，（臺北：五南出版社，2017 年）。

55. 謠口明：《慣用句・故事ことわざ辞典 ポケット版》，（東京：成美堂出版，2014 年）。

56. 鍾榮富：《臺灣客家語音導論》，（臺北：五南書局，2004 年）。

57. 蘇以文、畢永峨：《認知與語言》，（臺北：國立臺灣大學出版中心，2009 年）。

三、期刊及論文

（一）期刊類

1. 丁麗、高蘊華：〈「眉」的隱喻認知特點——以漢語現當代文學語料為例〉，《海外英語》，（2016 年第 21 期）。

2. 卞成林：〈現代漢語三音節複合詞結構分析〉，《漢語學習》，（1998 年第 4 期）。

3. 王延紅：〈日語「目」的語義擴展的認知考察〉，《中國科教創新導刊》，（2011 年第 20 期）。

4. 王松木：〈語言中的琥珀——論諺語的特質及其語義生成模式〉，《臺北教育大學語文集刊》，（2012 年第 22 期）。

5. 王珊珊：〈基於認知語義擴展模式的日語「足」字多義現象分析〉，《寧德師範學院學報（哲學社會科學版）》，（2014 年第 4 期）。

6. 王茂、項成東：〈漢語「眼、目」的轉喻與隱喻〉，《外國語言文學》，（2010 年第 3 期）。

7. 王理：〈「頭」詞群的隱喻在英漢語中的對比研究〉，《信陽農林學院學報》，（2016

年第 4 期）。

8. 王群、齊振海：〈「手」詞語的結構化分析〉，《華北電力大學學報（社會科學版）》，（2005 年第 1 期）。

9. 王維妍：〈基於時空觀和功能觀的「心」的隱喻結構化研究〉，《東南大學學報（哲學社會科學版）》，（2009 年第 4 期）。

10. 朱芙蓉：〈含身體部位或器官名稱的隱喻認知〉，《湖南人文科技學院學報》，（2004 年第 6 期）。

11. 朱金貴：〈淺析「心為實物」的隱喻意象〉，《信陽農林學院學報》，（2018 年第 4 期）。

12. 何漂飄：〈漢語「眉」的隱喻和轉喻義解讀〉，《現代語文（語言研究版）》，（2014 年第 8 期）。

13. 吳恩鋒：〈論漢語「心」的隱喻認知系統〉，《語言教學與研究》，（2004 年第 6 期）。

14. 呂傳峰：〈「嘴」的詞義演變及其與「口」的歷時更替〉，《語言研究》，（2006 年第 1 期）。

15. 宋玉閣：〈隱喻和中西文化認知異同——以「手」為例〉，《淮北煤炭師範學院學報（哲學社會科學版）》，（2009 年第 6 期）。

16. 李壬癸：〈人體部位名稱在語言上的應用〉，《語言暨語言學》，（2007 年第 3 期）。

17. 李臻儀：〈「頭」字的語意延伸與語法化：歷時研究〉，《第五屆臺灣語言及其教學國際學術研討會》，（臺中：靜宜大學，2004 年）。

18. 汪昕、羅思明：〈「腳」與「足」詞義演變及動因考察〉，《現代語文》，（2013 年第 7 期）。

19. 沈家煊：〈語法化研究綜觀〉，《外語教學與研究》，（1994 年第 4 期）。

20. 林星：〈認知語言學的具身化假說和身體隱喻研究〉，《外國語言文學》，（2009 年第 3 期）。

21. 林偉淑：〈《金瓶梅》的身體感知——觀看、窺視、潛聽、噁心與快感敘事意義〉，《東吳中文學報》，（2017 年第 33 期）。

22. 林碧慧：〈時空越界——由「肉身感知」解析時間表述的空間方位映射〉，《東海中文學報》，（2007 年第 19 期）。

23. 林蔭：〈腳的轉喻和隱喻分析〉，《赤峰學院學報（漢文哲學社會科學版）》，（2010 年第 1 期）。

24. 邱湘雲：〈委婉語在臺灣語言及臺灣文學中的表現〉，《第四屆臺灣文學與語言國際學術研討會論文集》，（臺南：真理大學語文學院，2007 年）。

25. 邱湘雲：〈客、閩、華語三字熟語隱喻造詞類型表現〉，《國文學誌》，（2011 年第 22 期）。

26. 邱湘雲：〈客、閩、華語三字熟語隱喻造詞類型表現〉，《彰化師大國文學誌》，（2011 年第 22 期）。

27. 邱湘雲：〈客家話人體詞語隱喻及轉喻研究〉，《客家委員會獎助客家學術研究計畫 客家委員會獎助客家學術研究計畫》，（2012 年 11 月 30 日）。

28. 邱湘雲：〈客家對句理諺認知譬喻研究：以實體譬喻為例〉，《全球客家研究》，（2018 年第 10 期）。

29. 邱湘雲：〈華語五官慣用語概念隱喻及其教學研究〉，《應華學報》，（2016 年第 17 期）。

30. 邱湘雲：〈漢語足部動作詞的空間隱喻〉，《國立彰化師範大學文學院學報》，（2012 年第 6 期）。

31. 邱湘雲：〈隱喻和轉喻在漢語方言中的類型探討——以客家話三字熟語為例〉，《第六屆中國認知語言學研討會》，（2009 年）。

32. 姜祝青：〈認知視角下英漢「耳」的詞義對比研究〉，《現代語文》，（2015 年第 3 期）。

33. 師璐：〈試論意象圖式及其在詞義延伸中的作用〉，《四川外語學院學報》，（2004 年第 5 期）。

34. 徐娟娟：〈漢語「手」衍生的轉喻和隱喻連續體關係〉，《現代語文（語言研究版）》，（2011 年第 1 期）。

35. 徐銀：〈英語「mouth」漢語「口、嘴」詞彙的隱、轉喻認知對比〉，《江蘇科技大學學報（社會科學版）》，（2009 年第 4 期）。

36. 崔林、官金玲：〈英語中包含「眼」和「耳」的習語中的隱喻和轉喻〉，《世紀橋》，（2012 年第 17 期）。

37. 張水應：〈分析從認知角度看日語人體詞慣用的語義構建〉，《南北橋》，（2014 年第 2014 卷 1 期）。

38. 張薇：〈「口」、「嘴」辨析〉，《語言教學與研究》，（2005 年第 2 期）。

39. 莊蘋：〈「足」的隱喻認知對比研究〉，《河南科技大學學報（社會科學版）》，（2015 年第 4 期）。

40. 莫縈竹：〈成語中頭部詞「眼、目」的認知特點研究〉，《赤子（上中旬）》，（2015 年第 5 期）。

41. 許燕：〈多維考察「腳」的隱喻和轉喻〉，《才智》，（2015 年第 3 期）。

42. 連金發：〈日治時代臺灣閩南語詞彙語義研究回顧〉，《臺灣語文研究》，（2009 年第 4 期）。

43. 連金發：〈臺灣閩南語〈頭〉的構詞方式〉，殷允美、楊懿麗、詹惠珍（編），《第五屆中國境內語言暨語言學國際研討會論文集》。（臺北：中研院語言所籌備處，1999 年）。

44. 連金發：〈歷史語言學導論：構詞演變〉，《2014 語言學卓越營：語言演變》。（臺北：中央研究院語言學研究所，2014 年）。

45. 陳岳紅、向曉虹：〈試論漢語「心」的隱喻〉，《世紀橋》，（2007 年第 8 期）。

46. 陳明芳:〈慣用語認知機制及其詞彙語義特徵〉,《外語教學》,(2006 年第 27 期)。

47. 陳勇:〈英漢語言中「眉」的隱喻對比研究〉,《現代語文(語言研究版)》,(2014 年第 8 期)。

48. 陳盈盈、李天賢:〈「耳」基於語料的漢英人體詞「耳(ear)」的概念隱喻對比研究〉,《現代語文》,(2013 年第 18 期)。

49. 陳盈盈:〈基於與料庫的英漢語言中「mouth(口嘴)」的轉喻對比考察〉,《現代語文》,(2014 年第 6 期)。

50. 陳義、周玫觀:〈「耳」字成語的認知隱喻機制〉,《齊齊哈爾大學學報(哲學社會科學版)》,(2020 年第 6 期)。

51. 黃仙姬:〈漢、韓五官慣用語概念隱喻的異同〉,《延邊大學學報(社會科學版)》,(2010 年第 43 期)。

52. 喻迪:〈淺談「嘴」的詞義演變〉,《青年文學家》,(2018 年第 5 期)。

53. 覃修桂:〈「眼」的概念隱喻——基於語料的英漢對比研究〉,《外國語》,(2008 年第 5 期)。

54. 辜夕娟:〈「人」作為構詞語素的雙音節合成詞的隱喻認知分析〉,《雲南電大學報》,(2010 年第 12 卷 3 期)。

55. 黃莉萍:〈從體驗認知角度看「頭」的概念隱喻〉,《欽州學院學報社》,(2014 年第 4 期)。

56. 楊小洪:〈「鼻」語匯的文化語境與文化賦值〉,《外國語(上海外國語大學學報)》,(2007 年第 5 期)。

57. 楊秀芳:〈方言本字研究的觀念與方法〉,《漢學研究》,(2000 年第 18 期)。

58. 楊佳嫻:〈重探張愛玲小說裏的病態身體——以《花凋》、《紅玫瑰與白玫瑰》、《小團圓》為主〉,《人文中國學報》,(2017 年第 25 期)。

59. 賈燕子:〈「口」「嘴」上位化的過程和原因〉,《重慶郵電大學學報(社會科學版)》,(2015 年第 5 期)。

60. 熊葦渡:〈從隱喻認知視角看中日慣用句差異——以含「手」的身體慣用句為例〉,《蘭州學刊》,(2012 年第 8 期)。

61. 蒼麗影:〈日語「手」合成詞的語義範疇及語義擴展認知分析〉,《大連大學學報》,(2012 年第 2 期)。

62. 趙玉珊:〈從體驗哲學角度解析身體隱喻的構詞理據〉,《棗莊學院學報》,(2008 年第 25 卷 3 期)。

63. 趙倩:〈語義取象對詞義演變的影響——以「牙、齒」為例〉,《西華師範大學學報(哲學社會科學版)》,(2010 年第 6 期)。

64. 趙學德:〈人體詞「牙、齒」和「tooth」語義轉移的認知研究〉,《西安外國語大學學報》,(2011 年第 2 期)。

65. 趙國靜:〈漢英語言中「頭(head)」的空間隱喻分析〉,《校園因語》,(2015 年第

8 期）。

66. 趙順文：〈結合價圖與三大比喻的日語教學應用〉，《高大人文學報》，（2019 年第 4 期）。

67. 趙學德、王晴：〈人體詞「舌」和「tongue」語義轉移的認知構架〉，《長沙大學學報》，（2011 年第 6 期）。

68. 趙學德：〈構式語法視域下人體詞「眉」的認知研究〉，《浙江科技學院學報》，（2020 年第 2 期）。

69. 趙學德：〈認知視角下「足／腳」和 foot 的語義轉移構架〉，《外國語言文學》，（2011 年第 3 期）。

70. 劉志成：〈英漢人體詞「nose」和「鼻」一詞多義對比研究〉，《成都師範學院學報》，（2015 年第 1 期）。

71. 劉志成：〈英漢人體詞「nose」和「鼻」一詞多義轉義范疇認知對比研究〉，《雲南農業大學學報》，（2015 年第 1 期）。

72. 劉玨：〈淺談日本人對日語慣用句中身體詞彙的理解〉，《廣東工業大學學報（社會科學版）》，（2002 年第 3 期）。

73. 劉軍英：〈英漢「口、嘴」詞彙的隱喻認知特點「口、嘴」〉，《新鄉學院學報（社會科學版）》，（2009 年第 5 期）。

74. 劉燕：〈漢字「頭」概念隱喻初探〉，《北方文學》，（2018 年第 3 期）。

75. 樊輝、宮雪、戴衛平：〈「Hand 手」的轉喻、隱喻說略〉，《語文學刊（高教、外文版）》，（2008 年第 8 期）。

76. 樊輝、宮雪、戴衛平：〈芻議「心」的隱喻〉，《現代語文》，（2008 年第 15 期）。

77. 歐德芬：〈多義感官動詞「看」義項之認知研究〉，《語言暨語言學》，（2014 年第 2 期）。

78. 蔡豐琪：〈中日身體語彙之語義延伸──以複合名詞「～口」為例〉，《臺大日本語文研究》，（2009 年第 18 期）。

79. 鄧孟倫：〈華語與閩南語手部三字格認知隱喻研究〉，《輔大中研所學刊》，（2017 年第 35.36 期）。

80. 鄧孟倫：〈閩南語身體詞三字熟語詞認知隱喻探析〉，《慈濟科技大學學報》，（2017 年第 5 期）。

81. 鄭宇超：〈日語慣用句語義闡釋与五官認知〉，《赤峰學院學報（漢文哲學社會科學版）》，（2010 年第 4 期）。

82. 鄭萌：〈淺析「眼」的概念隱喻──基於語料庫的英漢對比分析〉，《英語廣場》，（2015 年第 11 期）。

83. 鄭縈、陳雅雯：〈閩南語「頭」字的用法與其教學〉，《臺灣語文研究》，（2009 年第 3 期）。

84. 賴惠玲、劉昭麟：〈客家象徵符碼「硬頸」之演變：臺灣報紙媒體縱剖面之分析〉，

《傳播與社會學刊》，（2017 年第 39 期）。

85. 賴惠玲：〈身體、認知與空間：以客語的身體部位詞為例〉，《行政院客家委員會獎助客家學術研究計畫》，（2006 年 12 月 25 日）。

86. 龍青然：〈成語中的隱喻格式〉，《邵陽師專學報》，（1995 年第 4 期）。

87. 戴維、俞霞君：〈漢字「心」的隱喻和轉喻認知分析〉，《海外英語》，（2019 年第 6 期）。

88. 謝之君、史婷婷：〈漢語「心」和英語 heart 的語義範疇轉移比較〉，《山東外語教學》，（2007 年第 4 期）。

89. 謝健雄：〈當代臺灣漢語慣用轉喻：認知語言學取徑〉，《人文暨社會科學期刊》，（2008 年第 1 期）。

90. 顏健富：〈「病體中國」的時局隱喻與治療淬鍊——論晚清小說的身體／國體想像〉，《臺大文史哲學報》，（2013 年第 79 期）。

91. 龐曉紅：〈從認知的角度分析「手」隱喻〉，《和田師範專科學校學報（漢文綜合版）》，（2008 年第 58 期）。

92. 嚴爽：〈英語 hand 和漢語「手」之一詞多義對比〉，《浙江科技學院學報》，（2006 年第 4 期）。

93. 蘇昶：〈隱喻視域下的「眼」〉，《才智》，（2014 年第 18 期）。

94. 蘭智高、張夢捷：〈關於空間和時間的思考與探討〉，《黃岡師範學院學報》，（2009 年第 6 期）。

（二）學位論文類

1. 丁麗：《漢語「眉」的隱喻研究》，（上海：東華大學外國語言學及應用語言學碩士學位論文，2016 年）。

2. 回嘉瑩：《日漢慣用語的對比研究——以身體詞彙「眼睛」和「心」為中心》，（哈爾濱：黑龍江大學日語語言文學研究所碩士學位論文，2009 年）。

3. 朱光安：《漢語身體部位成語之情感隱喻研究與教學啟示》，（高雄：文藻外語大學華語文教學研究所碩士學位論文，2013 年）。

4. 余玉娥：《醫學臺語疾病名稱號名、構詞 kap 文化意涵：以《內外科看護學》為主 ê 分析》，（高雄：國立高雄師範大學臺灣歷史文化及語言研究所碩士學位論文，2014 年）。

5. 李文莉：《人體隱喻系統研究》，（華東：華東師範大學中國語言文學系碩士班學位論文，2007 年）。

6. 李娟：《現代漢語眼部詞彙的指稱結構及其隱喻系統研究》，（重慶：四川外語學院碩士學位論文，2011 年）。

7. 李毓清：《日語身體部位詞「顏」之語義與用法——兼論與華語之對比研究——》，（臺北：東吳大學日本語文學系博士學位論文，2018 年）。

8. 李慧：《古漢語「牙」、「齒」類器官詞的認知研究》，（吉林：延邊大學碩士學位論文，2010 年）。

9. 汪金后：《臺灣閩南語「跤」和「手」的構詞與語意研究》，（新竹：國立新竹教育大學臺灣語言與語文教育研究所碩士學位論文，2016 年）。

10. 周怡茹：《臺灣閩南語三字慣用語研究——以董忠司：《臺灣閩南語辭典》為例》，（彰化：國立彰化師範大學臺灣文學研究所碩士論文，2011 年）。

11. 林科成：《關於日語身體部位詞「手」之認知構造——透過認知語言學的研究方法——》，（臺北：國立臺灣大學日本語文學研究所碩士學位論文，2006 年）。

12. 林香薇：《臺灣閩南語複合詞研究》，（臺北：國立臺灣師範大學國文學系博士學位論文，2001 年）。

13. 邱湘雲：《海陸客家話和閩南語構詞對比研究》，（高雄：國立高雄師範大學國文學系博士學位論文，2006 年）。

14. 徐慧萍：《客語人體詞彙隱喻及轉喻研究——以詞素「心、肝、膽、腸、肚」為主》，（中壢：國立中央大學客家語文暨社會科學學系客家語文碩士學位論文，2019 年）。

15. 梁銘珠：《日語身體部位詞「足」「頭」語義擴張之考察——與中文對照——》，（臺北：東吳大學日本語文學系碩士學位論文，2010 年）。

16. 陳怡婷：《漢語身體部位量詞之認知研究》，（臺北：輔仁大學跨文化研究所語言學碩士學位論文，2017 年）。

17. 黃舒榆：《臺灣俗諺語身體隱喻與轉喻研究——以陳主顯《臺灣俗諺語典》為例》，（臺南：國立成功大學臺灣文學系碩士在職專班學位論文，2011 年）。

18. 黃慧菁：《關於身體語彙慣用句習得研究》，（高雄：國立高雄第一科技大學應用日語研究所碩士學位論文，2014 年）。

19. 葉秉杰：《日本語動詞由来複合語の語形成——認知意味論の観点から——》，（臺北：國立政治大學日本語文學系碩士學位論文，2010 年）。

20. 滿欣：《漢語內臟器官詞語意義分析》，（桂林：廣西師範大學語言學及應用語言學系碩士學位論文，2007 年）。

21. 趙學德：《人體詞語語義轉移的認知研究》，（上海：復旦大學博士學位論文，2010 年）。

22. 鄧孟倫：《華語與閩南語手足三字格認知隱喻研究》，（彰化：國立彰化師範大學國文學系碩士學位論文，2014 年）。

23. 龐曉紅：《「眼」隱喻的認知分析》，（甘肅：國立西北師範大學碩士學位論文，2009 年）。

附錄：日語慣用語中的身體詞語及其翻譯

一、日語慣用語：「頭」

慣用語	読み方	意　味	中文翻譯
頭打ち	あたまうち	物事が一定の水準に達し、それ以上に伸びなくなること。上がっていた相場が、それ以上、上がらなくなること。ずうち。	事物達到極限
頭が上がらない	あたまがあがらない	相手の力や権威に圧倒されたり、負い目があったりして、対等に振る舞えない。	在權力、實力面前，抬不起頭來
頭が固い	あたまがかたい	自分の考えにこだわって融通がきかない。	固執的人
頭隠して尻隠さず	あたまかくしてしりかくさず	実際には欠点の一部しか隠せていないのに、欠点の全てを隠しているつもりになって現実から目をそらしている、愚かなさまをあざける。	藏頭露尾
頭から	あたまから	一連の流れのうち一番はじめの段階ですでに事が生じているさまを表現する語。	從頭開始
頭から水を浴びたよう	あたまからみずをあびたよう	予期せず恐ろしい出来事に出会って、ぞっとするさまをいう。	驚恐萬分
頭から湯気を立てる	あたまからゆげをたてる	非常に怒っている様子の形容。かんかんになって怒る。	怒氣沖沖

頭の上の蠅も追えない	あたまのうえのはえもおえない	自分一人でできるような物事も満足に処理できないことを意味する表現。頭の上の蠅も追えぬ。	少管閒事
頭を痛める	あたまをいためる	心配ごとなどで苦しみ悩む。頭を悩ます。	由於事情多讓頭很痛
頭を冷やす	あたまをひやす	血がのぼった頭を冷やす。冷静になる。	冷靜下來
頭の黒い鼠	あたまのくろいねずみ	物がなくなった時に、身近にいる人間が盗んだのだろうということを暗にいう言葉。	家賊
頭を掻く	あたまをかく	思わず頭に手をやって軽くかく。恥じたり、照れたりした時のしぐさ。	因害羞、不好意思而搔頭
頭を搾る	あたまをしぼる	あれこれ苦心して考える。工夫する。	絞盡腦汁
頭を撥ねる	あたまをはねる	他人に支払うべき利益の一部をかすめとる。うわまえをはねる。	佔別人便宜
頭を捻る	あたまをひねる	あれこれと思案する、考えを巡らす、などの意味の表現。	絞盡腦汁
頭を下げる	あたまをさげる	敬服する。感服する	屈服、佩服
頭を丸める	あたまをまるめる	頭髪を全てそり落とすこと、または丸刈りにすることなどを意味する表現。古くは出家を、近年では反省の意などを示す手段として坊主頭にすることを指すことが多い。	削髮為僧
頭を擡げる	あたまをもたげる	目立ち始める。臺頭する。「臺頭」は元々「擡頭」と書き、頭をもたげる（擡げる）の漢語的表現だった。	被壓制或隱藏的事物開始顯露
目頭が熱くなる	めがしらがあつくなる	感動して、涙ぐむことを例えた表現。	熱淚盈眶
目頭を押さえる	めがしらをおさえる	感動したり、悲しかったりして出る涙を押しとどめるようにそっと押さえる。	忍住淚水
頭が高い	ずがたかい	（敬礼をするとき）頭の下げ方がたりない。礼を欠き、態度が横柄である。	趾高氣昂
頭痛の種	ずつうのたね	心配している事柄。あるいは、悩んでいる事柄。	煩惱的源頭
話頭を転じる	わとうをてんじる	話題を変える。話題を他に移す。	轉移話題
怒り心頭に発する	いかりしんとうにはっする	心底から激しく怒る。	怒火中燒

一頭地を抜く	いっとうちをぬく	多くの中で一段と優れている。傑出する。一頭地を出（いだ）す。「同輩の中で—・く俊秀」	高出一籌
頭を振る	かぶりをふる	頭を左右に振り、不承知・否定の意を表す。	拒絕
頭角を現す	とうかくをあらわす	学問・才能が人よりすぐれて目立ってくる。	嶄露頭角
人の疝気を頭痛に病む	ひとのせんきをずつうにやむ	自分に無関係なことによけいな心配をすることのたとえ。	對與自己無關的事情操多餘的心
頭が重い	あたまがおもい	何となく頭がすっきりしない。心配ごとなどがあって気が重い。	心情沉重
頭が切れる	あたまがきれる	頭の働きが早く、有能である。	聰明伶俐
頭が低い	あたまがひくい	謙虚である。腰が低い。	謙虛
頭が古い	あたまがふるい	考え方が旧式である。	食古不化
頭剃るより心を剃れ	あたまそるよりこころをそれ	頭を剃って僧の姿になるよりも、精神の修養をすることの方が大切だ。	訓練心靈比剃光頭和成為僧侶更重要。
頭でっかち尻つぼみ	あたまでっかちしりつぼみ	初めは勢いがいいが、終わりは振るわないこと。竜頭蛇尾。頭でっかち尻つぼみ。	龍頭蛇尾
頭に入れる	あたまにいれる	記憶にとどめる。評価や判断の材料とする。	記住
頭に血が上る	あたまにちがのぼる	感情がたかぶり、冷静さを失う。逆上する。かっとなる。	大為惱火
頭の蝿も追えない	あたまのうえのはえもおえない	自分自身の始末さえろくにできない。	少管閒事
頭の天辺から足の爪先まで	あたまのてっぺんからあしのつまさきまで	人の体の、上から下まで残らず。全身。また、全身・全体にわたっているさま。	從頭到腳
頭を抑える	あたまをおさえる	他人の行動や言葉を制する。	壓制他人
頭を突っ込む	あたまをつっこむ	物事に関与・干渉する。深入りする。	介入、插手
頭を悩ます	あたまをなやます	あれこれ考えて悩む。思いわずらう。	傷腦筋

頭が打つ	かしらがうつ	頭痛がする。	頭痛
頭堅し	かしらかたし	体が丈夫だ。	身體健康
頭を集める	かしらをあつめる	大勢が寄り集まる。頭をつどう。	多人群聚
頭を下ろす	かしらをおろす	髪を切り、また剃（そ）って出家する。	削髮為僧
頭を剃る	かしらをそる	髪を剃って、出家する。	削髮為僧
頭を縦に振る	かしらをたてにふる	承諾の意を表す動作にいう。	同意
頭を横に振る	かしらをよこにふる	不承知の意を表す動作にいう。	拒絕
頭を回らす	こうべをめぐらす	頭を後ろの方に向ける。振り向く。過去を振り返ってみる。	回頭、回顧
念頭に置く	ねんとうにおく	心にかける。常に考えている。念頭にかける。	放在心上
脳味噌を絞る	のうみそをしぼる	ありったけの知恵を出す。知恵を絞る。	絞盡腦汁
脳天から声を出す	のうてんからこえをだす	かん高い声を出すさまをいう。	大聲說話
脳漿を絞る	のうしょうをしぼる	ありったけの知恵を出し尽くす。脳味噌を絞る。知恵を絞る。	絞盡腦汁
脳裏に焼き付く	のうりにやきつく	心に強く残る。強い印象として記憶にとどまる。	銘記在心

二、日語慣用語：「首」

慣用語	読み方	意味	中文翻譯
首が飛ぶ	くびがとぶ	免職・解雇される。	解雇
首が回らない	くびがまわらない	借金などで、やりくりがつかない。	債臺高築
首にする	くびにする	解雇する。首を切る。	解雇
首を切る	くびをきる	免職する。解雇する。打ち首にする。	解雇
首を突っ込む	くびをつっこむ	物事に関与・干渉する。深入りする。	參與
首を長くする	くびをながくしてまつ	期待して待ちこがれるさまにいう。首をのばす。鶴首（かくしゅ）する。	引頸期盼

首を捻る	くびをひねる	考え込む。納得しかねて思案する。	百思不得其解
鬼の首を取ったよう	おにのくびをとったよう	（大したことでもないのに）大変な功名・手柄を立てたように思って喜ぶさまのたとえ。	汗馬功勞
小首をかしげる	こくびをかしげる	不審に思ったり、不思議に思ったりしてちょっと首をかたむける。小首をかたむける。	百思不得其解
寝首を掻く	ねくびをかく	眠っている人を襲って首を斬る。卑劣な手段を用いて人を陥れる。	趁人不備予以陷害
真綿で首を締める	まわたでくびをしめる	ふつう「真綿で首を絞める」と書く。じわじわと苦しめ責め追い詰めるさま。	軟刀子殺人
雁首を揃える	がんくびをそろえる	その場にいた者や関係者が整列する。雁首を並べる。	一起出發
思案投げ首	しあんなげくび	名案が浮かばず、困りきって首を傾けていること。	無計可施
首が危ない	くびがあぶない	解雇・解任されそうである。	飯碗難保
首が繋がる	くびがつながる	免職・解雇を免れる。	保住飯碗
鎌首をもたげる	かまくびをもたげる	自分の首を持ち上げるさま。「鎌首」は蛇などの特徴的な首の様子を指す表現で、物々しい雰囲気を出すために用いられることがある表現。	抬起頭來
首になる	くびになる	免職になる。解雇される。首を斬（き）られる。打ち首になる。	解雇
首に縄を付ける	くびになわをつける	いやがる人を無理に連れて行こうとするたとえ。	強迫他人
首の皮一枚	くびのかわいちまい	ほんの少しのところで、まだつながっていること。ごく小さな可能性がまだあること。	苟延殘喘
首を賭ける	くびをかける	失敗すれば地位・職業・生命などを失う覚悟で、事の成就に努める。命をかけて行う。	賭上一切
首を傾げる	くびをかしげる	疑問に思う、不審に思う、納得がいかず首を傾ける、などの意味の表現	歪著頭想，感到納悶奇怪
首を括る	くびをくくる	死ぬ目的でひもや縄などを首に巻いて締めつける。縊死（いし）する。	上吊自殺
首を挿げ替える	くびをすげかえる	役職にある人を更迭（こうてつ）し、別の人を任ずる。	調換身居要職的人
首を縦に振る	くびをたてにふる	肯く動作を指す表現。肯定する、承諾するということを幾分婉曲的に表現する言い回し。否定する場合は「首を横に振る」という。	點頭、答應

首を刎ねる	くびをはねる	刃物を使って首をすっぱりと切断することを意味する語。	刎頸
首を横に振る	くびをよこにふる	否定する動作を意味する表現。肯定や承諾を指す動作は「首を縦に振る」とも、肯くとも言う。	搖頭、拒絕
首をあげる	しるしをあげる	敵を倒し、その首を切り取る。	打倒敵人
小首を傾ける	こくびをかしげる	小首（こくび）をかしげる	歪著頭想，感到納悶奇怪
首の座に直る	くびのざになおる	打ち首の席にかしこまって座り、その刑を受ける。覚悟をきめることにもいう。	做好覺悟
首振り三年、ころ八年	くびふりさんねんころはちねん	尺八は、首を振りながら吹いて音が出るようになるまでに三年、ころころと良い音が出るのに八年かかる、ということ。	要做任何事情都需要很長時間的耐心和練習。
首根っ子を押さえる	くびねっこをおさえる	首筋を押さえて身動きができないようにする。弱点や急所を押さえて、行動の自由を奪う。首根っ子を押さえつける。	抓住他人弱點

三、日語慣用語：「眼」

慣用語	読み方	意　味	中文翻譯
眼を付ける	がんをつける	他人の顔や眼をじっと見る意の俗語。不良仲間などで因縁をつける時の語。眼を飛ばす。	看中、盯上、選上
眼光紙背に徹する	がんこうしはいにてっする	書を読んで、文面の奥にある深い意味まで見抜く。	看穿言外之意
眼中に無い	がんちゅうにない	気にかけない。心にとめない。問題にしない。眼中に無い。	沒放在心上、沒差
眼中に置かない	がんちゅうにおかない	気にかけない。心にとめない。問題にしない。眼中に無い。	沒放在心上、沒差
眼中に入れない	がんちゅうにいれない	気にかけない。心にとめない。問題にしない。眼中に無い。	沒放在心上、沒差
眼中人無し	がんちゅうひとなし	他人を無視して思うままに振る舞うさま。人を人とも思わないさま。	目中無人
眼光人を射る	がんこうひとをいる	目つきが鋭くて、人を射るようである。	眼神銳利、殺氣
眼下に見る	がんかにみる	見おろす。	看不起

四、日語慣用語：「目」

慣用語	読み方	意　味	中文翻譯
いい目が出る	いいめがでる	物事が思うように進むこと。サイコロ賭博で思い通りの目が出ることから。	運氣好、走運
一目置く	いちもくおく	自分より優れていることを認めて敬意を払う。一歩譲る。	對比自己能力優秀的人表示敬意
鵜の目鷹の目	うのめたかのめ	鵜が魚を追い鷹が獲物をさがすときの目のように、鋭いまなざしでものをさがし出そうとするさま。	比喻眼力很好
鬼の目にも涙	おにのめにもなみだ	冷酷無情な人間でも、時には情に感じて慈悲の心を起こすことのたとえ。	惡人亦有惻隱之心
見る目がある	みるめがある	物事を正しく評価する能力がある、鑑識眼がある、といった意味の表現。	有眼力、懂得識人
耳目に触れる	じもくにふれる	目や耳にはいる。見たり聞いたりする。	所見所聞
耳目を驚かす	じもくをおどろかす	世間の人を驚かす。	令人震驚
弱り目に祟り目	よわりめにたたりめ	困ったことや具合の悪いこと、不運などが、いくつも重なって生じるさまを意味する表現。	禍不單行
折り目正しい	おりめただしい	行儀作法をよくわきまえている。礼儀正しい。	有禮貌、循規蹈矩
親の欲目	おやのよくめ	親が愛情から自分の子を実際以上によいと思うこと。	偏愛自己的孩子
人目につく	ひとめにつく	他人から注目されること。人目に立つともいう。	顯眼、引人注目
人目に立つ	ひとめにたつ	人の目につく。目立つ。	顯眼、引人注目
人目を引く	ひとめをひく	行為・様子などが目立っていて他人の目につく。	顯眼、引人注目
人目を忍ぶ	ひとめをしのぶ	他人に見られないように心を配る。人目を包（つつ）む。	掩人耳目
人目を憚る	ひとめをはばかる	他人に知られると差し障りのある事情があるため、誰にも見られないように注意して行動することを意味する表現。	怕人看見
生き馬の目を抜く	いきうまのめをぬく	生き馬の目を抜くほど、素早く事をするさま。他人を出し抜いて素早く利を得るさま。生き馬の目を抉（くじ）る。生き牛の目を抉る。	雁過拔毛

臺風の目	たいふうのめ	臺風の中心部分の通称。目の中は空洞のようになっており比較的静穏な天気であることが多いとされる。大きく世を賑わせている物事において中心となっている人物を例えた表現。	在中心具有影響力
大目に見る	おおめにみる	不正・不備などをきびしくとがめだてしない。	原諒、不追究
大目玉を食う	おおめだまをくう	目上の人からひどくしかられる。	挨了一頓罵
長い目で見る	ながいめでみる	現状だけで判断せずに、将来にわたって気長に見守る。	高瞻遠矚
痛い目にあう	いたいめにあう	ひどい体験をすること、甚だしく苦しい状況に陥ることなどを意味する表現。	倒楣
二目と見られない	ふためとみられない	あまりに不快で、もう一度見たいとは思わない。	慘不忍睹
日の目を見る	ひのめをみる	それまで知られていなかったものが世間に認められる。	出頭天
猫の目のよう	ねこのめのよう	猫の目がまわりの明るさによって変化することから、物事がその時どきの事情によって目まぐるしく変わる様子。	變化無常
白い目で見る	しろいめでみる	冷淡な目つきで見る。憎しみの感情をこめて見る。白眼視する。	冷眼對待
目から火が出る	めからひがでる	頭や顔を強くぶっつけて、一瞬めまいがする。	眼冒金星
目から鼻へ抜ける	めからはなへぬける	物事の理解が早く賢いこと、あるいは抜け目がないさまなどを意味することわざ。	聰明伶俐
目から鱗が落ちる	めからうろこ	何らかのきっかけで急に物事が分かるようになること。	恍然大悟
目が回る	めがまわる	目がくらむ。めまいがする。忙しいさまや速いさまのたとえ。	眼花、頭暈
目が覚める	めがさめる	眠りからさめる。鮮やかさに、目をみはる思いがする。迷いが去って、正しい判断力を取り戻す。	覺醒、醒悟
目が堅い	めがかたい	（子供などが）夜がふけても眠くならない。	（小孩）到深夜還不想睡
目が光る	めがひかる	きびしく監視する。	嚴格地盯著
目が行く	めがゆく	あるものに心がひかれて視線が向かう。	目光被吸引
目が高い	めがたかい	良いものを見分ける能力がある。	有眼光
目が合う	めがあう	視線が合う。眠る。多く、打ち消しの語を伴って用いる。	對到眼

目が冴える	めがさえる	頭がはっきりして、眠気がなくなる。	因興奮而睡不著
目が散る	めがちる	心が落ち着かず、視線があちこちに動く。	眼花撩亂
目が早い	めがはやい	すばやく気がついて、見る。	眼神敏銳
目が出る	めがでる	値段が非常に高くてひどく驚くさまのたとえ。ひどく叱られたさまのたとえ。目が飛び出る。〔よい賽（さい）の目が出る意〕物事が自分に都合よくなる。いい目が出る。	運氣好、走運
目が据わる	めがすわる	一点を見つめたまま視線が動かない。酒に酔ったり怒ったりしたさまにいう。	因酒醉憤怒而眼神呆滯
目が点になる	めがてんになる	俗に、驚きあきれ返った表情になることをいう。	驚訝、呆滯
目が届く	めがとどく	注意が行き渡る。	注意得到
目が曇る	めがくもる	判断する力がにぶる。	判斷力很弱
目が肥える	めがこえる	良いものを見て鑑識力が増す。	增加很多知識
目が無い	めがない	物事の価値などを判断する能力がない。	有眼無珠
目が利く	めがきく	善悪を見分ける能力があること、あるいは物事の本質を見抜く力が優れていることなどを意味する表現。	機靈、機警
目が離せない	めがはなせない	たえず注意・監視する必要がある。	離不開眼睛
目が留まる	めがとまる	注意を引かれる。注目される。	留下印象
目が眩う	めがまう	目が回る。目がくらむ。	眼花撩亂
目が眩む	めがくらむ	まばゆくて、またおそろしさで、目がくらくらする。心を奪われて正しい判断ができなくなる。	被金錢沖昏頭
目が眩れる	めがくれる	まばゆくて、またおそろしさで、目がくらくらする。心を奪われて正しい判断ができなくなる。	意亂情迷、失去判斷力
目に映る	めにうつる	物の姿が見える。目に映じる。	映入眼簾
目くじらを立てる	めくじらをたてる	目をつり上げる。ささいなことを取り立ててとがめることにいう。目角を立てる。	吹毛求疵
目じゃない	めじゃない	問題にならない。たいしたことはない。	不在乎、不在意
目で見て口で言え	めでみてくちでいえ	事情を調べてから人に語れ。	親自確認之後再說
目と鼻の間	めとはなのあいだ	距離がきわめて近いたとえ。目と鼻。	近在咫尺

目と鼻の先	めとはなの さき	距離がきわめて近いたとえ。目と鼻。	近在咫尺
目 に は 目 を、歯には 歯を	めにはめを はにははを	害を受けたら、それと同等の害を加害者に 与えるべきこと。同害報復。	以眼還眼、 以牙還牙
目にも留ま らぬ	めにもとま らぬ	非常に早いさま。	形容時間短 暫
目に一丁字 なし	めにいって いじなし	一つも字を知らない。一丁字を識（し）らず。 一字も無い。	比喻不識字 或毫無學問
目に角を立 てる	めにかどを たてる	目をつり上げる。怒った目つきになる。目を 三角にする。目角（めかど）を立てる。	怒物而視
目に掛かる	めにかかる	目につく。見える。（多く「お目にかかる」 の形で）目上の人に会う。	與上司會面
目に掛ける	めにかける	特に注意して世話をする。目をかける。	給人過目、 觀賞
目に見える	めにみえる	見て明らかにわかる。確実である。	非常明白、 一眼看出
目に見える よう	めにみえる よう	想像するのがたやすいさま。	淺顯易見
目に入る	めにはいる	見える。視野に入る。目にとまる。	映入眼簾
目に障る	めにさわる	目にとって、良くない。また、見ると不愉快 になる。	有害於眼
目に触れる	めにふれる	見える。その存在に気がつく。	看見、注意 到存在
目に染みる	めにしみる	視覚を鋭く刺激する。色彩や印象が鮮やか なさまにいう。見あきる。	光彩奪目
目に遭う	めにあう	（よくないことを）体験する。難儀する。	遭遇不好、 倒楣的事
目に物見せ る	めにものみ せる	はっきりわからせる。特に、ひどい目にあわ せて、思いしらせる。	給點顏色瞧 瞧
目に物言わ す	めにものい わす	目つきで気持ちを伝える。	用眼表達感 受
目に立つ	めにたつ	きわだって見える。目につく。目立つ。	顯眼、引人 注目
目に留まる	めにとまる	見える。目につく。注目される。	留下印象
目の黒い内	めのくろい うち	生きている間。目の玉の黒い内。	在有生之年

目の上の瘤	めのうえの こぶ	邪魔なもの、うっとおしいものなどを意味する表現。自分より地位が上の人について用いることが多い。目の上にこぶができるととりわけ邪魔であることから作られたことわざ。	絆腳石
目の色を変える	めのいろを かえる	目つきや表情を変える。怒ったり、夢中になったりするさまにいう。	改變原來的態度
目の正月	めのしょう がつ	とても美しいものを見た、とても珍しいものを見た、目の保養になる、といった意味合いで用いる表現。正月はもっとも晴れやか、にぎやかで楽しい物事のたとえ。	賞心悅目
目の前が暗くなる	めのまえが くらくなる	希望を失う。目の前が真っ暗になる。	前途黯淡、絕望
目に入れても痛くない	めにいれて もいたくな い	主に子や孫などの幼子を非常に愛らしく感じるさま。ほんの小さな異物が入っても痛むことがある目の中に入れたとしても痛くないほど可愛いという比喩的な解釈をはじめとして、複数の解釈が存在する。	非常疼愛孩子
目の中へ入れても痛くない	めにいれて もいたくな い	主に子や孫などの幼子を非常に愛らしく感じるさま。ほんの小さな異物が入っても痛むことがある目の中に入れたとしても痛くないほど可愛いという比喩的な解釈をはじめとして、複数の解釈が存在する。	非常疼愛孩子
目の敵	めのかたき	見るたびに憎く思うこと。また、その相手。	眼中釘
目の毒	めのどく	見ないほうがよいもの。また、見ると欲しくなるもの。	看了有害
目の付け所	めのつけど ころ	注意を向けるべきところ。着眼点。	需要注意的地方
目の保養	めのほよう	美しいものや綺麗なものを見て楽しむこと。多くは美しい風景や美しい女性を見て楽しむことを指す。	賞心悅目
目の薬	めのくすり	目を楽しませてくれるもの。⇔目の毒	看了有益
目は口ほどに物を言う	めはくちほ どにものを いう	言葉に出さなくても、目の表情で相手に伝えることができる。また、言葉でうまくごまかしても、目に本心が表れるものである。	眉目傳情
目は心の鏡	めはこころ のかがみ	目はその人の心のありさまをそのままに映し出す鏡のようなものだということ。	眼睛是靈魂之窗
目は心の窓	めはこころ のまど	目はその人の心のありさまをそのままに映し出す鏡のようなものだということ。	眼睛是靈魂之窗
目もあやに	めもあやに	まばゆいほど美しいさま。正視できないほどひどいさま。	光彩奪目

目もくれない	めもくれない	関心を示さない。無視する。	沒放在眼裡
目も及ばず	めもおよばず	たいへん美しい。まぶしいほど立派である。	美到無法直視
目も当てられない	めもあてられない	むごたらしくて見ていられない。見るにたえない。	慘不忍睹
目をつぶる	めをつぶる	目を閉じる、瞼（まぶた）を瞑る（つぶる）、などの意味の表現。	睜一隻眼閉一隻眼
目を回す	めをまわす	気絶する。忙しい思いをする。	忙得團團轉
目を晦ます	めをくらます	他人にわからないようにする。他人の目をだます。	打馬虎眼
目を覚ます	めをさます	眠りからさめる。	覺醒、醒悟
目を楽しませる	めをたのしませる	見て楽しいと思うようにさせる。目を喜ばす。	賞心悅目
目を見張る	めをみはる	目を大きく開けて見る、または、優れたものなどを目の当たりにして驚いたり感動したりすること。	感到敬佩、感嘆睜大眼
目を呉れる	めをくれる	視線を送る。目をやる。	用眼遠送
目を光らせる	めをひからせる	不正が行われていないか、または欠陥が生じていないか、といった事柄に注意して見張ること。監視。	提高警覺
目を塞ぐ	めをふさぐ	目を閉じる。死ぬ。見て見ないふりをする。見て見ないふりをする。死ぬ。	死亡
目を細くする	めをほそくする	目を少し開いた状態にする。多く嬉しそうな表情を示す表現。	笑瞇瞇
目を皿にする	めをさらにする	目を大きく開いて見る。驚いたり、物を探し求めるときの目つきをいう。	把眼睛張得非常大
目を皿のようにする	めをさらのようにする	目を大きく見開き、白くて丸い皿であるかのような様子になっているさま。	受到驚嚇睜大眼睛
目を三角にする	めをさんかくにする	目を怒らす。目に角（かど）を立てる。	怒物而視
目を据える	めをすえる	目を動かさず、一つの所をじっと見る。	目不轉睛
目を潜る	めをくぐる	監視・見張りなどに見つからない。	避人耳目
目を側める	めをそばめる	横目で見る。また、目をそらす。	側目
目を奪われる	めをうばわれる	見とれて、他の物が目にはいらない。	被吸引住
目を長くする	めをながくする	気を長くして見ている。	高瞻遠矚

目を転じる	めをてんじる	視線を別の方へ移す。視点を変える。観点を変える。	改變觀點
目を盗む	めをぬすむ	人に見つからないようにする。	避人耳目
目を背ける	めをそむける	それを見ないようにする、視界に入らないように顔を背けるさま。避けたり見ない振りをしたりすることの比喩としても用いられる。	慘不忍睹
目を剥く	めをむく	まぶたを大きく見開く。	怒目而視
目を白黒させる	めをしろくろさせる	せわしなく目玉を動かす。驚くさま。また、物がのどにつかえたりして、苦しむさま。	翻白眼
目を曝す	めをさらす	至る所を注意深く見ること、あるいはじっと見続けることなどを意味する表現。	到處看遍
目を肥やす	めをこやす	よい物を多く見て、物のよしあしを判断する力を養う。また、よい物を見て楽しむ。	增加很多知識
目を掠める	めをかすめる	人に見つからないようにする。	避人耳目
目を眠る	めをねむる	目を閉じる、瞼（まぶた）を瞑る（つぶる）、などの意味の表現。	閉眼睡覺
目を立てる	めをたてる	鋸（のこぎり）・やすりなどのつぶれて鈍くなった目を鋭くする。	起頭
目を逸らす	めをそらす	視線を対象から別の方向に向ける。見ないようにする。	移開視線，假裝沒看到
目引き袖引き	めひきそでひき	目くばせしたり、袖を引いたりして意を通じ合うさま。多く、非難や嘲笑の気持ちを伝えるのにいう。	擠眉弄眼
目尻を下げる	めじりをさげる	満足して相好を崩すさま。また、好色そうな表情をするさま。	色瞇瞇
目星を付ける	めぼしをつける	めあてをつける。見当をつける。	心裡有數
目先が利く	めさきがきく	先の見通しがきく。機転がきく。	有眼力
目先を変える	めさきをかえる	当座の趣向を変えて、目新しくする。	開創新的風格、形式
目鼻が付く	めはながつく	大体の見通しが立つ。	有頭緒
目糞鼻糞を笑う	めくそはなくそをわらう	自分のことを棚にあげて他人を嘲るさま。	五十步笑百步
裏目に出る	うらめにでる	物事が期待や希望とは反対の結果になる。	適得其反

目を光らす	めをひからす	厳しく監視すること、あるいは抜けている点がないか注意を払うことなどを意味する表現。	提高警覺
目を引く	めをひく	注意を引きつける。目くばせする。	引人注目
目を開く	めをひらく	それまで知らなかったことや気づかなかったことに、はじめて気づく。	大開眼界
目を伏せる	めをふせる	目を下へ向ける。伏し目になる。	做錯事不敢抬頭
目を向ける	めをむける	そちらを見る。関心を向ける。	關心照顧
目を細める	めをほそめる	目の開き方を小さくする。うれしそうにほほえみをうかべる。	笑瞇瞇
目を見す	めをみす	つらい目にあわせる。経験させる。	遭遇不好、倒楣的事
目を見る	めをみる	ある物事に出合う。……という体験をする。	遭遇不好、倒楣的事
目を喜ばす	めをよろこばす	見て楽しいと思うようにさせる。目を喜ばす。	賞心悅目
片目が開く	かためがあく	（相撲などで）負け続けている勝負に、初めて勝利を得る。少し文字が読める。	否極泰來、只懂一點字
片目を入れる	かためをいれる	事が成就した時などに、片目の入っただるまに残りの片目を入れて仕上げる。	祈禱成功、許願
目の玉が飛び出る	めだまがとびでる	値段が非常に高くてひどく驚くさまのたとえ。ひどく叱られたさまのたとえ。目が飛び出る。	大吃一驚
目の玉の黒い内	めのくろいうち	生きている間。目の玉の黒い内。	在有生之年
見目より心	みめよりこころ	人は、見た目の容姿の美しさよりも心の美しさのほうが大切であるということ。	内心的美麗比外表美麗重要
人目が煩い	ひとめがうるさい	人に見られてとやかく言われるのがわずらわしい。	人怕出名豬怕肥
人目に余る	ひとめにあまる	行為・様子などが、目立って他人の目につく。はなはだしく目立って、他人に不快感を起こさせる。	看不慣
人目に付く	ひとめにつく	他人から注目されること。人目に立つともいう。	引起人注意
人目を奪う	ひとめをうばう	行為・様子などが目立っていて他人の目につく。	引起人注意
人目を盗む	ひとめをぬすむ	他人に見られないように、こっそりと行う。	偷偷摸摸進行

人目に晒す	ひとめにさらす	世間の人の目に付くようにする。	被注目
目端が利く	めはしがきく	素早く見てとる。また、抜け目がない。	有眼力
目端を利かす	めはしをきかす	素早く適切な判断を下す。	隨機應變
目の鞘が外れる	めのさやがはずれる	手抜かりがない。抜け目がない。	密切注意
目の鞘を外す	めのさやをはずす	油断なく目をそそぐ。	密切注意
目っ張を回す	めっぱをまわす	忙しくて、目をまわす。	忙得團團轉
目八分に見る	めはちぶんにみる	人を見下す。高慢な態度をとる。	瞧不起
目処が付く	めどがつく	将来の見通しがたつこと。「目処が立つ」と表現されることもある。	有頭緒
目処を付ける	めどをつける	見当をつける。目星をつける。	有頭緒
目口はだかる	めくちはだかる	目や口を開け広げる。驚きあきれたさまをいう。	感到驚訝
目安を付ける	めやすをつける	大体の見当をつける。目印をつける。	做大致的估算
目安上げる	めやすあげる	訴状を差し出す。訴訟を起こす。	提出訴訟
目明き千人盲千人	めあきせんにんめくらせんにん	世の中には、物のわかる人もあれば、わからない人もある。目明き千人盲千人。	世人賢愚各半
目玉が飛び出る	めだまがとびでる	ひどく驚くさまのたとえ。値段が予想以上に高いのに驚いたり、ひどくしかられたりしたときにいう。目玉が抜け出る。目の玉が飛び出る。	大吃一驚
目角を立てる	めかどをたてる	鋭い目つきで見る。	怒目而視
目釘を湿す	めくぎをしめす	唾（つば）などで湿らせて、目釘を締め、刀を抜く用意をする。	準備拔刀
泣き目を見る	なきめをみる	泣くほどつらい目にあう。泣きを見る。	遭遇不幸、倒楣的事
側目にかく	そばめにかく	横目に見る。よそよそしくする。冷たい目で見る。	側目
罰は目の前	ばちはめのまえ	悪事を行えば、すぐに報いの罰がある。天罰覿面（てんばつてきめん）。	現世報

五、日語慣用語：「耳」

慣用語	読み方	意　味	中文翻譯
耳が痛い	みみがいたい	他人の発言・批評などが自分の弱点をついているので聞くのがつらい。他人の言ふことが自分の弱点にあたつて、聞きつらいことをいふ。	刺耳
耳が汚れる	みみがけがれる	けがらわしいことを聞いてしまう。汚らわしいことを聞いてしまう	氣憤、感到不悅
耳が遠い	みみがとおい	耳がよく聞こえない。聴力が弱い。	耳背
耳が早い	みみがはやい	うわさなどをすばやく聞きつける。早耳。	順風耳、消息靈通
耳に入れる	みみにいれる	ふと聞いてしまう。話して聞かせる。話して聞かせる。	偶爾聽到
耳に逆らう	みみにさからう	聞いて不愉快になる。また、聞く人にいやな思いをさせる。	忠言逆耳
耳に障る	みみにさわる	聞き流すことができない。気にかかる。	刺耳
耳に胼胝ができる	みみにたこができる	「たこ」は「胼胝」と書き、角質化した厚い皮膚を指す。同じことをうんざりするほど何度も聞かされて参った、といった意味の表現。耳たこ。	聽膩了
耳に留める	みみにとめる	聞いて心にとめる。注意して聞く。	記住、牢記
耳に残る	みみにのこる	聞いた声や音が記憶に残る。	記憶猶新
耳に入る	みみにはいる	聞こえてくる。	傳到耳裡
耳を塞ぐ	みみをふさぐ	聞かないようにする。	充耳不聞
耳を聾する	みみをろうする	耳が聞こえなくなるかと思うほどの大きな音がするたとえ。耳をつんざく。	震耳欲聾
馬の耳に念仏	うまのみみにねんぶつ	馬に念仏を聞かせてもそのありがたみがわからぬように、いい聞かせてもその価値がわからないさま。犬に論語。兎に祭文。	馬耳東風
小耳に挟む	こみみにはさむ	ちらりと聞く。ちょっと耳にする。	聽到風聲
聞き耳を立てる	ききみみをたてる	よく聞こうとして耳を澄ます。	側耳傾聽

聞く耳を持たない	きくみみをもたない	意見を聞き入れたり耳を傾けて参考にしたりといった姿勢を持たないさま、聞く気のないさまなどを意味する表現。	不願意去聽
寝耳に水	ねみみにみず	不意の出来事に驚くことのたとえ。	晴天霹靂
馬耳東風	ばじとうふう	馬耳東風とは、他人の意見や批評を気にかけないで聞き流すという意味のこと。	馬耳東風
壁に耳あり	かべにみみあり	「壁に耳あり」（かべにみみあり）とは、医大の解剖実習にまつわる都市伝説の１つ。	隔牆有耳
耳朶に触れる	じだにふれる	耳に入る。聞き及ぶ。聞く。	耳聞、聽到
耳が肥える	みみがこえる	音楽や話芸などをよく聞き込んでいて、批評や鑑賞の能力にすぐれている。	對音樂劇有欣賞能力
耳順う年	みみしたがうとし	六〇歳。耳順（じじゆん）。	耳順之年
耳に付く	みみにつく	音や声が耳ざわりで、気にかかる。	記住
耳に留まる	みみとまる	聞いたことに心がとまる。聞き捨てにできない。	記住、牢記
耳に挟む	みみにはさむ	噂話などを偶然に、少しだけ聞き知ることを意味する表現。詳細は知らないまでも話題の存在は知っている様子などを指す言い回し。	聽到風聲
耳を洗う	みみをあらう	俗世間の栄達にとらわれない高潔な心でいる。耳を洗う。	不為外在世俗所動
耳を疑う	みみをうたがう	思いがけない音や発言を聞いて、聞き間違いではないかと驚く。	不相信自己的耳朵
耳を掩いて鈴を盗む	みみをおおいてすずをぬすむ	音がして他人に知れるのを恐れて、自分の耳をふさいで鈴を盗む。策を弄して自らを欺いても益のないこと。	掩耳盜鈴
耳を信じて目を疑う	みみをしんじてめをうたがう	人から聞いたことを信じて自分の目で見たことを信じない。	很重視相信別人所說的，卻不信任自己親眼所見。
耳を劈く	みみをつんざく	耳を突き破られるように響く。耳を聾（ろう）する。	震耳欲聾
聾の早耳	つんぼのはやみみ	都合の悪いことは聞こえないふりをし、悪口などに敏感に反応することにいう。また、聞きとれなかったのに聞こえたふうをして、早合点すること。	不懂裝懂、好話聽不見，壞話聽得清

耳を揃える	みみをそろえる	《大判・小判の縁をそろえる意から》全額を不足なく用意する。	將人數、金錢不足之處補齊
耳を滌ぐ	みみをすすぐ	俗世間の栄達にとらわれない高潔な心でいる。耳を洗う。	不為外在世俗所動
耳を揃える	みみをそろえる	金銭などを不足なくとり揃える。	湊齊款項
耳を立てる	みみをたてる	注意して聞きとろうとする。聞き耳を立てる。耳を澄ます。	側耳傾聽
聞き耳潰す	ききみみつぶす	わざと聞かぬふりをする。	假裝不知道
空耳を潰す	そらみみをつぶす	わざと聞こえぬふりをする。	假裝不知道
耳を打つ	みみをうつ	ある音が強く聞こえる。耳打ちをする。	刺耳

六、日語慣用語：「鼻」

慣用語	読み方	意味	中文翻譯
小鼻をうごめかす	こばなをうごめかす	得意げな様子をみせるさまをいう。	洋洋得意
鼻を撮まれても分からない	はなをつままれてもわからない	まっ暗で一寸先も見えないことをたとえていう。	漆黑一片，伸手不見五指
鼻息が荒い	はないきがあらい	意気込みが激しい。強気である。	氣勢凌人
鼻息を窺う	はないきをうかがう	人の意向や機嫌をさぐる。相手の気に入るように行動する。	看人臉色行事
鼻が高い	はながたかい	得意である。誇りに思う。	驕傲、引以為榮
鼻薬を嗅がせる	はなぐすりをかがせる	賄賂（わいろ）を贈る。鼻薬をきかせる。	施小恩惠
鼻毛を数える	はなげをかぞえる	女が自分にほれている男の心を見すかして翻弄（ほんろう）する。鼻毛を数える。相手の心中を見抜いて、機嫌をとる。	被女人迷住
鼻毛を抜く	はなげをぬく	相手の心中を見すかしてだしぬく。だます。	被女人迷住
鼻を鳴らす	はなをならす	鼻にかかった声を出す。また、甘えたり、小馬鹿にしたような動作をする。	撒嬌
鼻っ柱が強い	はなっぱしらがつよい	強情で人にゆずらない。きかぬ気である。はなっぱしが強い。	倔強、固執己見

鼻を折る	はなをおる	相手の慢心をくじく。	挫人銳氣
鼻であしらう	はなであしらう	相手の言葉を問題とせず、冷淡に応対する。鼻先であしらう。	嗤之以鼻
鼻で笑う	はなでわらう	相手を見下してふんと笑う。鼻先で笑う。	取笑、瞧不起他人
鼻にかける	はなにかける	得意げになっているさま。自慢がる様子。「鼻にかける」とも書く。	自滿、炫耀
鼻に付く	はなにつく	うっとうしくていやな感じがする、どうも気に入らない、といった意味で用いられる表現。	感到厭惡、厭煩
鼻の下が長い	はなのしたがながい	女に甘い。好色である。	色瞇瞇
鼻持ちならない	はなもちならない	臭気がはなはだしくて耐えられない。転じて、言動や様子などが嫌味で、見聞きするに耐えない。	俗不可耐、令人作嘔
鼻を明かす	はなをあかす	人をあっと言わせること、敵を出し抜いて驚かせることなどを意味する表現。	搶先
鼻を高くする	はなをたかくする	自慢する。得意になる。	引以為榮
鼻を突く	はなをつく	強力な匂いに刺激を受けること、または強烈な異臭がするさまなどを意味する表現。主人によって親族の縁を切られることを意味する表現。	刺鼻、撲鼻
酸鼻を極める	さんびをきわめる	見るに耐えないほど悲惨な状態となる。また、そうした状況に接してひどく悲しむ。酸鼻のきわみ。	令人鼻酸、慘不忍睹
鼻が胡坐をかく	はながあぐらをかく	鼻が低く、小鼻が横に張っているさまをいう。	蒜頭鼻、鼻子矮
鼻が利く	はながきく	嗅覚が鋭い。においをよくかぎわける。利益になりそうなことを巧みに見つけ出す。	嗅覺靈敏、對賺錢的事情很敏感
鼻に当てる	はなにあてる	自慢する。鼻にかける。	自滿、炫耀
鼻を打つ	はなをうつ	臭気が鼻を刺激する。鼻を突く。	撲鼻、刺鼻
鼻が曲がる	はながまがる	ひどい悪臭をたとえて言う表現。鼻がおかしくなりそうなほどいやなにおいがするさま。	惡臭撲鼻
鼻に掛ける	はなにかける	得意げになっているさま。自慢がる様子。「鼻にかける」とも書く。	自滿、炫耀
鼻を蠢かす	はなをうごめかす	得意げな様子をみせるさまをいう。	洋洋得意

慣用語	読み方	意　味	中文翻譯
鼻を欠く	はなをかく	多くの犠牲を払う。得るものよりも損失が大きい。	賠了夫人又折兵
鼻を突き合わせる	はなをつきあわせる	きわめて近く寄り合う。狭い場所で向かい合う。	經常見面
鼻っ柱をへし折る	はなっぱしらをへしおる	相手の自信や高慢をくじく。	挫別人銳氣
小鼻が落ちる	こばながおちる	病人が死に近づく時、衰弱のために、小鼻の肉がそげ細る。	生命垂危
小鼻を膨らます	こばなをふくらます	不満そうな様子をするさまをいう。	不滿意、不高興
鼻の下が干上がる	はなのしたがひあがる	食うのに困る。あごが干上がる。	喪失謀生之路
鼻先であしらう	はなさきであしらう	相手の言葉を問題とせず、冷淡に応対する。鼻先であしらう。	嗤之以鼻
鼻先で笑う	はなさきでわらう	相手を見下して笑う。鼻で笑う。	取笑、瞧不起他人
鼻の先であしらう	はなさきであしらう	相手の言葉を問題とせず、冷淡に応対する。鼻先であしらう。	嗤之以鼻
鼻筋が通る	はなすじがとおる	鼻筋がまっすぐととのっている。すっきりした顔立ちである。	鼻子挺、鼻梁高
鼻脂引く	はなあぶらひく	表面が滑らかになるように鼻脂をぬる。転じて、最後の仕上げをする。	準備
鼻血も出ない	はなぢもでない	金を使い切って一文たりともない。	絲毫不剩
鼻毛が長い	はなげがながい	女の色香におぼれている。	被女人迷住
鼻毛を伸ばす	はなげをのばす	女の色香に迷いおぼれる。	被女人迷住
鼻毛を読む	はなげをよむ	女が自分にほれている男の心を見すかして翻弄（ほんろう）する。鼻毛を数える。	被女人迷住

七、日語慣用語：「眉」

慣用語	読み方	意　味	中文翻譯
眉に唾をつける	まゆにつばをつける	だまされないように用心する。眉唾（まゆつば）。	提高警惕
眉を顰める	まゆをひそめる	眉の辺りにしわをよせる。心配ごとがあるさま、また、不快なさま。眉を寄せる。	皺眉頭、表示不悅

眉を寄せる	まゆをよせる	不快の念などから眉の寄ったような表情をすること。	皺眉頭、表示不悅
愁眉を開く	しゅうびをひらく	心配ごとがなくなって安心する。	舒展愁眉、表示放心
柳眉を逆立てる	りゅうびをさかだてる	美人が眉をつり上げて怒る。	美人生氣
焦眉の急	しょうびのきゅう	さしせまった危険や急務。	事態嚴重，情況危急
眉に火がつく	まゆにひがつく	危険が迫る。焦眉（しようび）の急。	事態嚴重，情況危急
眉一つ動かさない	まゆひとつうごかさない	全く表情を変えない。	毫不動搖
眉を集める	まゆをあつめる	眉の辺りにしわをよせる。心配ごとがあるさま、また、不快なさま。眉を寄せる。	皺眉頭、表示不悅
眉を落とす	まゆをおとす	女が結婚して眉をそり落とす。また、結婚する。	結婚
眉を曇らす	まゆをくもらす	心配そうな顔つきをする。	皺眉頭、表示擔心
眉を吊り上げる	まゆをつりあげる	おこった表情をする。眉を上げる。	眉毛豎立、表示生氣
眉を伸べる	まゆをひらく	心配ごとがなくなって安心する。	舒展愁眉、表示放心
眉を開く	まゆをひらく	心配ごとがなくなって安心する。	舒展愁眉、表示放心
眉を読む	まゆをよむ	人の顔を見て、本心をよみとる。	察言觀色
眉毛を読まれる	まゆげをよまれる	相手に本心を知られる。	察言觀色

八、日語慣用語：「口」

慣用語	読み方	意味	中文翻譯
開いた口が塞がらない	あいたくちがふさがらない	呆れ果て、茫然とするさま。呆気にとられるさま。	目瞪口呆
口裏を合わせる	くちうらをあわせる	あらかじめ内密に約束して、各自が表向きに言うことが矛盾しないようにしておく。	商量好而口徑一致
口がうまい	くちがうまい	話がじょうずだ。また、口先でごまかしたり、だましたりするのがうまい。	嘴很甜、會說話

口がうるさい	くちがうるさい	いろいろと批評や非難をする。	嘮叨、發牢騷
口が奢る	くちがおごる	食べ物に贅沢（ぜいたく）である。うまい物しか食べない。	品味高、喜歡高級的食物
口が重い	くちがおもい	口数が少ない。無口だ。言いにくい。言うのをはばかる。	寡言
口が掛かる	くちがかかる	芸人などが客から招かれる。また、人から誘われる。	被聘請去做某事
口が堅い	くちがかたい	秘密などを軽々しく他へもらさない。⇔口が軽い	守口如瓶
口が腐っても	くちがくさっても	秘密などをもらさない決意を表すのにいう語。口が裂けても。	守口如瓶
口が過ぎる	くちがすぎる	言ってはならないことを言う。失礼なことを言う。言いすぎる。	說話言重
口が酸っぱくなる	くちがすっぱくなるほど	同じことを何度も繰り返して言うさま。	苦口婆心
口が減らない	くちがへらない	言いこめられてもまだあれこれと理屈を並べて言い返す。へらず口をきく。	嘴硬
口が曲がる	くちがまがる	尊敬すべき人や恩ある人の悪口を言うと、罰（ばち）があたって口がゆがむの意。そういう人の悪口を言ってはいけないということ。	遭受報應
口から先に生まれる	くちからさきにうまれる	口の達者な者やおしゃべりな者をあざけっていうたとえ。	諷刺別人嘴砲
口が悪い	くちがわるい	憎まれ口をきくくせがある。	講話刻薄
口車に乗せる	くちぐるまにのせる	巧みな話で人をだます。口三味線に乗せる。	被花言巧語所騙
口に合う	くちにあう	食べ物や飲み物が趣向に合っている、おいしいと感じて快い、などの意味の表現。主に料理を供する側が、食べる側の相手を敬って用いる表現。	合胃口
口に上る	くちにのぼる	人々のうわさの種になる。話題になる。	當作話題被談到、提到
口の下から	くちのしたから	言い終わるか終わらないうちに。	話才剛說完就
口の端に上る	くちのはにのぼる	人々のうわさの種になる。話題になる。	成為別人話柄

口火を切る	くちびをきる	一番最初に事を行う。物事のきっかけをつくる。	開頭
口程にもない	くちほどにもない	口で言うほど大したことはない。「もう諦めるとは、口ほどにもない人だ。」のように用いる。	不足掛齒
口も八丁手も八丁	くちはっちょうてはっちょう	しゃべることも、することも非常に達者なこと。口八丁手八丁。	口才好又能幹
口を入れる	くちをいれる	他人のことに干渉する。差し出口をきく。容喙（ようかい）する。くちばしをはさむ。	插嘴
口を切る	くちをきる	言い始める。また、大勢の中で最初に発言する。缶や樽（たる）などの封を切る。	開封、破冰
口を極めて	くちをきわめる	ほめたりけなしたりするときに、最大級の言葉を使うさまをいう。ありったけの言葉で。	極力稱讚
口を揃える	くちをそろえる	別々の人が皆同じ内容のことを言う。	異口同聲
口を出す	くちをだす	他人の会話に割り込んでものを言う。さし出口をする。	插嘴、干涉
口を衝いて出る	くちをついてでる	思いがけずに言葉が出るさま、または、よどみなく言葉が次から次へと出る様子などを意味する表現。	脫口而出
口を尖らせる	くちをとがらせる	唇を前方に突き出す動作を指す表現。拗ねる、不満を持つ、といった心境を表明するジェスチャーとして行われることが多い。	噘嘴表示不情願
口を閉ざす	くちをとざす	口をしめて話をしない。口を閉ざす。	閉口不談
口を拭う	くちをぬぐう	悪いことをしていながら無関係を装う。また、知っていながら知らないふりをする。	若無其事
口を挟む	くちをはさむ	他人の会話に横から割り込む。	插嘴
言う口の下から	いうくちのしたから	言ったすぐあとから。舌の根も乾かぬうちに。	話才剛說完就
口を塞ぐ	くちをふさぐ	秘密などを知っている人に、それを他人に言わないように頼む。また、脅したりして黙らせる。	封住……的嘴
口を割る	くちをわる	白状する。うちあける。	招供
開口一番	かいこういちばん	口を開く最初。話し始める最初。	一觸即發

陰口を叩く	かげぐちを たたく	当人のいないところで悪口を言う、陰で人の悪評を言うなどの意味の表現。「口を叩く」は多くの場合よからぬ事を言うといった意味の語。	背後說人壞話
口角泡を飛ばす	こうかくあわをとばす	はげしく議論するさまをいう。	激烈爭論
糊口を凌ぐ	ここうをしのぐ	どうにかこうにか生計を立てて貧しいながらも暮らしていく、という意味合いで用いられる言い回し。「糊口」は「粥（のような粗末な食事）を食べる」という意味の語で、そまつな物ばかりだが何とか食べていく、といった含意がある。「口を糊する」とも表現される。	勉強餬口
大きな口をきく	おおきなくちをきく	偉そうなことをいう。大きな口をたたく。	誇下海口
一口乗る	ひとくちのる	金もうけの話や何人かでする仕事に加わる。	對賺錢之事算上一份
死人に口無し	しにんにくちなし	死んだ人は何も言えない。死者が抗弁できないのをよいことに、罪を着せたりするときや、死者からは証言を得ることができないことにいう。	死無對證
無駄口を叩く	むだぐちをたたく	不要なことを述べ立てること、無駄にしゃべることなどをののしって言う表現。	說人閒話
減らず口をたたく	へらずぐちをたたく	負け惜しみや強がりの屁理屈を述べ立てること。「減らず口をきく」とも言う。	強詞奪理
憎まれ口を叩く	にくまれぐちをたたく	人に憎まれるようなことを言う、憎まれるような態度や話し方で話す、といった意味の表現。「憎まれ口をきく」とも言う。	淨說討人厭的話
口が上がる	くちがあがる	食えなくなる。生活の手段を失う。口が干上がる。口がじょうずになる。物言いが巧みになる。	難以餬口
口が軽い	くちがかるい	物言いが軽率である。秘密などを不注意に口外する。⇔口が堅い多弁である。	嘴快、不緊
口が肥える	くちがこえる	うまい物を食べ慣れている。口がおごる。	品味高、挑嘴
口が裂けても	くちがさけても	（下に打ち消しの語を伴って）口外しないことを強調する語。	守口如瓶
口が滑る	くちがすべる	言ってはいけないことを、うっかり言ってしまう。	失言
口が干上がる	くちがひあがる	生活の手段を失う。あごが干上がる。	難以餬口

口から高野	くちからこうや	不用意な発言が思いがけない災難を招くということ。「口は禍のもと」、「口は禍の門」などとも言う。〔口が禍（わざわい）のもととなって、頭を丸めて高野山へ入らなければならない意〕	禍從口出
口から先へ生まれる	くちからさきにうまれる	口の達者な者やおしゃべりな者をあざけっていうたとえ。	諷刺別人嘴砲
口では大坂の城も建つ	くちではおおさかのしろもたつ	口ではどんな大きなことでも言えるというたとえ。	諷刺別人嘴砲
口と腹とは違う	くちとはらとはちがう	言うことと考えていることが違う。	表裡不一
口に税はかからない	くちにぜいはかからない	どんなことを言っても税金を取られることはない。すき勝手なことを言うたとえ。口に地代（じだい）は出ない。	講話不用負責
口に年貢はかからない	くちにねんぐはかからない	どんなことを言っても税金を取られることはない。すき勝手なことを言うたとえ。口に地代（じだい）は出ない。	講話不用負責
口に乗せる	くちにのせる	口車（くちぐるま）に乗せる。	被花言巧語所騙
口に乗る	くちにのる	人の甘言にだまされる。口車に乗る。人々の話題になる。広く知られる。人口に膾炙（かいしや）する。	膾炙人口
口に針	くちにはり	物の言い方に悪意や皮肉が感じられるたとえ。	講話刻薄
口の端	くちのは	言葉のはしばし。口先。くちは。うわさ。評判。	批評、流言
口は口、心は心	くちはくちこころはこころ	言うことと心の内で思っていることとはまた別ものである。	口是心非
口は心の門	くちはこころのもん	心に思っていることはとかく口に出して言いがちである。ことばには十分に気をつけよ、の意。	禍從口出
口は禍のもと	くちはわざわいのもと	不用意な発言が思いがけない災難を招くということ。「口は禍のもと」、「口は禍の門」などとも言う。	禍從口出
口は禍の門	くちはわざわいのかど	うっかり言った言葉が思いがけない禍を招くことがある。不用意にものを言ってはならない。口から高野。	禍從口出

口塞がる	くちふたがる	驚いたりあきれたりして、ものが言えない。	驚訝到說不出話
口を合わせる	くちをあわせる	しめし合わせて同じ内容のことを言う。口裏を合わせる。	商量好而口徑一致
口を掛ける	くちをかける	誘う。声をかける。申し入れておく。	招攬客人
口を固める	くちをかためる	口止めをする。	讓人守住嘴巴
口を箝する	くちをかんする	口をふさぐ。口をつぐむ。	讓人守住嘴巴
口を緘する	くちをかんする	口をふさぐ。口をつぐむ。	讓人守住嘴巴
口を酸っぱくする	くちをすっぱくする	何度も繰り返し意見する。口を酸（す）くする。	苦口婆心
口を滑らす	くちをすべらす	言ってはいけないことや、余計なことをついうっかりしゃべる。	失言
口を叩く	くちをたたく	言うこと、しゃべることを意味する語。一般的には「陰口を叩く」「大口を叩く」などの表現で、おおむね悪い意味合いで用いられる。	喋喋不休
口を衝いて出る	くちをついてでる	思いがけずに言葉が出るさま、または、よどみなく言葉が次から次へと出る様子などを意味する表現。	脫口而出
口を噤む	くちをつぐむ	口を閉じてものを言わない。	噤若寒蟬
口を慎む	くちをつつしむ	余計なことを言わないこと、うかつな発言をしないことなどを意味する表現。	說話謹慎
口を尖らす	くちをとがらす	唇を突き出して、怒ったり口論したりする。また、不満そうな顔をする。	噘嘴表示不情願
口を閉じる	くちをとじる	口をしめて話をしない。口を閉ざす。	沉默不語
口を濁す	くちをにごす	言葉（ことば）を濁（にご）す	閉口不談
口を濡らす	くちをぬらす	余裕のない貧しい生活をする、ギリギリの暮らしだが何とか生計を立てて生きていく、といった意味合いで用いられる言い回し。「口に糊する」あるいは「糊口を凌ぐ」とも表現される。低収入の貧乏暮らしを半ば大げさに自嘲気味に述べるような場面で用いられることがある。	勉強餬口

口を糊する	くちをのりする	余裕のない貧しい生活をする、ギリギリの暮らしだが何とか生計を立てて生きていく、といった意味合いで用いられる言い回し。「口に糊する」あるいは「糊口を凌ぐ」とも表現される。低収入の貧乏暮らしを半ば大げさに自嘲気味に述べるような場面で用いられることがある。	勉強餬口
口を封ずる	くちをふうずる	秘密などを知っている人に、それを他人に言わないように頼む。また、脅したりして黙らせる。	守住嘴巴不將秘密說出
口を守ること瓶の如くす	くちをまもることかめのごとくす	不用意な言葉が口から出ないように慎重にすることを、瓶から水がこぼれないように注意するさまにたとえた語。	守口如瓶
口を筌る	くちをむしる	誘いをかけてその気があるかどうかさぐる。鎌をかける。	被威脅
口を結ぶ	くちをむすぶ	口を閉じる。だまる。	緘口
口の端に掛かる	くちのはにかかる	（自分やその関係者が）うわさにのぼる。うわさされる。	成為別人話柄
口の端に掛ける	くちのはにかける	言葉のはしばしにのぼらせる。口に出して言う。	成為別人話柄
口裏を引く	くちうらをひく	本心を言わせるように誘いをかける。それとなく本心を探る。	尋求真心的話
口脇黄ばむ	くちわききばむ	若くて未熟な者をあざけっていう語。くちばしが黄色い。	嘲笑人不成熟
口三味線に乗せる	くちじゃみせんにのせる	巧みに言いまわして人をだます。口先でだます。口車に乗せる。	花言巧語
口吻を洩らす	こうふんをもらす	内心がそれとなくわかるようなものいいをする。	流露出某種口氣
口程にもない	くちほどにもない	口で言うほど大したことはない。「もう諦めるとは、口ほどにもない人だ。」のように用いる。	不足掛齒
口程もない	くちほどもない	口で言うほどでもない。能力があるかのように言うが・実際には大したことはない。	不足掛齒
可惜口に風邪ひかす	あったらくちにかぜひかす	せっかく言い出したことが無駄になるたとえ。あたら口に風を入る。	說的話沒有用

九、日語慣用語：「舌」

慣用語	読み方	意 味	中文翻譯
舌が肥える	したがこえる	美食に精通しており、味の良し悪しが分るさま。美味なものを好むさま。	品味高、喜歡高級食物
舌が回る	したがまわる	すらすらとよどみなくしゃべる。口が達者である。	口齒伶俐
舌がもつれる	したがもつれる	うまく舌が回らず、思い通りにしゃべることができないさまを指す表現。	大舌頭
舌先三寸	したさきさんずん	口先だけの巧みな弁舌。舌三寸。	口才好
舌鼓を打つ	したつづみをうつ	おいしい物を味わった満足感を舌を鳴らして表す。不愉快な気持ちを、舌を鳴らして表す。	食物美味
舌の根の乾かぬうち	したのねのかわかぬうち	言い終えてすぐに。	話才剛說完就
舌を出す	したをだす	陰でばかにする。心の中であざわらう。自分の失敗を恥じたり、ごまかしたりするしぐさにいう。	背後嘲笑
舌を鳴らす	したをならす	感嘆するさま。不満や軽蔑の気持ちを表すさま。	表示不滿、或不屑
舌を巻く	したをまく	（相手に圧倒されて）非常に驚く。感心する。	表示佩服
筆舌に尽くしがたい	ひつぜつにつくしがたい	言葉では到底表現しきれないほどの、ものすごいありさま。	罄竹難書
舌端火を吐く	ぜったんひをはく	勢い鋭く論じたてるさまにいう。	唇槍舌戰
舌が縺れる	したがもつれる	うまく舌が回らず、思い通りにしゃべることができないさまを指す表現。	大舌頭
舌の剣は命を絶つ	したのつるぎはいのちをたつ	言動を慎まないために命を落とすたとえ。	話如劍一樣傷人
舌は禍いの根	したはわざわいのね	災いは多く言葉から起こるものである。口は禍いの門。	禍從口出
舌も引かぬ	したがもつれる	まだ言い終わらない。言い終えてすぐ。	話才剛說完就

舌を食う	したをくう	舌をかみ切って死ぬ。	咬舌自盡
舌を吐く	したをはく	ひどくあきれる。	驚訝
舌を振る	したをふる	驚き恐れる。舌を振るう。	雄辯
舌を振るう	したをふるう	弁舌を振るう。雄弁を振るう。	雄辯

十、日語慣用語：「齒」

慣用語	読み方	意　味	中文翻譯
歯に衣着せぬ	はにきぬきせぬ	相手の感情や思惑を気にせず思ったまま言う。	有話直說
歯の抜けたよう	はのぬけたよう	ところどころぬけ落ちて不ぞろいなさま。また、あるべきものが欠けて、さびしいさま。	殘缺不全
櫛の歯が欠けたよう	くしのはがかけたよう	あるべきものが、ところどころ抜けているさまにいう。	感覺好像少了什麼
歯を食いしばる	はをくいしばる	苦痛や無念さなどを懸命にこらえる。	咬緊牙關撐過去
歯に合う	はにあう	かむことができる。口に合う。また、ちょうどよい相手になる。	合得來
奥歯に物が挟まる	おくばにものがはさまったよう	思っていることをはっきりと言わない。言いたいことがあるらしいのに、なんとなくぼかす。	拐彎抹角
切歯扼腕	せっしやくわん	歯ぎしりしたり自分の腕を握り締めたりすること。ひどく残念がったり怒ったりすることにいう。	憤怒、扼腕
歯牙にもかけない	しがにもかけない	相手にしない、全く問題にしない、意に介さない、などの意味の表現。「歯牙にも掛けない」とも書く。	不屑一顧
歯を没す	しをぼっす	命が終わる。死ぬ。	死亡
歯が浮く	はがうく	不快な音を聞いたり、酸っぱい物を食べたりして、歯の根がゆるんで浮くように感ずる。	聽到討厭的聲音讓人不舒服
歯の根が合わない	はのねがあわない	寒さや恐怖のために、ふるえおののくさまにいう。	寒冷
歯亡び舌存す	はほろびしたそんす	硬く丈夫にみえるものはかえって早く亡び、柔軟なものが長く生き残るたとえ。	比喻剛者易亡，而柔者常存，以柔為貴。

歯を嚙む	はをかむ	はぎしりをする。残念がる。悔しがる。	悔恨
奥歯に衣着せる	おくばにきぬきせる	物事をはっきり言わないで、思わせぶりな言い方をする。	拐彎抹角
奥歯に剣	おくばにつるぎ	敵意はもっているが、それを表面には表さないこと。	心含敵意而不顯露，懷恨在心

十一、日語慣用語：「手」

慣用語	読み方	意　味	中文翻譯
手足を伸ばす	てあしをのばす	解放感に満ちた様子。緊張感から解放されて和んだ様子。	舒展四肢舒服休息
手が上がる	てがあがる	技量が進む。特に、字が上手になる。酒量がふえる。お手上げになる。	技藝、能力提高
手が空く	てがあく	仕事が一段落ついて時間ができる。	有時間
手が後ろに回る	てがうしろにまわる	罪人として縄で後ろ手に縛られる。警察などにつかまる。	被逮捕
手が付けられない	てがつけられない	施すべき手段・方法がない。どうしようもない。	無計可施
手が届く	てがとどく	自分の力で処理できる範囲内にある。打ち消しの形で用いることが多い。もう少しで、ある年齢や時期に達する。	能力所及
手が無い	てがない	人手が足りない。働き手がない。施すすべがない。どうしようもない。	人手不足
手が長い	てがながい	盗癖がある。手くせが悪い。	喜偷竊
手が入る	てがはいる	捜査や逮捕のために警察官などがはいってくる。捜査が始まる。加筆・訂正がなされる。	文章、作品經他人修改
手が早い	てがはやい	仕事が早い。てきぱきと処理する。異性と知り合うとすぐ関係を結ぶ。すぐに暴力をふるうたちである。	出手快
手が塞がる	てがふさがる	何かをしていて、ほかのことはできない状態である。	手邊有工作無法幫忙
手が回る	てがまわる	注意・世話などが行き届く。多く、打ち消しの形で用いる。捜査や逮捕の手配がなされる。	被逮捕
手ぐすね引く	てぐすねひく	弓が滑らないように弓手（ゆんで）に薬煉を塗る。十分に用意して敵を待ち受ける。	摩拳擦掌，嚴正以待
手癖が悪い	てくせがわるい	盗みをする性癖がある。盗癖がある。女癖が悪い。	手不老實

手心を加える	てごころをくわえる	相手の事情などに合わせて手加減すること、通常より厳しくなく扱うこと、などを意味する表現。	加以斟酌
手玉に取る	てだまにとる	人を自分の思うままに動かし扱う。翻弄（ほんろう）する。	捉弄、玩弄人
手取り足取り	てとりあしとり	丁寧に教え導くさま。行き届いた世話をするさま。	親自教導
手に汗握る	てにあせにぎる	握った手がじっとり汗ばむこと。多くの場合、緊張感やハラハラドキドキする様子を表す。	擔心、害怕
手に落ちる	てにおちる	ある人の所有となる。支配下に入る。	到手
手にする	てにする	手に持つ。手に取る。	到手
手に取るよう	てにとるよう	手中にあるもののようにはっきりとわかるさま。手に取るばかり。	瞭若指掌
手に乗る	てにのる	相手の計略にひっかかる。自在に操る。思い通りに動かす。	中計、上當
手に入る	てにはいる	熟練している。	技術熟練
手に渡る	てにわたる	その人の所有となる。人手に渡る。	歸為他人所擁有
手の裏を返す	てのうらをかえす	急に態度を変え、従来とは正反対の対応をする様子などを意味する言い回し。親身に接していたものが突如として冷淡にあしらうようになる、といった状況を述べる表現。	翻臉不認人
手の施しようがない	てのほどこしようがない	あまりに状況が複雑あるいは壊滅的なため、対処のしようがない。	無計可施
手回しがいい	てまわしがいい	来たるべき事に備えて準備をすること。「2次会の会場を押さえておくとは手回しがいいね」のように用いる。	準備周到
手も足も出ない	てもあしもでない	自分の力をはるかに超えていて、どうすることもできない。なす術がない。	束手無策
手を上げる	てをあげる	降参する。屈伏する。また、手に余って投げ出す。なぐろうとしてこぶしをふりあげる。平伏していた手を上げて、普通の姿勢に戻る。	投降、打人
手を借りる	てをかりる	手助けしてもらう。手伝ってもらう。	請求幫忙
手を合わせる	てをあわせる	両方のてのひらを合わせる。拝む。また、心をこめて頼む。	比試、較量
手を替え品を替え	てをかえしなをかえ	様々な方法を試みるさま。あの手この手で。	想盡各種方法
手を切る	てをきる	それまであった関係を断つ。縁を切る。	斷絕關係

手を加える	てをくわえる	細工・加工を施す。訂正や修正をする。	經他人修改
手を拱く	てをこまぬく	〔史記秦始皇本紀賛〕何もしないでいる。または、何もできないでいる。手をつかねる。	袖手旁觀
手を差し伸べる	てをさしのべる	相手の方へ手を伸ばす動作や様子を表す言い回し。主に「援助する」「助ける」といった意味で用いられる。「救いの手を差し伸べる」のように、「～の手を差し伸べる」という形をとることが多い。	伸出援手
手を染める	てをそめる	事業などをし始める。かかわる。	插手
手を出す	てをだす	人や物事に自分から積極的にかかわりをもつ。暴力を振るう。盗んだり奪ったりしようとする。女性と関係する。	管閒事
手を繋ぐ	てをつなぐ	互いに相手の手を握ること、握られた手で握り返している様子を意味する語。協力する・協調するといった意味で用いられることも多い。同じ意味合いの語に「手を組む」「手を取り合う」などもある。	合作
手を握る	てにあせにぎる	協力して事に当たる。また、和解する。はらはらして手を握りしめる。手に汗を握る。	合作、和好
手を延ばす	てをのばす	事業などの規模を大きくする。関係する範囲を広くする。	擴展事業
手を離れる	てをはなれる	その人の所有ではなくなる。その人の思い通りには動かせないものとなる。	擺脫
手を引く	てをひく	手をとって導く。	引導
手を広げる	てをひろげる	事業などの規模を大きくする。関係する範囲を広くする。	擴展事業
手を回す	てをまわす	直接には出来ないことを人を介してする。（ひそかに）必要な準備を整えておく。	事先安排好
手を結ぶ	てをむすぶ	握手すること、手を握ること。	合作
手を緩める	てをゆるめる	今までのきびしさをゆるやかにする。	緩解
手を汚す	てをよごす	好ましくないことを、自ら余儀なく実行する。	親自做壞事
手を煩わす	てをわずらわす	人に面倒をかける。世話になる。	請求幫忙
上手を行く	うわてをいく	才能・技量・性格などの程度が、ある人よりも上である。	勝人一籌
得手に帆を揚げる	えてにほをあげる	自分の得意なことを発揮するよい機会を得て勇んでする。	順風揚帆，如魚得水

王手をかける	おうてをかける	成功・成就が目前の状態になる。	拿出最後一張王牌
お手の物	おてのもの	得意とするもの。簡単にできるもの。「兄は電気屋なので修理はお手のものです。」のように用いる。	擅長、拿手
片手落ち	かたておち	片方に対する配慮が欠けている・こと（さま）。不公平。	不公平
大手を振って	おおでをふって	歩く際に両手を大きく振るさま、堂々とした歩み方を表現する言い方。主に、やましいことやうしろめたいことがなく、人目を避けるような素振りをせずに堂々としていられる、という意味で用いられる表現。	肆無忌憚
下手に出る	したてにでる	相手に対して、へりくだった態度をとる。	謙虛
引く手あまた	ひくてあまた	引き合いなどが多いこと、多くの人に誘われること、などを意味する表現。「引く手数多」と書く。	拉攏多人
人手に渡る	ひとでにわたる	他の人の所有物になること、所有権を失うことなどを意味する表現。	歸為他人所擁有
押しの一手	おしのいって	目的をとげるために、相手に対して自分の意志を貫き通すこと。攻めの一本槍（いっぽんやり）。	堅持到底
痒い所に手が届く	かゆいところにてがとどく	一般的に、配慮が行き届いていて、些細な要望にも満足に応えることができている様子を例えた表現。「麻姑掻痒」とも言う。麻姑は仙女の名で、若く美しい容貌と、長い爪を持つとされる。「孫の手」の語源でもあるという。	思想周到
火の手が上がる	ひのてがあがる	火（炎）が勢いよく燃え出す、火柱が立つ勢いで燃える、といった意味で用いられる言い回し。大衆の中にくすぶっていた不満・憤懣が一挙に噴出するさまを形容する比喩的表現として用いられる場合が多い。	冒出火苗
猫の手も借りたい	ねこのてもかりたい	きわめて忙しいさまのたとえ。	忙不過來
六十の手習い	ろくじゅうのてならい	六〇歳になって勉強やけいこ事を始めること。晩学のたとえ。	活到老學到老
手綱を締める	たづなをしめる	手綱を引きしぼって馬を御する。勝手な行動をしたり気を緩めたりしないように他人を制御する。手綱を引き締める。手綱をしぼる。	嚴加限制、管教

手が空けば口が開く	てがあけばくちがあく	仕事がなければ暮らしが立たない。また、暇になれば無駄話が多くなる。	失去工作無法生存
手が有る	てがある	働き手が居る。技能・力がある。才覚がある。	有辦法
手が要る	てがいる	多数の働き手が必要である。	需要幫忙
手が切れる	てがきれる	それまで付き合っていた人との関係がなくなる。	斷絕關係
手が込む	てがこむ	精巧で、手間がかかっている。複雑だ。	手藝精湛
手が付かない	てがつかない	気にかかることなどがあって、そのことに集中できない。また、とりかかることができない。	焦慮、不安
手が付く	てがつく	新しい物を使い始める。新しい仕事にとりかかる。主人が、使用人の女性と肉体関係をもつ。	與女傭發生關係
手が入れば足も入る	てがはいればあしもはいる	ささいなことを許せば、果てしなく侵されてしまうことのたとえ。	得寸進尺
手が離れる	てがはなれる	仕事が一段落する。また、終わる。	擺脫
手が焼ける	てがやける	取り扱いに困る。世話がやける。	麻煩
手が悪い	てがわるい	（トランプや麻雀で）持ち札・配牌がよくない。字が下手である。悪筆である。方法、やり方が悪い。たちが悪い。	手法惡劣
手と身になる	てとみになる	財産をなくす。無一物になる。	一無所有
手に汗を握る	てにあせにぎる	危険な場面や緊迫した場面を見てはらはらするさま。手に汗握る。	擔心、害怕
手に合わない	てにあわない	道具などが、手になじまず使い勝手が悪い。	能力不及
手に帰する	てにきする	ある人の所有となる。手に落ちる。	到手
手に手を取る	てにてをとる	仲良く行動をともにする。特に、男女が連れだって行くのにいう。	攜手合作
手もすまに	てもすまに	手を休めずに。忙しく。	非常忙碌
手になる	てになる	ある人がその事に当たる。	出自某人之手
手の切れるような	てのきれるような	紙幣が新しく、しわのないことのたとえ。冷たい水のたとえ。	嶄新的、比喩冷水
手の舞い足の踏む所を知らず	てのまいあしのふむところをしらず	あまりのうれしさに有頂天になっているさま。小おどりして喜ぶさま。	手舞足蹈

手も無く	てもなく	手数もかからずに簡単に攻略されるまま。たやすく。	易如反掌
手を空ける	てをあける	なすべき事のない状態にしておく。	騰出手來
手を反す	てをかえす	非常にたやすいことのたとえ。また、またたく間に態度を変えること。てのひらを反す。	翻臉不認人
手を組む	てをくむ	協力し合う。腕組みする。	合作
手を下げる	てをさげる	謝る。わびる。下手（したて）に出る。へつらう。	道歉
手を締める	てをしめる	契約・和解などが成立したしるしに参会者がそろって手を打つ。手じめをする。	拍手祝賀
手を袖にする	てをそでにする	手を袖に入れる。何もしようとしない。袖手（しゆうしゆ）。	袖手旁觀
手を携える	てをたずさえる	手を取る。手を引く。協力して事を行う。	攜手合作
手を支える	てをつかえる	両手を地面につけて、敬礼・謝罪・依頼の気持ちを表す。	請求道歉
手を束ね膝を屈む	てをつかねひざをかがむ	機嫌をとる。へつらう。	苦惱
手を突く	てをつく	両手を地面につけて、敬礼・謝罪・依頼の気持ちを表す。	請求道歉
手を取り合う	てをとりあう	共通の喜び、悲しみなどに駆られて互いの手を握る。力を合わせる。	合作
手を鳴らす	てをならす	人を呼んだりするために、手を打ち鳴らす。	叫人來
手を翻せば雲となり手を覆せば雨となる	てをひるがえせばくもとなりてをくつがえせばあめとなる	人情の変わりやすく頼みにならないたとえ。	指人反覆無常
手を揉む	てをもむ	両手をもみ合わせる。不安・怒りなどのためにじっとしていられないさま。	不安、激動、焦慮
手を分かつ	てをわかつ	手分けする。別れる。関係を断つ。	斷絕關係
手中に収める	しゅちゅうにおさめる	自分のものにする。手に入れる。手中に握る	歸為己有
手中に帰する	しゅちゅうにきする	その人のものになる。手中に落ちる。	落入人手中
小手を翳す	こてをかざす	手を目の上にあげる。遠くを眺めたり、光をさえぎる動作にいう。	遮光、遠眺

手の内に丸め込む	てのうちにまるめこむ	思うままにあやつる。	拉攏
手の内の珠	てのうちのたま	掌中（しようちゆう）の珠（たま）	極為珍愛
手塩に掛ける	てしおにかける	自分で直接気を配って世話をする。	親手拉拔
手書きあれども文書きなし	てかきあれどもふみかきなし	文筆好的人罕見	
手薬煉ひく	てぐすねひく	十分に備えてことに臨む。待ち構える。手薬煉は武具に塗る薬。	摩拳擦掌，嚴正以待
手鍋下げても	てなべさげても	好きな男と一緒になれるなら、自分で炊事の苦労をするような貧しさでもいとわないという意。	即使自炊窮苦也開心
諸手を挙げて	もろてをあげて	無条件に、または、心からそのことを受け入れ迎える意を表す。	贊成
触手を伸ばす	しょくしゅをのばす	自分のものにしようとして近づく。	伸出魔爪

十二、日語慣用語：「掌」

慣用語	読み方	意　味	中文翻譯
掌を指す	たなごころをさす	きわめて明白、または正確なことのたとえ。	瞭若指掌
掌中の珠	しょうちゅうのたま	手の中の珠。また、大事なものや、最愛の子のたとえ。	掌上明珠
掌にする	たなごころにする	思うままに支配する。	支配
掌の中	たなごころのうち	自分の思いどおりになること。掌中（しようちゆう）。下にも置かずに大切に取り扱うことのたとえ。	掌心
掌の玉	たなごころのたま	手の中の珠玉。大切なもの、また愛する子や妻にたとえていう語。たなそこの玉。掌中の玉。	掌上明珠
掌を反す	たなごころをかえす	物事がきわめてたやすくできるたとえ。急に態度が変わるたとえ。てのひらをかえす。急に態度が変わるたとえ。てのひらをかえす。	瞬間

| 掌を返す | てのひらを
かえす | 急に態度を変え、従来とは正反対の対応を
する様子などを意味する言い回し。親身に
接していたものが突如として冷淡にあしら
うようになる、といった状況を述べる表現。 | 瞬間 |

十三、日語慣用語：「足」

慣用語	読み方	意　味	中文翻譯
足が向く	あしがむく	知らず知らずその方へ行く。	信步而行
足が重い	あしがおも い	足がだるい。出かけたりする気がおきない。 気がすすまない。	懶得外出
足が地に付 かない	あしがちに つかない	うれしさに、興奮して落ち着かないさまを いう。考えや行動がしっかりしていない。	穩不住腳
足が付く	あしがつく	犯人の身元や逃げた足どりがわかる。また、 犯行が露見する。情夫ができる。ひもが付 く。	露出馬腳
足が出る	あしがでる	予算を超えた支出になる。隠しごとが現れ る。足が付く。	露出馬腳
足が遠のく	あしがとお のく	訪ねることが間遠になる。	不常往來
足が早い	あしがはや い	歩いたり走ったりするのが速い。食物が腐 りやすい。売れ行きが早い。	腳程快
足が棒にな る	あしがぼう になる	長い時間歩いたり、立ち続けたりして、足の 筋肉がこわばる。非常に足が疲れる。	雙腳僵硬
足蹴にする	あしげにす る	足でもって蹴り飛ばすこと。ぞんざいに扱 ったり酷い扱いをすることなどを表す際に 用いる言い回し。	無情對待
足に任せる	あしにまか せる	これというあてもなく、気の向いた方へ歩 いて行く。足の力の続くかぎり歩く。	信步而行
足場を固め る	あしばをか ためる	自分が立っている足元の土を、踏みしめる などして固くすること。物事を行うにあた って拠り所を堅固にすること、ちょっとや そっとの事では情勢が変化しないように油 断なく念入りに準備をすることなどを示す 比喩として用いられることが多い。	站穩腳步
足元から鳥 が立つ	あしもとか らとりがた つ	（比喩）自分の身近で思いも寄らなかった ことが起こること。この事は誰にも相談し たのではなく、自分でかく決心して身を退 く覚悟をきめたのでありましたが、さりな がら、足元から鳥の立つよう、今日からお暇 を頂くというのも余りいい出しにくく、月 に半月ずつの暇を貰いたいことを申し出ま した。	事出突然

足元を見る	あしもとを みる	相手の弱みにつけこむこと。緊急時に商品の値段を吹っかけるなど。	趁人之危
足を洗う	あしをあらう	悪事やよくない仕事をやめて正業につく。堅気になる。また、単に現在の職業をやめる意でも使う。	金盆洗手
足を掬う	あしをすくう	隙をつき、思いがけない方法で相手を失敗、また敗北させる。なるほど、それはよくともすれば「伝統」にとらわれやすい、同時にまた精緻な「論理」に足をすくわれて意気阻喪しやすい若者を鼓舞して勇ましく「新組織」への戦いに従事せしめることができよう。	趁人之危
足を取られる	あしをとられる	足もとをすくわれる。酒に酔って歩けなくなる。	行進困難
足を引っ張る	あしをひっぱる	仲間の成功・勝利・前進などのじゃまをする。また、結果としてじゃまになる行動をする。	扯後腿
足を棒にする	あしをぼうにする	足が疲れて感覚がなくなるほど歩き回る。奔走する。足を擂（す）り粉木にする。	雙腳僵硬
足を向けて寝られない	あしをむけてねられない	尊い人や非常に恩義のある人に対して、決して粗略にはできないと感じている様子を示す言い回し。	懷著感恩之心
揚げ足を取る	あげあしをとる	人の言葉じりやちょっとした失敗を取り上げて、相手を責める。	抓住對方弱點
後足で砂をかける	あとあしですなをかける	去りぎわに恩をあだで返すような行為をする。	恩將仇報
烏の足跡	からすのあしあと	目じりにできる小じわ。	魚尾紋
浮き足立つ	うきあしだつ	恐れや不安を感じて逃げ腰になる。落ち着きがなくなる。	無法冷靜
二の足を踏む	にのあしをふむ	決断がつかず実行をためらう。しりごみする。	猶豫不決
足が奪われる	あしがうばわれる	交通機関が麻痺（まひ）状態になり、通勤・通学などができないようになる。	交通受阻
足が乱れる	あしがみだれる	足並みが乱れる。	交通混亂
足を空	あしをそら	慌てふためく様子を形容する表現。『徒然草』に「足を空に惑う」などで見られる表現。ちなみに「足が地に付かない」と言った場合には、ウッカリしている様子を表す。	腳踩空
足を出す	あしをだす	予算を超えて支出する。	超出預算

足を抜く	あしをぬく	関係を絶つ。仲間からはずれる。	斷絕關係
足を伸ばす	あしをのばす	楽な姿勢をとってくつろぐ。	放鬆
足下から鳥が立つ	あしもとからとりがたつ	思いがけない事が突然身近に起こるたとえ。あわただしく行動を起こすたとえ。	事出突然
足下に付け込む	あしもとにつけこむ	相手の弱点につけ入る。	抓住對方弱點
足下に火がつく	あしもとにひがつく	身に危険がせまるたとえ。	大禍臨頭
足下にも及ばない	あしもとにもおよばない	力の差が大きく隔たっていて、比較の対象にすらならないさま。まるで及ばない様子。とても敵わない。	望塵莫及
足下の明るいうち	あしもとのあかるいうち	日の暮れないうち。自分の状況が悪くならないうち。	趁還沒天黑之前
足下へも寄りつけない	あしもとへもよりつけない	相手が格段にすぐれていてとても及ばない。足元にも及ばない。	望塵莫及
足下を見る	あしもとをみる	相手の弱みにつけこむこと。緊急時に商品の値段を吹っかけるなど。	抓住對方弱點

十四、日語慣用語：「心」

慣用語	読み方	意味	中文翻譯
怒り心頭に発する	いかりしんとうにはっする	心底から激しく怒る。	怒火中燒
心肝を砕く	しんかんをくだく	真心をかたむける。肝胆を砕く。	費盡心思
心臓が強い	しんぞうがつよい	あつかましい。ずうずうしい。心臓だ。	膽子大
心臓に毛が生えている	しんぞうにけがはえている	きわめてずうずうしく、平然としているさまをいう。	厚顏無恥
心入る	こころいる	心が引きつけられる。夢中になる。	被吸引
心後る	こころおくる	心の働きが劣る。	擔心
心重し	こころおもし	思慮深い。慎重だ。	深思熟慮

心及ぶ	こころおよぶ	想像がつく。	注意到
心利く	こころきく	気がきく。才覚がある。	才華洋溢
心が痛む	こころがいたむ	すまないという気持ちで苦しくなる。	難過
心が動く	こころがうごく	そうしたいという気が起こる。気持ちが平静でなくなる。	動心
心が通う	こころがかよう	互いの気持ちが通じ合う。心が通じる。	心心相印
心が騒ぐ	こころがさわぐ	心配や不吉な予感などのため、心が落ち着かない。	心慌意亂
心が弾む	こころがはずむ	楽しい期待で気持ちがうきうきする。	興奮、期待
心が晴れる	こころがはれる	心配事や疑念が解決して、こだわっていた気持ちが消える。	開朗
心が乱れる	こころがみだれる	あれこれ思いわずらい、平静でなくなる。	心煩意亂
心ここに有らず	こころここにあらず	何かに気を取られていて目下の事案がおろそかになっている様子。集中力を欠いた状態。	分心
心知る	こころしる	事情・訳などを知っている。情趣を解する。	心領神會
心解く	こころとく	警戒心が薄れる。うち解ける。	消氣、隔閡消除
心に浮かぶ	こころにうかぶ	考えつく。思い浮かぶ。	忽然想起
心に懸かる	こころにかかる	気がかりに思う。気にかかる。	擔心
心に懸ける	こころにかける	心にとめる。気にかける。心配する。	擔心
心に適う	こころにかなう	望んでいたことにうまく当てはまる。	稱心如意
心に刻む	こころにきざむ	（感動したことを）記憶にしっかりとどめる。	銘記在心
心に染まぬ	こころにそまぬ	自分の気持ちに合わない。	心誠意潔
心に染む	こころにそむ	気に入る。意にかなう。	合心意
心に付く	こころにつく	気にいる。関心を持つ。心にかける。	銘記在心

心に留める	こころにとどめる	常に意識し、忘れずにおくこと。留意すること。「心に掛ける」などとも言う。	銘記在心
心に残る	こころにのこる	感動がのちのちまで続く。	銘記在心
心に任せる	こころにまかせる	自分の思うままにする。思い通りになる。	隨心所欲
心にもない	こころにもない	本気でそう思っている訳ではない。自分の本心とは違う。	非本意
心広く体胖なり	こころひろくたいゆたかなり	心にやましいことがなければそれが形にも表れて、心身ともにのびやかである。	心寬體胖
心を合わせる	こころをあわせる	同じ目的に向かって心を一つにする。示し合わせる。共謀する。	隨心所欲
心を致す	こころをいたす	心を尽くす。心をこめる。	真心誠意
心を一にする	こころをいつにする	多くの人が考えを一つにする。心を合わせる。	同心協力
心を入れ替える	こころをいれかえる	今までのことを反省し、考えや態度を改める。	改邪歸正
心を奪う	こころをうばう	強く心を引き付ける。夢中にさせる。	著迷
心を置く	こころをおく	心配・未練などの気持ちが残る。うちとけない。遠慮する。用心する。警戒する。	放在心上
心を起こす	こころをおこす	心を奮い立たせる。元気を出す。	振奮精神
心を躍らせる	こころをおどらせる	気持ちをたかぶらせる。	滿懷喜悅
心を鬼にする	こころをおににする	気の毒に思いながら、その人のためを思ってやむなく厳しくする。	狠心
心を傾ける	こころをかたむける	一つのことに精神を集中する。	專心
心を砕く	こころをくだく	いろいろと力を尽くす。苦心する。心配する。	費盡心思
心を配る	こころをくばる	周囲の人や物事に注意を払う。配慮する。	關心
心を汲む	こころをくむ	相手の気持ちを思いやる。	察覺、體諒對方的心情
心を籠める	こころをこめる	思いを託す。真心をこめる。	誠心誠意

心を掴む	こころをつかむ	非常に好ましい印象を持ってもらう、気に入られる、惹きつける、あるいは興味を持ってもらう、といった意味合いで用いられる言い方。はなはだ強烈な好印象を抱かせるさまは「心をわしづかみにする」と表現されることも多い。	抓住人心
心を尽くす	こころをつくす	精魂を傾ける。できる限りのことをする。神経をすりへらす。	全心全意
心を留める	こころをとめる	注意する。気を付ける。愛着を感じる。心を寄せる。	留心、注意
心を捉える	こころをとらえる	人の気持ちをつかんで離さないようにする。心をつかむ。	抓住人心
心を引く	こころをひく	関心・興味を引く。それとなく相手の気持ちをためす。気を引く。	迷人、被吸引
心を開く	こころをひらく	うちとける。隠し立てをしないで、本当の気持ちを話す。	說出心底話
心を用いる	こころをもちいる	気をくばる。注意する。	留心、注意
心を遣る	こころをやる	思いをはせる。遠くの人や物を思う。憂さを晴らす。心を慰める。思う存分にする。満足する。	關心
心を許す	こころをゆるす	信頼して、警戒心をもたないで相手に接する。また、うちとける。	彼此交心的朋友
心を破る	こころをやぶる	人の機嫌を損ねる。	傷害人心
心を以て心に伝う	こころをもってこころにつたう	「以心伝心（いしんでんしん）」を訓読みした語。	心心相印
以心伝心	いしんでんしん	以心伝心とは、心の内で思っていることが、声に出さなくても互いに理解しあえること。以心伝心は、「心を以って心に伝える」と読み下す。つまり、うわべだけの行動や言葉で表すのではなく、何も口に出さずとも相手の考えていることが理解でき、そして相手のために行動するという心がけが大切であるという意味を表している。	心心相印
心を遣る	こころをやる	思いをはせる。遠くの人や物を思う。憂さを晴らす。心を慰める。思う存分にする。満足する。	關心
心を許す	こころをゆるす	信頼して、警戒心をもたないで相手に接する。また、うちとける。	彼此交心的朋友

心を寄せる	こころをよせる	好意をいだく。傾倒する。熱中する。	愛慕
心が疲れる	しんがつかれる	体の奥深くや、神経が疲労する。	精疲力盡
心胆を奪う	しんたんをうばう	非常に驚き恐れさせる。度肝（どぎも）を抜く。	被迷住
心胆を寒からしめる	しんたんをさむからしめる	心の底から恐れさせる。ぞっとさせる。きもを冷やさせる。	膽戰心驚
心臓が弱い	しんぞうがよわい	気が弱い。度胸がない。	膽子小

十五、日語慣用語：「肝」

慣用語	読み方	意 味	中文翻譯
肝が太い	きもがふとい	勇気があって物に動じない。大胆だ。	大膽
肝が据わる	きもがすわる	度胸があるさま。並大抵のことでは驚いたり動揺したりしないさまを意味する表現。	大膽、處變不驚
肝に銘じる	きもにめいじる	強く心に留め、けっして忘れないようにすること。「肝に銘ずる」と書く。	銘記在心
肝を潰す	きもをつぶす	たいそう驚くことを表す言い回し。臓腑が潰れるほど吃驚するさま。肝は気力や度胸を司る器官であるとされる。	嚇破膽
肝を冷やす	きもをひやす	危ない目にあって、ひやりとする。	膽戰心驚
肝に銘ずる	きもにめいずる	心に深く刻みつける。	銘記在心
肝を煎る	きもをいる	世話をする。取りもつ。心をいらいらさせる。心を悩ます。腹を立てる。	擔心
肝を砕く	きもをくだく	あれこれと思い乱れる。	煞費苦心
肝を消す	きもをけす	たいそう驚くことを表す言い回し。臓腑が潰れるほど吃驚するさま。肝は気力や度胸を司る器官であるとされる。	嚇破膽
肝を嘗む	きもをなめる	臥薪嘗胆（がしんしょうたん）とは、将来の目的や成功のために長い間苦心、苦労を重ねることを意味する四字熟語。	臥薪嘗膽
肝胆相照らす	かんたんあいてらす	互いに心の底まで打ち明けて交わる。きわめて親しくつきあう。	肝膽相照

肝胆を傾ける	かんたんをかたむける	心を開いて話す。肝胆を披（ひら）く。	敞開心胸
肝胆を砕く	かんたんをくだく	真心を尽くす。一所懸命になってする。	絞盡腦汁
肝胆を寒からしめる	かんたんをさむからしめる	ぞっとさせる。恐れをいだかせる。	非常害怕
肝脳を絞る	かんのうをしぼる	全力を傾けて事に当たる。	盡力解決問題
肺肝を出す	はいかんをいだす	真心を示す。本当の気持ちを打ち明ける。肺肝を明かす。肺肝を披（ひら）く。	開誠相見
肺肝を摧く	はいかんをくだく	非常に苦心する。いろいろと気を遣い熟慮する。	非常痛苦
荒肝を抜く	あらぎもをぬく	ひどく驚かす。どぎもを抜く。荒肝を取る。荒肝を拉（ひし）ぐ。	嚇破膽
荒肝を拉ぐ	あらぎもをひしぐ	ひどく驚かす。どぎもを抜く。荒肝を取る。荒肝を拉（ひし）ぐ。	嚇破膽
肝精焼く	きもせいやく	世話をする。面倒をみる。	
肝膾を作る	きもなますをつくる	非常に心配する。気をもむ。	擔心、失望

十六、日語慣用語：「髮」

慣用語	読み方	意　味	中文翻譯
後ろ髪を引かれる	うしろがみをひかれる	心残りだったり未練があったりする、という意味の表現。	隱喻人有所牽掛，不能斷然放下，如同頭髮被拉住，怎樣都不能前進
間髪を容れず	かんはつをいれず	間をおくことなく直ちに。ほとんど同時に。	馬上
髪上ぐ	かみあぐ	髪を結う。	結髮，比喻元配夫妻
髪の長きは七難隠す	かみのながきはしちなんかくす	女の髪の長いことは、他の欠点を隠してしまう。色の白いは七難隠す。	一白遮三醜
髪を下ろす	かみをおろす	髪を切って仏門に入る。剃髪（ていはつ）する。髪を結わずに、下に垂らす。	削髮為僧
髪をはやす	かみをはやす	髪をのばす。	成人
怒髪冠を衝く	どはつかんむりをつく	激しく怒って髪の毛が逆立ったすさまじい形相。	怒髮衝冠